À Maya, Salomé et Simon,
en leur souhaitant de voir un jour une aurore boréale
et des ours blancs en liberté sur la banquise

Remerciements

Aucun livre ne peut exister sans les autres livres qui l'ont précédé. Celui-ci n'échappe pas à la règle. À défaut de pouvoir les citer tous, il convient de remercier les auteurs des nombreux ouvrages consacrés aux régions polaires, parmi lesquels Jean Malaurie, Paul-Émile Victor, Claude Lorius et Jean-Louis Étienne..., sans lesquels ce livre n'aurait vu le jour.

Par ailleurs, ce livre a été relu attentivement par des spécialistes dont les critiques, les suggestions et les corrections se sont révélées précieuses. Un grand merci donc à Frédérique Rémy, Directrice de recherche au CNRS, spécialiste du climat et de la dynamique des glaces polaires par observations satellite ; à Sylvie Devers, Responsable du Fonds polaire Jean Malaurie, au Muséum national d'Histoire Naturelle de Paris, spécialiste de l'Art Inuit; à Robert Pince, maître de conférence à l'Institut National Polytechnique de Toulouse.

Je remercie aussi toutes les personnes des éditions Milan qui ont contribué à cette entreprise, Sylvie Jos, qui a porté le projet de son élaboration jusqu'à son impression, Marie-Jo Pince pour son œil avisé et ses nombreux conseils, Bernard Garaude pour sa confiance. Merci également à Georges Rivière pour son inventivité.

Et pour conclure, merci à vous, lecteurs,
et bienvenue dans un monde qui fait encore rêver !

Conception graphique et montage : Georges Rivière, Studio Stephan Arcos
Photogravure : Graphocoop 47 Agen
Correction : Claire Debout

300, rue Léon-Joulin – 31101 Toulouse Cedex 9, France

Loi 49.956 du 16.07.1949 sur les publications destinées à la jeunesse.

Dépôt légal : 3e trimestre 2011
ISBN : 978-2-7459-5174-8
Imprimé chez TWP à Singapour.

Les Encyclopes

Arctique Antarctique

D'un pôle à l'autre

Richard Beugné

Prix spécial « Jeunesse » du Cercle Polaire 2007

Illustrations :
Laurence Bar, Jérôme Brasseur, Bruno David,
Vincent Dutrait, Stéphane Humbert-Basset, Marc Ingrand,
Jean-Pierre Joblin, Gérard Macario, Georges Rivière

MILAN
jeunesse

Sommaire

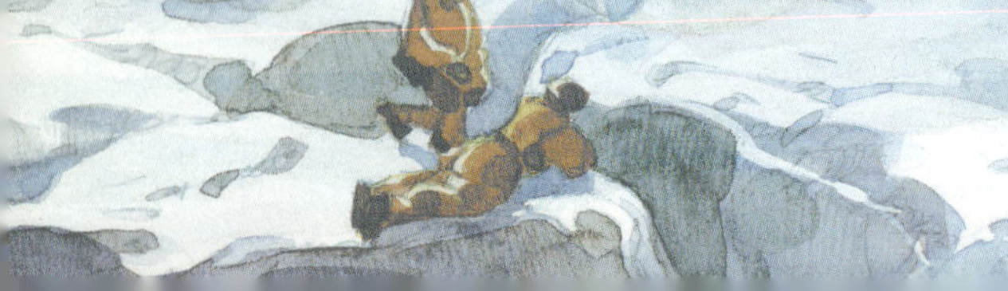

L'orthographe « inuit » (au pluriel sans s) a été choisie volontairement car dans la langue inuktitut, c'est un pluriel ; on dit : un *inuk*, des *inuit*. De même le terme *inuksuit* est le pluriel de *inukshuk* (P. 117).

Les deux logos suivants sont utilisés dans le premier chapitre :

pour repérer les pages consacrées à l'Arctique,

pour repérer les pages consacrées à l'Antarctique.

Les régions polaires sont restées inexplorées pendant des siècles. Soumises à un climat extrêmement rigoureux, elles demeurent difficiles d'accès et peu habitées en dépit des progrès techniques, qui y facilitent les déplacements et la vie quotidienne. Situées aux extrémités du globe, elles ne figurent pas toujours sur les planisphères. Et l'on néglige souvent dans les manuels de mentionner l'Antarctique comme sixième continent. C'est un peu comme si l'Arctique et l'Antarctique étaient maintenus à l'écart du monde.

Pourtant, les pôles ne nous sont plus inconnus. Par la magie du cinéma ou de la télévision, il nous arrive fréquemment d'y partir en voyage, à la rencontre de l'ours blanc ou du manchot empereur, ou bien de suivre un explorateur des temps modernes au cours de son aventure, d'y partager l'existence des peuples du froid, Inuit chasseurs de baleines ou Nénètses éleveurs de rennes. Ces déserts blancs apparaissent aussi au cœur de l'information à travers des sujets comme le réchauffement planétaire et la fonte des glaces, et tout récemment la découverte, au Nunavut de *Tiktaalik*, le poisson à pattes qui a vécu il y a 380 000 ans…

Ce livre ouvre les portes de ce monde polaire d'une grande beauté, beaucoup plus diversifié et plus fragile qu'il n'y paraît. Il raconte l'histoire des aventuriers occidentaux qui bravèrent l'inconnu au nom de leur nation ou de la science, et celle, aussi, des rudes populations circumpolaires qui surent si bien s'adapter au froid. On y rencontre des animaux que l'on ne trouve nulle part ailleurs. Enfin, on y trouve expliqué le rôle majeur des pôles dans l'équilibre du climat planétaire et dans la recherche scientifique, aussi bien pour l'étude du passé que pour la connaissance de l'atmosphère et du cosmos. En ces matières, il reste encore beaucoup à apprendre.

C'est pourquoi les organisations scientifiques internationales ont organisé une année polaire (2007-2008). Son objectif : améliorer les connaissances des processus polaires et du mécanisme global de la Terre, mais aussi informer sur les mesures à prendre pour laisser une planète en bonne santé aux générations futures.

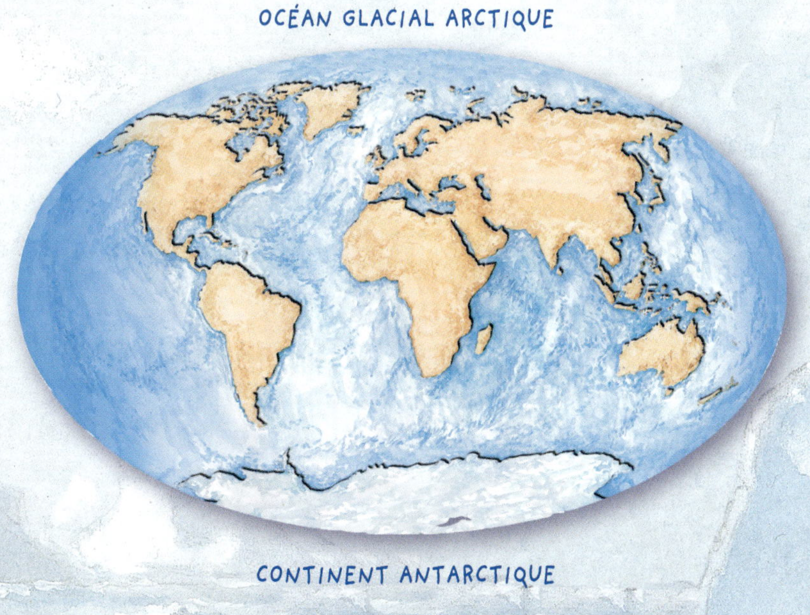

Aux extrémités du globe

Immenses zones de terre ferme et d'eau figées par les glaces, l'Arctique et l'Antarctique restent deux parties du monde encore sauvages. À l'opposé sur le globe, ces deux déserts blancs présentent pourtant des différences. Le premier, au nord, est un océan glacial entouré par des continents habités ; le second, au sud, un continent couvert de glaces, ceinturé par un océan redoutable, et éloigné du reste du monde.

Un océan au milieu de terres

Vaste région de 21 millions de km², l'Arctique n'est pas un continent, mais en majeure partie un océan recouvert aux trois quarts de glaces permanentes. Cerné par les côtes nord-américaines à l'ouest et celles de l'Eurasie à l'est, il comprend aussi des îles, parfois immenses comme le Groenland ou regroupées en archipels.

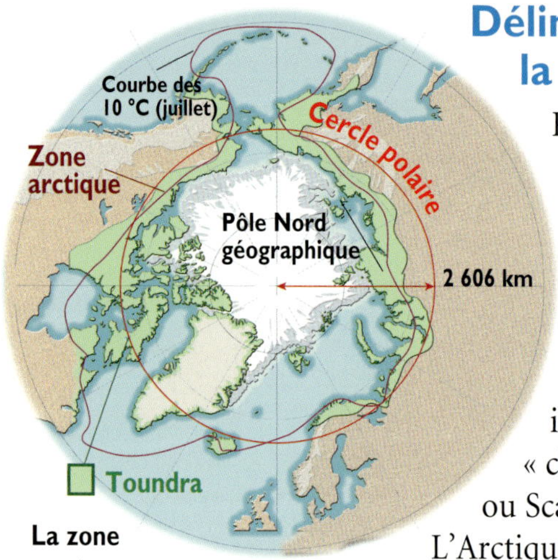

La zone arctique ne correspond pas vraiment à la limite du cercle polaire.

Délimitée par la température… de l'air

Pour délimiter la région arctique, on relie entre eux les lieux où la température moyenne en juillet est de 10 °C. Ce tracé correspond à la limite entre la taïga, composée de conifères, et la toundra, dont la végétation sans arbre est typique du Grand Nord. Sa forme irrégulière provient des courants marins « chauds » qui, en certains lieux (Islande ou Scandinavie), adoucissent le climat. L'Arctique englobe également les îles Aléoutiennes en prolongement de l'Alaska.

Recouvert par la banquise

D'une superficie de 14 millions de km², l'océan Glacial Arctique regroupe plusieurs mers. Son bassin est bordé par des côtes continentales prolongées par des plateaux peu profonds. Il atteint une moyenne de 4 000 mètres de profondeur dans sa partie centrale (5 520 mètres au maximum). La banquise recouvre 40 % de sa surface en été et 80 % en hiver. Il communique avec l'océan Atlantique entre le Groenland et la Scandinavie, et avec l'océan Pacifique par le détroit de Béring.

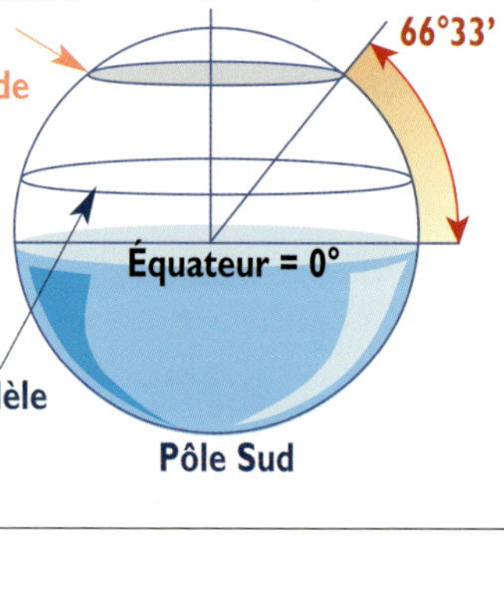

Le tracé du cercle polaire

Le cercle polaire arctique et le cercle polaire antarctique sont tracés à une distance de 2 606 km autour de chaque pôle. Leurs latitudes sont respectivement de 66°33' nord et 66°33' sud, ce qui correspond au point où le soleil est visible pendant 24 heures au solstice d'été, le 21 ou 22 juin pour l'Arctique (hémisphère Nord) et le 21 ou 22 décembre pour l'Antarctique (hémisphère Sud).

La vie envers et contre tout

Malgré un milieu hostile, caractérisé par des froids extrêmes (jusqu'à – 70 °C) et une longue période de six mois sans soleil, l'Arctique possède une faune terrestre, aérienne et sous-marine très riche.

Adaptés au climat polaire

Longtemps isolés du reste du monde, les peuples du Grand Nord (Lapons, Inuits, Dolgans, Tchouktches…) ont survécu malgré le froid extrême. On estime aujourd'hui leur nombre à 2 millions.

Détroit mythique

Le détroit de Béring, bras de mer peu profond, large de 70 km environ, sépare l'Alaska (Amérique du Nord) de la Sibérie nord-orientale (Russie). Découvert par Vitus Behring en 1741, il offre l'unique passage maritime possible entre l'océan Pacifique et l'océan Arctique.

La superficie de la zone arctique égale 38 fois celle de la France.

Au cœur des eaux glaciales

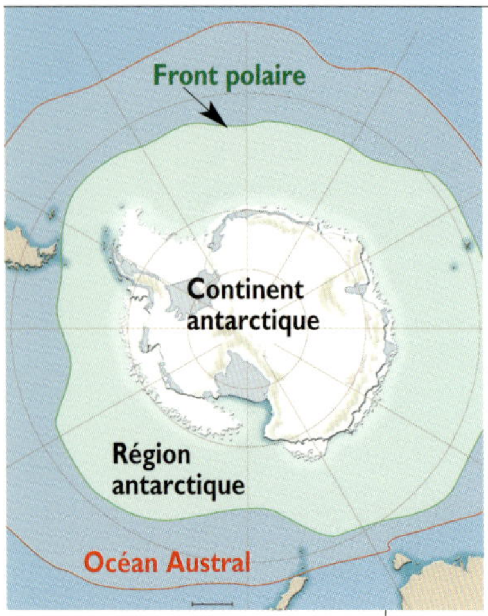

L'océan Austral (ou Glacial Antarctique) recouvre plus de 75 millions de km².

Immense étendue de terres de 14 millions de km², l'Antarctique, centré sur le pôle Sud, est entouré par l'océan Austral réputé pour ses violentes tempêtes et ses icebergs gigantesques. Recouvert de glace, soumis à des froids extrêmes, il reste le continent le plus inhospitalier de notre planète.

Délimitée par la température... de l'eau

La région antarctique ne se limite pas au cercle polaire. Elle est plus vaste. Sa frontière correspond à la zone de rencontre entre les eaux froides proches du continent antarctique et celles, plus chaudes, des autres océans. On l'appelle « front polaire » ou « convergence antarctique ». Au passage de cette frontière naturelle, en direction du pôle, l'eau change de couleur, sa température chute brutalement de plusieurs degrés et, en été, les glaces flottantes apparaissent.

Un immense désert blanc

Avec des froids terribles (jusqu'à – 89,2 °C), des vents violents (jusqu'à 320 km/h), de faibles précipitations (semblables à celles du Sahara), la région antarctique, presque aussi vaste que la Russie, constitue l'un des lieux les plus inhospitaliers du globe. Aucun homme n'y habite, sauf dans des bases scientifiques. Sur le continent même, la végétation se fait rare, limitée à des mousses et des lichens accrochés aux roches du littoral. Les îles subantarctiques, au climat moins rigoureux, sont plus verdoyantes, mais la végétation y reste naine.

Au royaume des manchots

Pendant les trois mois d'été, les animaux (oiseaux et mammifères marins) s'entassent sur les rivages de la péninsule Antarctique, se nourrissant de crevettes très abondantes. Dès le retour du froid, la plupart émigrent vers les îles moins glaciales. Seules quelques espèces adaptées aux rudes conditions (phoque de Weddell ou manchot empereur) y résident en permanence.

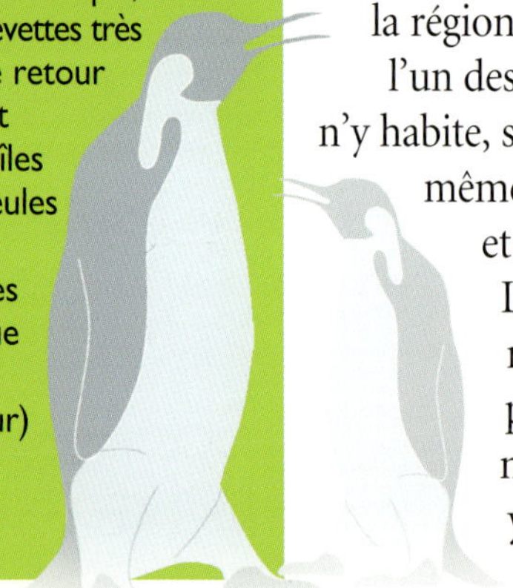

L'Antarctique sans glace ?

Il serait coupé en deux parties. La plus vaste comprendrait la chaîne des monts Transantarctiques bordant un continent constitué de sols primitifs, vieux de 3 à 4 milliards d'années. La seconde, faite de roches « jeunes » (quelques centaines de milliers d'années), formerait un ensemble d'îles volcaniques séparées par des fosses sous-marines très profondes. Mais le schéma ci-contre ne tient pas compte de l'élévation qui se produirait si le continent était libéré du poids de sa glace.

Depuis la nuit des temps...

Il y a plus de 200 millions d'années, les continents sont regroupés en un seul, la Pangée. Au fil du temps, celle-ci se morcelle. Puis 50 millions d'années plus tard, l'Antarctique fait partie d'un supercontinent qui regroupe : Amérique du Sud, Australie, Afrique, Inde. D'abord soudé à l'Australie, le continent antarctique glisse ensuite lentement vers le pôle Sud.

La superficie de la zone antarctique égale 25 fois celle de la France.

Les terres de l'extrême

Plage de graviers noirs en Islande, le « pays de glaces » (*iceland* en anglais).

Plaines immenses, côtes morcelées, îles ou archipels labyrinthes, les terres de l'Arctique se répartissent entre trois continents, l'Europe, l'Asie, l'Amérique, et appartiennent à plusieurs pays, l'Islande, la Norvège, la Finlande, le Danemark, la Russie, le Canada et les États-Unis.

Entre glace et lave

Proche du cercle polaire, l'Islande, sous l'influence de courants atlantiques chauds, bénéficie d'un climat assez doux (sa moyenne hivernale est à peine en dessous de 0 °C), 12 % de l'île sont pourtant recouverts de glaces permanentes. La calotte glaciaire de Vatnajökull, la plus imposante avec ses 8 300 km² de superficie, dépasse les 1 000 mètres d'épaisseur en son centre. Mais l'Islande est surtout réputée pour ses 200 volcans dont certains encore actifs, et ses geysers qui forment des colonnes de vapeur et d'eau bouillante à intervalles réguliers. Coulées de magma fondu, plages de graviers noirs, rochers fumants complètent ce paysage étonnant.

Immensités russes

De la presqu'île de Kola jusqu'à la péninsule des Tchouktches, la Sibérie présente un relief dominant de plaine où la terre reste gelée en profondeur. C'est la plus vaste partie de l'Arctique (2 105 000 km²). Elle est traversée par de grands fleuves – la Lena, l'Ob, l'Ienisseï – qui se déversent dans l'océan polaire en formant d'immenses deltas où se produisent de gigantesques inondations lors de la fonte des glaces au printemps.

Sculptés par les glaces

Aujourd'hui fondue, l'immense calotte glaciaire dont la Norvège et la Finlande étaient encore recouvertes il y a 12 000 ans, a laissé les cuvettes où se sont nichés les centaines de milliers de lacs finlandais. Elle a aussi taillé les fjords qui découpent profondément la côte norvégienne. Le cap Nord, sur une île norvégienne, est le point le plus au nord de l'Europe.

Un arc de volcans

Formant un pointillé en arc de cercle, les 150 îles Aléoutiennes prolongent la presqu'île de l'Alaska. Une succession de 44 volcans enneigés aux éruptions fréquentes et dangereuses s'y concentre. Habité depuis très longtemps (on y a retrouvé des vestiges humains datant de 8 000 ans av. J.-C.), cet archipel appartient aux États-Unis depuis 1867.

Un gigantesque glacier

Territoire danois de 2 166 000 km^2, le Groenland est de loin la plus grande île de l'Arctique. 80 % de son sol est enfoui sous une couche de glace, l'inlandsis, épaisse de 1 500 mètres en moyenne, atteignant 3 000 mètres par endroits. Cette masse glaciaire (8 % de l'eau douce de la planète), retenue par un écrin de montagnes qui culminent à 3 700 mètres, se divise en glaciers qui se terminent dans l'océan et y déversent un grand nombre d'icebergs. Seules ses côtes sud et sud-ouest, bénéficiant d'un courant océanique plus chaud, sont libres de glaces et habitées.

À Uummannaq, dans la baie de Disko au Groenland, les icebergs sont nombreux.

Au bout du continent américain

En Alaska, la chaîne montagneuse de Brooks marque la limite sud de la région arctique. Plus à l'est, le territoire Nord canadien, relativement accidenté, est parsemé de lacs et de zones marécageuses, telles que l'imposant delta du fleuve Mackenzie. Au nord-est, le continent morcelé forme un labyrinthe d'îles et de détroits (l'archipel canadien) correspondant en partie au Nunavut, région administrative gérée par les Inuits. Les îles de Baffin et Ellesmere, les plus vastes et quasi inhabitées, font face à la côte ouest du Groenland.

En janvier, la neige recouvre les côtes des îles Aléoutiennes.

LE PLUS AU NORD

Le Groenland s'étend sur 3 500 km de long : du cap Farewell, situé en dehors du cercle arctique, jusqu'au cap Morris Jesup, coin de terre le plus proche du pôle Nord géographique.

UN PUZZLE D'ÎLES

Quatorze des plus grandes îles du globe sont regroupées dans l'archipel arctique canadien, formant un véritable puzzle entre le continent nord-américain et le Groenland. La plus grande est la terre de Baffin (7e île du monde en superficie), couronnée par une importante calotte glaciaire. Ellesmere, qui fait partie du groupe des îles de la Reine-Élisabeth, arrive en second. C'est un des hauts lieux de la préhistoire arctique.

Le continent glacé

L'Antarctique est recouvert à 98 % de glace permanente. En hiver, lorsque le grand froid transforme la mer en banquise, l'étendue gelée double de superficie pour atteindre 30 millions de km^2.

Beaucoup de glace, peu de rochers

L'épaisseur de glace, l'inlandsis, qui recouvre l'Antarctique, peut atteindre 4 800 mètres (presque la hauteur du mont Blanc !) et se prolonger en mer par des plateaux glaciaires flottants. Ils s'achèvent parfois en énormes falaises comme la grande barrière de Ross. Seules quelques parties rocheuses échappent à la glace : les sommets des monts Transantarctiques dont certains dépassent 4 000 mètres, la péninsule Antarctique et quelques vallées sèches.

Le plus grand glacier du monde

En mouvement perpétuel, la glace glisse doucement du centre élevé de l'Antarctique vers la mer. Aux endroits où la pente devient plus raide, elle forme des glaciers qui se crevassent et libèrent des blocs parfois immenses, les icebergs. La côte ouest en compte plusieurs : le glacier Shirase qui progresse à la vitesse de 2 km par an. Et le plus grand d'entre eux, le glacier Lambert, qui s'étire sur 400 km de long pour 40 km de large. Un record mondial !

Le bout du monde

Entouré par des eaux infestées d'icebergs et agitées par des vents extrêmes, l'Antarctique n'a été aperçu pour la première fois qu'en 1820. Durant le XVIIIe et le début du XIXe siècle, de nombreuses expéditions s'étaient pourtant succédé dans ces parages rugissants. Sans succès.

Détroit de Bransfield entre les îles Shetland et l'extrémité de la péninsule Antarctique.

Aujourd'hui encore, 7 pays prétendent se partager l'Antarctique. Ils ont promis de ne pas y toucher jusqu'à l'expiration du traité de l'Antarctique, en 2041. Mais après ?

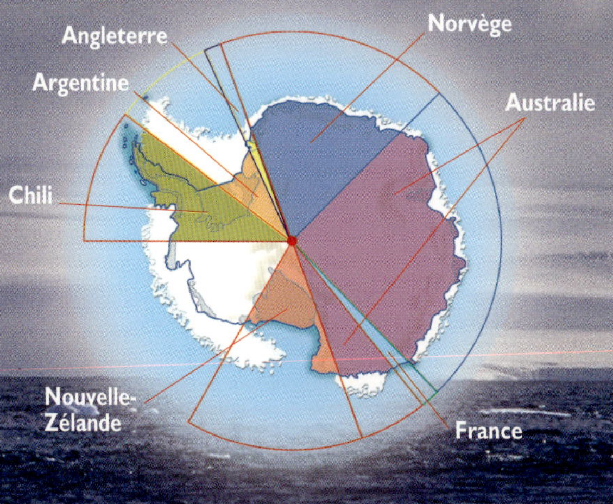

Manchot s'apprêtant à sauter dans la mer du haut d'un iceberg.

Un fossé protecteur

L'océan Glacial Antarctique, appelé aussi océan Austral, forme une ceinture d'eau autour du continent antarctique. À faible distance des côtes, il atteint rapidement 500 mètres de profondeur et certaines de ses fosses dépassent les 6 000 mètres. Soumis à un régime d'intenses vents dominants (appelés les cinquantièmes hurlants ou les soixantièmes rugissants), il est agité par de furieuses tempêtes. En hiver, sa surface est figée par une banquise de 20 à 25 millions de km^2 qui se disloque en été (de décembre à février). Ces conditions extrêmes limitent la présence de vie animale et rendent difficile l'accès au continent.

Classé « réserve naturelle » de l'humanité

Aucun peuple n'a jamais vécu en Antarctique. Les premiers pays découvreurs ont voulu s'approprier certaines de ces terres australes. Heureusement, un accord a été conclu afin que le continent n'appartienne à personne et demeure une « réserve naturelle internationale consacrée à la science et à la paix ». Les scientifiques d'une vingtaine de nations y séjournent dans des stations, pendant l'été uniquement. Parfois même, ils travaillent ensemble. Leurs études des glaces, des océans, du climat, de la couche d'ozone ont démontré combien ce continent désert et hostile, contenant 70 % des eaux douces de la planète, est important pour l'équilibre de la Terre.

Station scientifique en Antarctique.

Rupture de la falaise de glace à Paradise Bay.

Aux avant-postes de l'Antarctique

Les îles subantarctiques se situent à la limite entre l'océan Austral et les trois océans Atlantique, Indien, Pacifique. Elles ont été pour la plupart atteintes bien plus tôt que le continent qu'elles entourent. Isolées et désolées, elles ne sont pas recouvertes de glace permanente, mais d'une végétation rustique et résistante au froid et au vent violent. Situées dans des eaux très riches en nourriture, elles accueillent une faune nombreuse qui s'installe sur leurs rivages à la saison des amours.

Un traité nécessaire

Signé pour la première fois en 1959, le traité de l'Antarctique a été prolongé en 1991 pour une durée de 50 ans. Par cette signature, les gouvernements se sont engagés à n'occuper le continent que dans un but de recherche scientifique. Pourtant, la richesse en poissons des eaux australes et la présence de minerai ou de pétrole risquent bien d'éveiller les rivalités économiques.

Là où pousse la mousse

En Sibérie, dans la toundra, le permafrost peut dépasser 1 500 mètres d'épaisseur. Dans ces régions glaciales, le plateau continental sous l'océan est gelé lui aussi.

Tout doux

En Arctique, dans les endroits marécageux, il est courant de rencontrer des linaigrettes, fleurs blanches d'aspect cotonneux.
Là où l'eau stagne, incapable de s'infiltrer dans le permafrost, s'accumulent les sphaignes, sortes de mousses qui, en se décomposant, forment la tourbe.

Typique du Grand Nord sibérien ou canadien, la toundra forme une ceinture de terres gelées, presque sans végétation, plus ou moins à cheval sur le cercle polaire. Elle est limitée par la mer glacée au nord, et, au sud, par la taïga, vaste bande de forêt de 500 à 1 500 km de large.

Quelques fleurs poussent durant le court été polaire.

Un sol gelé en permanence

Les froids intenses qui règnent sur la toundra et la taïga en hiver ont favorisé le gel du sol en profondeur. Permafrost ou pergélisol sont deux synonymes pour désigner ce sol qui ne fond jamais, sauf en surface durant l'été, formant une couche de terre où la végétation pousse tant bien que mal. Selon les latitudes, le permafrost est plus ou moins continu et profond. À l'intérieur du cercle arctique, il atteint couramment 400 mètres d'épaisseur, et la couche dégelée en surface ne dépasse pas 50 cm.

Une végétation en étages

En montagne, le paysage change en montant, de même il se modifie avec la latitude. En partant du sud, ce sont tour à tour des plaines au climat continental, des bois de feuillus, puis de conifères qui, à mesure que l'on progresse vers le nord, deviennent rares et rabougris. Ils finissent par disparaître pour laisser place à une végétation rase. Ici commence la toundra. D'abord relativement sèche, elle devient ensuite plus humide et marécageuse. Au-delà de cette zone parsemée de lacs, on arrive aux frontières du « désert » polaire où dominent le roc et la glace.

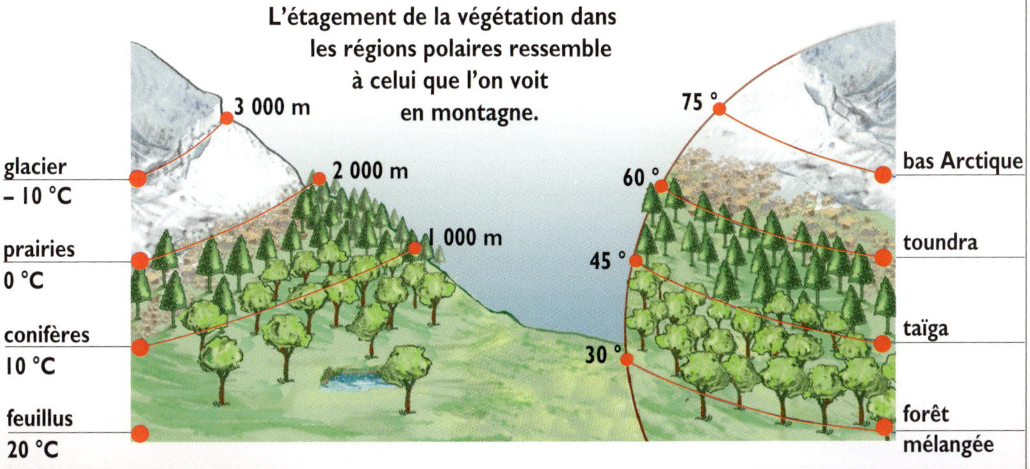

Mousses et arbres nains

Rares sont les plantes capables de pousser dans la toundra. Le sol gelé empêche les racines de s'enfoncer en profondeur. Les froids extrêmes et le vent les obligent à se protéger tandis que la faible durée d'ensoleillement réduit l'activité biologique à trois mois dans l'année. Pour survivre, les plantes s'adaptent : elles restent petites et poussent serrées les unes contre les autres. Dans la partie la plus au sud de la toundra, on trouve des arbustes nains. Plus au nord, le sol se couvre d'une lande où poussent des buissons dont certains donnent des baies. Entre ces buissons croissent des herbacées, des joncs, de la mousse et du lichen.

Façonné par le gel

Souvent plate, la toundra présente un paysage nu et relativement monotone. Des formations viennent rompre cette monotonie. Les pingos ressemblent à des petites collines isolées. Ce sont en fait des poches d'eau sous la terre qui, en gelant l'hiver, se dilatent et forment un monticule. Année après année, la masse de glace augmente et le monticule s'élève. Gel et dégel sont à l'origine d'autres paysages typiques comme les sols polygonaux.

Des sols géométriques

La formation de sols polygonaux est due à l'apparition dans le sol, sous l'effet du gel, d'un réseau de crevasses en forme de nid d'abeilles. À la saison chaude, ces fissures se remplissent d'eau qui gèle l'hiver suivant. La glace qui se forme alors repousse la terre de chaque côté en traçant des lignes régulières. Certains motifs polygonaux peuvent mesurer plusieurs dizaines de mètres de côté.

Pingo dans l'Arctique canadien.

Quand la glace s'efface

Vue aérienne de nunataks qui émergent de la calotte glaciaire (monts Shackleton).

Au pôle Sud, l'élément minéral ou liquide gagne rarement son combat contre le froid qui fige tout sous la glace. Parfois, pourtant, cette domination s'inverse, laissant place au roc et au feu.

Deux pour cent de roches apparentes

Peu de roches échappent à l'emprise du « grand blanc » antarctique. Même les pics rocheux les plus hauts ne laissent voir que leurs cimes au-dessus de la mer de glace. Beaucoup de ces reliefs, appelés nunataks, se situent dans la chaîne transantarctique culminant à 4 528 mètres avec le mont Kirkpatrick. Cette chaîne – l'une des plus longues du monde – s'étire sur 4 000 km. Elle regroupe des sommets volcaniques et des falaises de grès riches en fossiles. Elle se prolonge à l'ouest par le massif du mont Vinson (4 897 mètres, point culminant de l'Antarctique).

DES EAUX À 25 °C !

Sous une forte épaisseur de glaces formant un damier bleuté, les eaux du lac Vanda profond de 65 mètres atteignent 25 °C ! Ce phénomène extraordinaire provient d'un système de tubes de glaces qui captent la chaleur solaire ainsi conduite dans les profondeurs, à l'abri du vent, autre facteur de refroidissement.

Un peu de « douceur »

Pareille à un doigt tendu vers l'Amérique du Sud, la péninsule Antarctique forme un croissant composé d'un archipel découpé et d'îles très tourmentées, d'origine volcanique. Prolongement de la Cordillère des Andes à laquelle elle est reliée par une chaîne montagneuse « sous-marine » (l'arc de Scotia), c'est la région la plus clémente du continent. Sa pointe nord étant hors du cercle polaire, elle concentre un très grand nombre d'animaux (oiseaux, mammifères marins…) qui y trouvent refuge en été. Mais cette oasis ne connaît que quelques jours de température positive dans l'année.

Il n'est pas toujours facile de partager son territoire en Antarctique !

Des paysages lunaires

Certaines vallées présentent un aspect minéral bien différent du reste du continent pris sous les glaces. Les rares neiges qui y tombent sont balayées par les vents violents venus de l'intérieur. Dans ces paysages désertiques, les rocs apparaissent dénudés, parfois soudés par un ciment de glace et de sables. Ces lieux comptent parmi les régions les plus arides du globe. Une autre particularité rend ces formations géologiques uniques au monde : quelques semaines par an, les glaces fondent et alimentent des lacs, dont l'eau sous 4 à 5 mètres de glace a une température positive. Ces vallées sèches, écologiquement fragiles, sont aujourd'hui strictement protégées.

Vallée sèche à Cape Hallett.

Des volcans en chaîne

Dominant l'île de Ross, le volcan Erebus n'est qu'un volcan parmi d'autres en Antarctique. Un grand nombre d'entre eux, de formation récente dans l'histoire de la Terre (25 millions d'années), s'échelonnent le long d'une ligne qui va de la péninsule Antarctique jusqu'au cap Adare en suivant les monts Transantarctiques. Le mont Hampton, situé sur la terre Marie-Byrd, est un grand volcan éteint. Son cratère de 6 km de diamètre est comblé par la neige et la glace. Plusieurs petites éruptions ont été enregistrées entre 1967 et 1970 sur l'île Déception. Celle-ci est en fait le cratère de 10 km de diamètre d'un volcan à demi englouti dans l'océan.

CONTRE TOUTE ATTENTE !

La vie existe bel et bien dans les vallées sèches. Mais il faut un microscope pour le constater. Des scientifiques ont ainsi pu observer des bactéries, des algues, des champignons qu'ils ont prélevés dans des petites fissures de la roche cimentée par la glace. Mieux : ils ont trouvé de minuscules invertébrés (vers) qui se nourrissent de bactéries et sont capables de survivre à l'état lyophilisé, c'est-à-dire en restant desséchés, pendant une longue période.

On peut voir de la lave sur l'île Déception, preuve des récentes éruptions du volcan.

Du feu sous la glace

Le volcan Erebus est situé à 1 380 km du pôle Sud. À 4 000 mètres d'altitude, son panache de vapeurs et de cendres visible à des kilomètres à la ronde signale une activité quasi permanente.

L'Erebus possède un cratère d'un diamètre de 800 mètres pour 270 mètres de profondeur. Un lac de lave visqueuse en constante ébullition, semblable à celui du mont Kenya en Afrique, occupe le fond de ce cratère.

Cheminées de neige

Les flancs du cratère, à l'intérieur, présentent des monticules de neige et de glaces sculptées qui proviennent de jets de vapeur solidifiés. Ils sont parfois d'une couleur jaunâtre due aux gaz sulfureux et toxiques que dégagent les fumées de ce volcan actif le plus au sud de l'hémisphère Sud.

Affrontant un fort blizzard et des températures très basses, quelques hommes de l'expédition Shackleton parvinrent au sommet du volcan le 10 mars 1908, après cinq jours d'efforts.

Un nom sorti des Enfers

C'est James Ross qui baptisa le volcan du nom de son navire, l'*Erebus*. Ce nom est celui d'un dieu grec qui représente « les ténèbres infernales ». Érèbe est le fils de Chaos, le frère de Nyx (la nuit), et le père de Charon, le passeur qui conduisait dans sa barque les âmes des morts à travers les Enfers.

Première ascension de l'Erebus

Découvert en 1841 par sir James Ross, l'Erebus a été gravi 67 ans plus tard, en 1908, par des compagnons d'Ernest H. Shackleton. Depuis, il a été escaladé plusieurs fois.
En 1993, lors de l'expédition Erebus, Jean-Louis Étienne et quelques compagnons ont renouvelé cette ascension dans un but d'observation scientifique.

Vue aérienne du delta du Mackenzie en hiver.

Des fleuves bulldozers

Plusieurs fleuves de Sibérie ou du Canada se déversent dans les mers arctiques. À la fonte des glaces, leur débit augmente subitement et provoque de gigantesques inondations qui charrient de la glace, des arbres et de la boue.

Des barrages de glaces

Les grands fleuves russes ou canadiens qui se jettent dans l'océan Arctique restent gelés pendant 6 à 8 mois. Lorsque vient le printemps, leurs surfaces gelées se brisent : c'est la débâcle. En s'accumulant, les morceaux de glace forment un barrage qui provoque une brusque montée des eaux. Grossie par la pluie et la neige fondue, la vague atteint plusieurs mètres de hauteur. Puissante, elle déplace les glaces jusqu'aux embouchures, produisant un effet de bulldozer qui pousse tout sur son passage.

À la fonte des neiges, chaque année, le delta du Mackenzie offre le spectacle d'énormes quantités de troncs arrachés à la taïga et charriés par les crues.

La grande rivière

Connue aussi sous le nom de Kuujuak (« grande rivière », en inuktitut), la Soper traverse les collines de la toundra du sud de l'île de Baffin. Une forêt de saules atteignant 3,60 m de haut pousse dans sa vallée protégée des vents violents.

Le Mackenzie est le plus long fleuve canadien.

L'Ob se distingue par un immense estuaire de 800 km de long sur 80 km de large. Les deltas de l'Ienisseï et de la Lena sont formés par des crues presque aussi importantes que celles de l'Amazonie.

RICHESSES EN SOUS-SOL

Deux tiers des besoins énergétiques de la Russie sont couverts par les gisements de gaz et de pétrole exploités dans les bassins de l'Ob et du Ienisseï. On estime que 25 % des réserves de pétrole se trouvent dans la région du cours inférieur de l'Ob, non encore exploitées à cause du gel presque permanent qui rend difficile l'entretien des pipelines.

L'incroyable delta du Mackenzie

Le Mackenzie s'étire à travers les immensités des Territoires du Nord-Ouest canadien. Il recueille l'eau de nombreuses rivières qui prennent leur source dans les montagnes Rocheuses, à plus de 4 200 km de la côte. Après avoir traversé le Grand Lac des Esclaves, il se jette dans la mer de Beaufort par un très large delta. Durant le bref été polaire, la toundra tout autour devient le théâtre d'une explosion de vie animale et végétale. Les gigantesques inondations favorisent la formation de zones marécageuses et de lacs temporaires. Des hardes de caribous et d'orignaux viennent y paître et se reproduire.

Pendant la débâcle, les crues se répandent dans des plaines dont le sol gelé rend l'infiltration impossible. Parfois les villages, en Sibérie, sont complètement inondés.

Les géants sibériens

L'Ob, l'Ienisseï, la Lena descendent des montagnes d'Asie centrale et s'écoulent vers le nord jusque dans l'océan Arctique après avoir parcouru entre 3 000 et 4 000 km à travers la taïga, puis la toundra. Ces trois fleuves, parmi les plus grands au monde, ne sont libres de glaces et ne deviennent navigables que pendant les trois mois d'été. En hiver, leurs surfaces gelées se confondent avec celle de la banquise des mers de Kara et des Laptev dans lesquelles ils se jettent. En mai, au dégel, ils déversent en un seul mois plus du tiers de la quantité d'eau qu'ils débitent en un an.

DES RADEAUX GÉANTS

En été, sur l'Ienisseï dont le niveau augmente de 7 mètres, avait lieu le flottage du bois entre la Sibérie et la mer polaire. Les troncs d'arbres assemblés formaient des radeaux de 700 mètres de long. Les hommes chargés de leur acheminement vivaient dessus, dans de petites cabanes, pendant les deux semaines que durait le trajet de 1 200 km jusqu'au port de Dudinka.

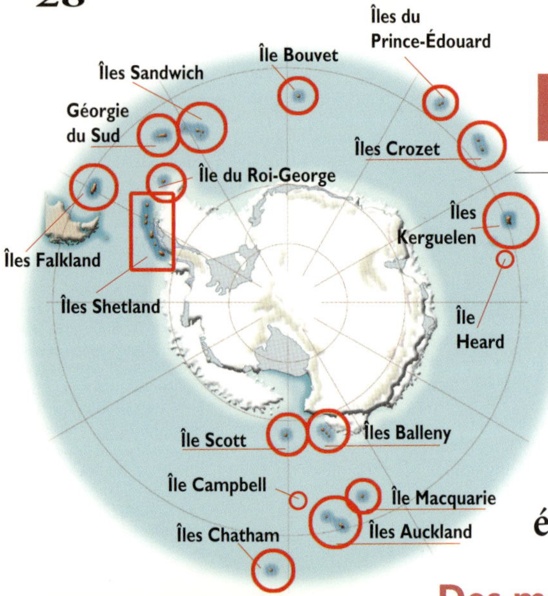

Les îles sentinelles

Réparties de part et d'autre du front polaire, les îles subantarctiques présentent des aspects variés. Terres lointaines, placées sous l'autorité de différents pays (France, Royaume-Uni, Nouvelle-Zélande, Australie…), elles ont souvent été découvertes au hasard de la navigation.

ÎLES OU NON ?

Beaucoup de terres côtières, émergeant de la glace qui les entoure, semblent faire partie du continent. En fait, ce sont des îles. Lorsque la plate-forme glaciaire se brise, il n'y a plus de doute. C'est le cas, en 1995, lorsque les glaces flottantes qui relient le littoral à l'île de Ross se disloquent et laissent la mer libre. Ultime preuve qu'il s'agit bien d'une île.

Des montagnes dans la mer

L'archipel des Shetland du Sud, situé entre l'Amérique du Sud et la péninsule Antarctique, offre le spectacle grandiose de glaciers et de parois abruptes souvent dans le brouillard. Plusieurs de ses îles sont des volcans. L'une d'elles, l'île du Roi-George, abrite une grande baie, la baie de l'Amirauté, qui n'est jamais fermée par la banquise. De nombreux pays y ont installé une base. L'un des bâtiments de la base chilienne servit parfois d'hôtel, cas unique en Antarctique.

D'un extrême à l'autre

Terre la plus isolée du globe, l'île Bouvet (appartenant à la Norvège) est la partie émergée d'un volcan. Son sommet s'élève à 700 mètres. Elle est recouverte à 93 % par une calotte glaciaire. De même, l'île Heard (australienne) est presque entièrement recouverte de glaciers alors qu'il s'agit d'un volcan actif dont la dernière éruption date de 1985. D'autres, au contraire, n'ont aucun glacier permanent comme l'australienne Macquarie au sud de la Tasmanie, surnommée « grande éponge verte » en raison de sa végétation. Les îles néo-zélandaises Campbell et Auckland abritent, quant à elles, des espèces végétales qui ne poussent nulle part ailleurs et les forêts les plus au sud de la planète.

L'île Déception, qui appartient aux Shetland, est un volcan à demi englouti. Son cratère forme un port accessible grâce à un petit chenal, où les baleiniers trouvaient refuge.

L'île Macquarie est le paradis des manchots.

L'île de Géorgie du Sud atteint 2 934 m à son point le plus élevé.

Sous le drapeau britannique

Connue pour ses à-pics plongeant dans la mer, l'île de Géorgie du Sud présente peu de zones plates. De dangereux icebergs se détachent de ses grands glaciers. Avec les îles Sandwich, montagneuses elles aussi, elle constitue un territoire britannique indépendant, abritant des militaires et quelques scientifiques ; seules 4 personnes y vivent toute l'année. Les Falklands (ou Malouines), en revanche, présentent des sommets arrondis. Trois principales chaînes montagneuses y culminent à 705 mètres.

Les Kerguelen et les Français

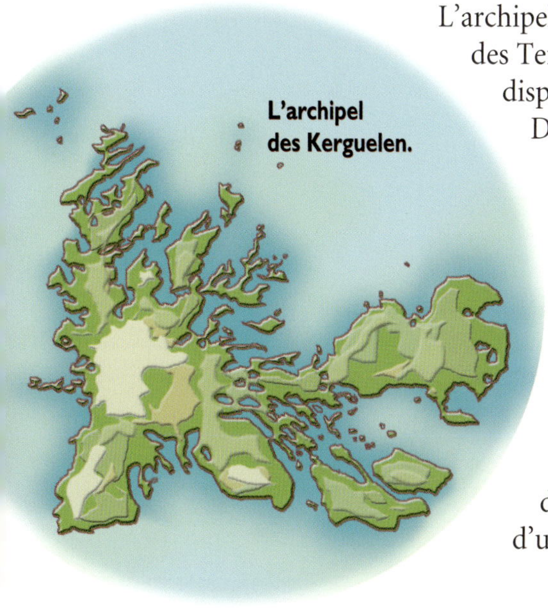

L'archipel des Kerguelen.

L'archipel des Kerguelen fait partie aujourd'hui des Terres australes et antarctiques françaises disposant d'une base à Port-aux-Français. D'origine volcanique et situé dans l'océan Indien, à 2 300 km de l'Antarctique, il se compose d'une île principale (la Grande-Terre : 6 700 km²) et de plusieurs autres petites. Elles sont couvertes d'une végétation rase capable de résister aux vents violents. La faune locale comprend des oiseaux (manchots, albatros...) et des mammifères marins (cétacés, dauphins, otaries) qui ont fait l'objet d'une chasse intense au XIXe siècle.

UNE FORTERESSE IMPÉNÉTRABLE

Située à la limite de la banquise permanente, l'île Pierre-Ier, baptisée ainsi en l'honneur du tsar russe, est inaccessible à cause de rivages très escarpés. Il s'est écoulé 100 ans entre sa découverte et le jour du premier débarquement. L'intérieur n'a été atteint qu'une fois, et en hélicoptère.

EXPLOITATIONS IMPOSSIBLES

Des tentatives d'exploitation des îles Kerguelen (élevage ou conserverie) ont eu lieu au début du XXe siècle. Elles ont toutes échoué. Mais importées à cette période, certaines espèces terrestres (moutons, chats, lapins, rats...) ont subsisté et se sont acclimatées.

Les pôles font la paire

Les pôles Nord et Sud ont en commun d'être soumis à des froids intenses, à la nuit polaire et à des phénomènes magnétiques qui affolent les boussoles. Banquises et courants sous-marins complètent le caractère rude de ces jumeaux si ressemblants, même si l'un d'eux, l'Antarctique, joue l'enfant terrible en établissant des records. Tous deux fascinent par leur beauté et le spectacle de leurs aurores.

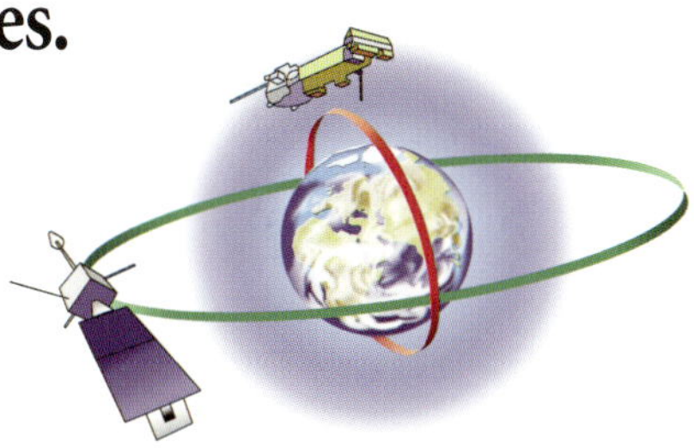

Loin, dangereux et inaccessibles

En 1915, au pôle Sud, l'*Endurance*, bateau de sir Shackleton, fut broyé par les glaces dans la mer de Weddell, devant l'œil attentif des chiens de traîneau.

Le froid extrême, la banquise, l'isolement et de nombreux dangers rendent difficile l'accès aux centres des régions polaires. Atteindre les pôles par des moyens modernes reste exceptionnel. Y parvenir à pied est un véritable exploit.

Trop d'obstacles

L'accès aux régions polaires est compliqué par des mers où règnent des brouillards imprévisibles, des vents et des orages parmi les plus violents de la planète. Le risque d'entrer en collision avec un iceberg y est constant, en dépit des radars. Mais le pire des obstacles est la banquise qui se forme rapidement dès les premiers froids et se referme comme un piège sur les navires imprudents. Seuls les brise-glace peuvent franchir cette barrière – sauf quand celle-ci est trop épaisse, en hiver ou aux endroits où elle est permanente, comme au cœur du pôle Nord. Là, il faut utiliser des moyens terrestres ou aériens.

BONNE OU MAUVAISE RENCONTRE ?

Absent en Antarctique, l'ours polaire fréquente la banquise. Le rencontrer est un spectacle fascinant. Mais attention, s'il a faim ! Il est attiré par toute odeur de nourriture qu'il est capable de détecter de très loin, grâce à son odorat puissant.

Un milieu hostile

En Antarctique et, dans une moindre mesure, en Arctique, le grand froid, l'isolement, les blizzards qui aggravent les basses températures et rendent la visibilité nulle, la nuit polaire qui provoque des angoisses s'opposent à la vie humaine. La marche d'un explorateur peut être contrariée par la dérive de la banquise qui le fait dévier de sa trajectoire ou l'ouverture brusque d'un chenal infranchissable dans la glace en mouvement. Passer à travers une couche de glace trop mince ou chuter dans une crevasse expose à la mort. Il en va de même avec les icebergs ou le front des glaciers qui menacent de s'écrouler sans avertir, en créant des raz de marée.

Devant un ours polaire, mieux vaut être méfiant !

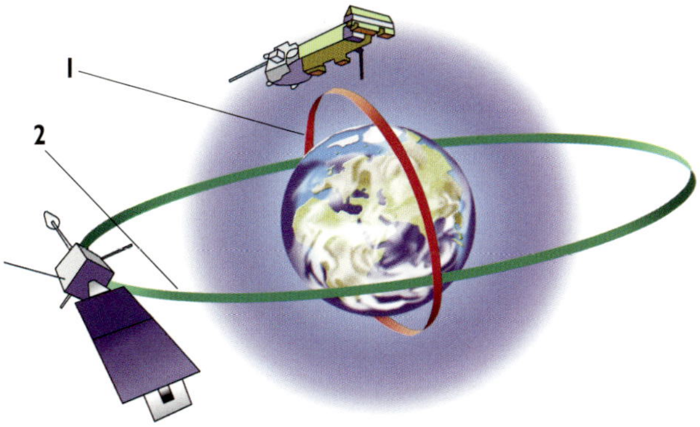

1. Orbite polaire
Le satellite a une orbite basse (800 km au-dessus de la Terre), son travail est précis mais son passage au-dessus des pôles est rapide.

2. Orbite géostationnaire
Le satellite est stable au-dessus de l'équateur. Il a une faible vue sur les pôles. Son orbite est haute (36 000 km de la Terre).

Transmissions perturbées

En période d'aurores boréales ou australes, les orages magnétiques brouillent la propagation des ondes. Il devient impossible d'envoyer ou de recevoir des messages radio. Les techniques de transmissions téléphoniques faisant appel aux satellites rencontrent aussi des difficultés. En effet, en d'autres points de la planète, ces transmissions se font grâce à des satellites géostationnaires, qui tournent dans l'espace à une vitesse calculée pour être constamment à la verticale d'un point. Or ces satellites ne sont plus accessibles au-delà de 78° de latitude (donc au cœur même des régions polaires). Il faut alors utiliser un satellite à orbite polaire, dont le temps de passage est court et ne laisse qu'une dizaine de minutes pour envoyer un message.

Éloignés de tout

Les distances qui séparent l'Arctique, et surtout l'Antarctique, des lieux civilisés sont importantes. Les lieux habités d'où pourraient venir des secours sont peu nombreux et il n'existe pas de moyens de transport réguliers. Bien sûr, les moyens modernes (brise-glace, avions…) réduisent considérablement l'éloignement de ces régions. Malgré tout, elles restent bel et bien des bouts du monde isolés, voire totalement inaccessibles en hiver. Et dans tous les cas, les navigateurs doivent affronter les quarantièmes rugissants ou les cinquantièmes hurlants, ces vents qui portent bien leur nom.

AU NORD DU NORD

On a longtemps cru que Kaffekluben, un rocher situé au nord du Groenland, et découvert par Robert E. Peary en 1900, constituait la terre la plus septentrionale au monde. Mais en 1978, un Danois a découvert un îlot encore plus au nord : Oodaq.

GRANDES DISTANCES

Les côtes du continent blanc sont à 3 600 km de l'Afrique du Sud, 2 500 km de l'Australie, 1 000 km de l'Amérique du Sud.

Une crevasse peut obliger les explorateurs à faire de dangereuses acrobaties s'ils veulent éviter de trop longs détours.

L'empire du froid

Dans les régions polaires, surtout en Antarctique, les basses températures atteignent des extrêmes et règnent pendant neuf longs mois d'hiver. Seul répit : les trois mois d'été, durant lesquels les moyennes restent tout de même négatives au plus près des pôles.

Les vents violents et glaciaux sont présents dans les deux régions polaires. Souvent, ils se chargent de neige et de minuscules aiguilles de glace, réduisant la visibilité à quelques mètres.

Des records de froid

Avec une moyenne variant de – 40 °C à – 70 °C en hiver et de – 15° C à – 45 °C en été, la partie centrale de l'Antarctique connaît les températures les plus basses de la planète. En comparaison, la zone arctique apparaît plutôt clémente avec une moyenne estivale proche de 0 °C. Certaines régions (Norvège, Spitzberg, sud-ouest du Groenland, îles Aléoutiennes) bénéficient de l'influence de courants chauds comme le Gulf Stream venu de l'Atlantique et le courant de Kuroshio venu du Pacifique, qui modèrent localement la rigueur du climat. Toutefois, le thermomètre peut atteindre – 70 °C dans le Grand Nord sibérien et la moyenne de température annuelle au pôle Nord tourne autour de – 20 °C !

Des vêtements adaptés

Les vêtements polaires modernes sont étudiés pour lutter contre les froids extrêmes et les vents glaciaux. Ils sont aussi « hyper respirants », pour permettre le passage de la transpiration. Le tissu ne durcit pas aux très basses températures, ce qui favorise les mouvements. Les cordons et les fermetures sont prévus pour être facilement saisis, même avec des gants.

Les vents catabatiques

Les « vents catabatiques » sont observés sous toutes les latitudes. Ils se forment lorsque l'air plus froid au sol qu'en altitude, et donc plus lourd, ne peut pas monter, bloqué sous un véritable couvercle d'air plus chaud. En Antarctique, ces vents particulièrement violents dévalent le long des pentes de l'inlandsis et prennent de la force en arrivant sur les côtes abruptes où ils atteignent des vitesses records. Une pointe à 320 km/h a ainsi été enregistrée en juin 1977, à la base française Dumont-d'Urville.

Les blizzards aggravent de beaucoup la sensation de froid ressentie par l'homme. Ainsi, une température de – 15 °C par un vent de 30 km/h équivaut à – 30 °C.

Glagla !

L'Antarctique connaît des froids beaucoup plus rudes que l'Arctique. L'altitude élevée de ce continent et les 3 000 m de glace qui le recouvrent jouent un rôle de congélateur et expliquent en partie cette différence. Les – 89,2 °C enregistrés en 1983 à la station russe de Vostok constituent le record mondial.

Pourquoi fait-il froid aux pôles ?

Le froid polaire s'explique tout d'abord par un ensoleillement faible en durée et en intensité. En effet, à cause de l'inclinaison de la Terre et de sa rotation autour de l'astre solaire, les rayons du Soleil n'atteignent plus les pôles pendant six mois. C'est la nuit polaire. Quand le Soleil revient, ses rayons couvrent une surface plus large aux pôles qu'à l'équateur, leur chaleur est donc moins concentrée. Au plus fort de l'été, un autre facteur entre en jeu : l'albédo. Provoqué par la blancheur de la neige, ce phénomène de miroir renvoie 80 % des rayonnements solaires vers l'atmosphère et en diminue d'autant l'effet chauffant.

Une nuit d'enfer !

Le 1er mars 1990, une tempête se lève sur le campement de l'expédition *Transantarctica*. Vers 18 h, Will Steger annonce à Jean-Louis Étienne que Keizo Funatsu manque à l'appel. Inquiets, ils organisent les recherches, mais malgré leurs cris et les fusées éclairantes, ils ne localisent pas leur compagnon. Vers 5 heures du matin, Keizo est enfin retrouvé vivant… à une cinquantaine de mètres du camp ! Pour survivre, il a, comme le font les chiens, creusé un trou, s'est mis en boule à l'intérieur et a attendu que la neige le recouvre, formant une petite grotte le protégeant du vent.

L'effet albédo : neige et glace réfléchissent la lumière du Soleil. Terre et eau l'absorbent.

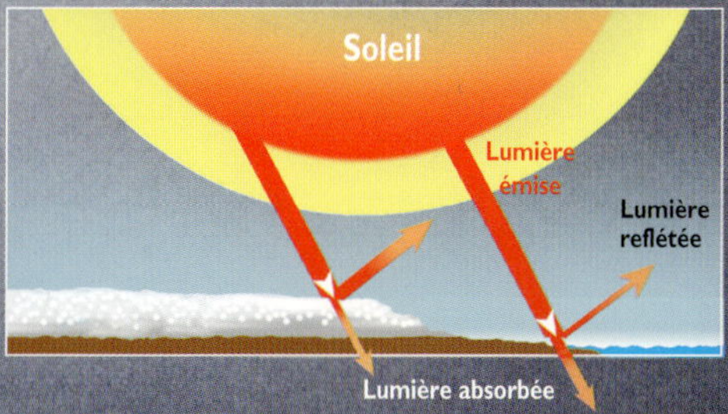

Les dangers du froid

En dessous de – 10 °C, il suffit d'une minute pour provoquer une gelure superficielle de la peau. À – 30 °C, une grave gelure au 3e degré apparaît en 30 secondes. Elle peut entraîner la perte des doigts ou des orteils. En effet, la circulation du sang se réduit dans les extrémités du corps sous l'action du froid et rend les tissus plus vulnérables. L'autre risque est la léthargie qui, dans les cas extrêmes, précède la mort. Celle-ci survient alors dans un état d'engourdissement sans douleur.

Des courants sans fin

Contrairement à ce que laissent croire leurs surfaces figées par la glace, les océans polaires sont animés par de puissants courants. Ces « fleuves sous les mers » se poursuivent dans les profondeurs et forment un immense tapis roulant qui s'étire d'un pôle à l'autre.

COMME UNE TOUPIE

Comme tout liquide ou fluide en mouvement à la surface de la Terre, les eaux des océans Arctique et Antarctique sont soumises à la force de Coriolis. Cette force, due à la rotation de la Terre autour de son axe, dévie les trajectoires des courants marins ou aériens vers la droite dans l'hémisphère Nord, vers la gauche dans l'hémisphère Sud.

Un manège d'eau et de glace

Entraîné par les vents violents, un puissant courant, dit « courant circumpolaire », tourne d'ouest en est, c'est-à-dire dans le sens des aiguilles d'une montre, autour du continent antarctique. Cette zone se situe entre les eaux froides proches du continent, limitées par le front polaire, et les eaux plus chaudes des trois autres océans limitées par le front subantarctique. Avec 200 à 1 000 km de large, 24 000 km de long, un débit de 130 millions de m^3 d'eau par seconde (environ 1 000 fois l'Amazone), c'est le plus gros courant marin de la planète.

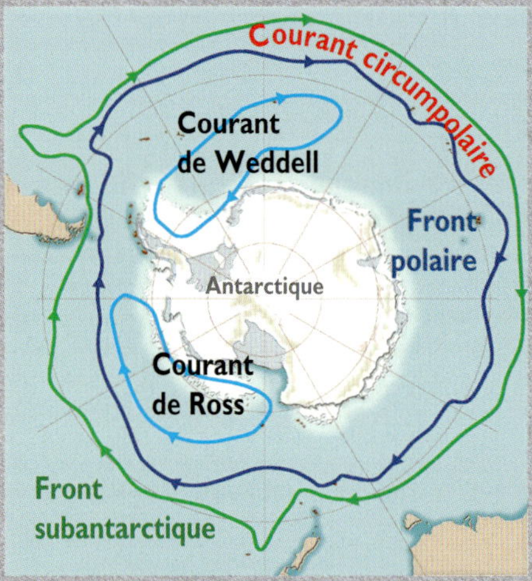

Il faut près de trois ans au courant circumpolaire antarctique pour effectuer le tour du continent.

À chacun sa direction

Dans l'Arctique, le « courant de dérive transpolaire » part du détroit de Béring, longe les côtes sibériennes, puis atteint le Groenland. À la pointe nord du « pays vert », il se divise en deux. Une partie s'échappe vers l'est, entraînant les icebergs qui iront fondre plus bas, dans l'Atlantique. L'autre branche remonte et vient buter sur l'archipel canadien. Elle alimente la mer de Beaufort animée d'un mouvement circulaire dans le sens des aiguilles d'une montre. Les glaces prises dans ce manège mettent dix ans pour effectuer un tour complet en passant notamment par le pôle.

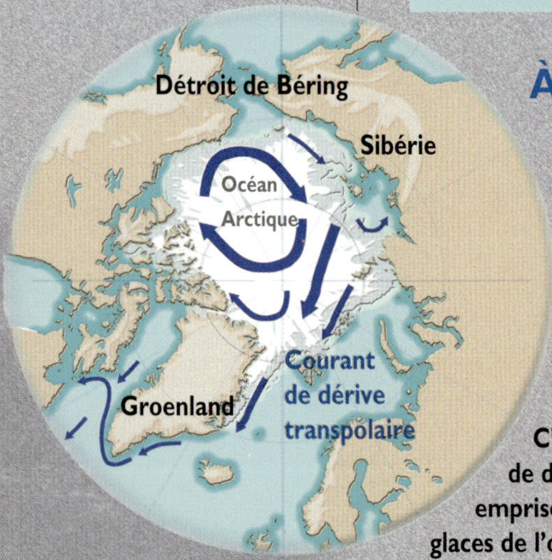

C'est au centre du courant de dérive transpolaire que sont emprisonnées les plus anciennes glaces de l'océan Arctique.

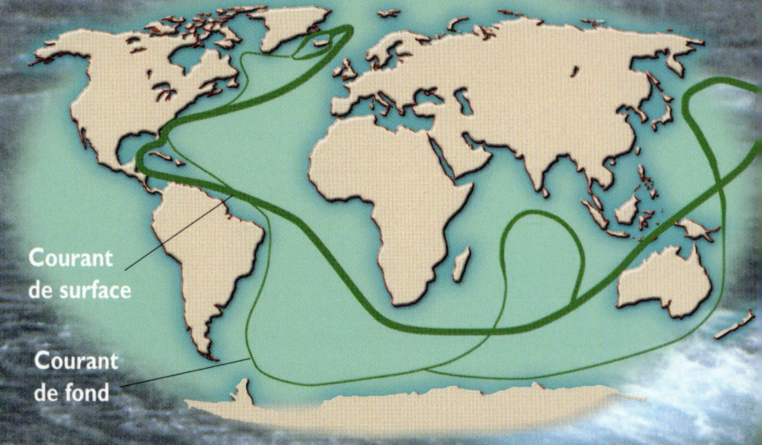

La circulation des grands courants qui vont d'un pôle à l'autre est vitale pour l'équilibre de notre planète.

À travers la planète

Au contact avec les eaux plus chaudes, le courant circumpolaire plonge vers les grands fonds et poursuit sa progression selon plusieurs directions. Ces différents courants traversent toute la planète. Parvenus au pôle Nord, ils remontent en surface, puis repartent à travers le globe pour retourner au pôle Sud. Leur trajet peut prendre de 1 000 à 1 200 ans. Ce phénomène, appelé « circulation thermohaline », permet un échange entre les eaux polaires, froides – donc plus denses et salées – et celles des régions tropicales, plus chaudes. Ce va-et-vient perpétuel, semblable à un immense tapis roulant, régule le climat terrestre.

Un bouillonnement de nourriture

Le brassage des eaux au niveau des courants polaires favorise la remontée des minuscules algues et autres micro-organismes qui vivent habituellement dans les grands fonds. Ces minuscules végétaux marins, appelés phytoplancton, servent d'aliments aux crevettes, poulpes, calmars… qui sont eux-mêmes mangés par les poissons, les phoques ou certaines baleines. Par conséquent, ces secteurs où se rencontrent eaux chaudes et eaux froides sont particulièrement riches en faune aquatique. C'est le cas du front polaire antarctique abondant en krill, et dans l'Arctique, de la ligne où la mer des Tchouktches et l'océan Pacifique se rejoignent.

Le krill forme de grandes masses très denses. On peut trouver 20 000 de ces drôles de crevettes dans 1 m³ d'eau.

Du sel qui pèse lourd

Au moment où l'eau de mer se transforme en glace (à – 1,8 °C), le sel est rejeté et concentré dans l'eau sous la glace. Devenue très dense à cause de sa forte teneur en sel et de sa basse température, cette eau est entraînée vers les fonds sous-marins. Ce mouvement contribue à la création des grands courants de fond.

La dérive de la *Jeannette*

Le courant de dérive transpolaire a été constaté pour la première fois en 1883, lorsque des restes de la *Jeannette*, bateau pris par la glace trois ans plus tôt près de l'île de Wrangel, furent découverts au large du Groenland. L'épave avait traversé l'océan Arctique de part en part !

Trois fois deux pôles

Le mot « pôle » est couramment employé pour désigner les régions polaires, arctique et antarctique. On parle, par exemple, d'une expédition au « pôle » Sud. Mais ce mot désigne aussi des points précis. Ce sont des repères tracés sur les cartes. Il en existe plusieurs, fixes ou en constant mouvement.

Pôles géographiques : les plus connus

Les pôles géographiques représentent l'intersection entre la surface du globe et l'axe autour duquel celui-ci tourne. Ce sont deux points fixes et absolus, l'un au nord et l'autre au sud de notre planète. Situés l'un à 90° de latitude nord et l'autre à 90° de latitude sud, ils correspondent au centre des cercles polaires. À mi-distance entre les deux, à environ 10 000 km, se trouve l'équateur qui coupe la Terre en deux hémisphères, le Nord et le Sud. Les méridiens, ces lignes qui découpent le globe en tranches horaires, sont tracés d'un pôle à l'autre.

Pour mesurer le pôle Sud, au début du XXe siècle, les scientifiques utilisaient le théodolite, un instrument dont se servent encore les géomètres aujourd'hui.

Pôles magnétiques : toujours en mouvement

La Terre se comporte comme un gigantesque aimant, créant autour d'elle un champ de forces magnétiques. Ces forces proviennent du magma en fusion à l'intérieur du noyau externe (entre 2 800 et 5 000 km sous l'écorce terrestre). Elles suivent un axe décalé de 11° par rapport à l'axe géographique. Ce décalage est appelé déclinaison magnétique. Ce sont ces forces qui attirent la pointe aimantée d'une boussole. À l'approche des pôles, l'aiguille est attirée vers le bas et la boussole devient inutilisable. Les pôles magnétiques ne sont pas fixes.

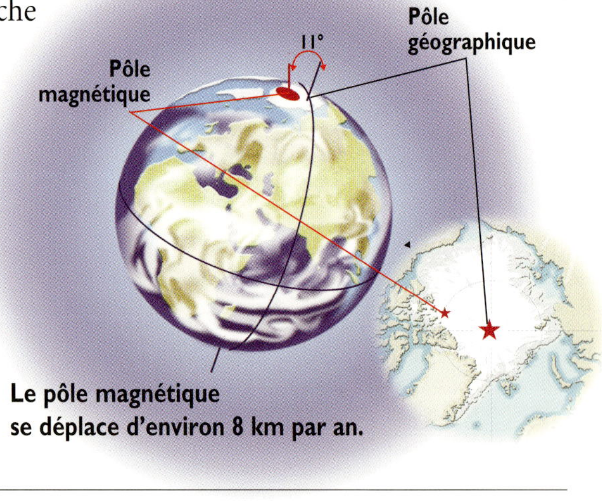

Le pôle magnétique se déplace d'environ 8 km par an.

Décalés !

Le pôle Sud magnétique se situe actuellement à quelque 2 800 km du pôle Sud géographique, au large de la terre Adélie ; le pôle Nord magnétique, dans l'Arctique canadien, à moins de 900 km du pôle Nord géographique.

Contre la course du temps

Les méridiens qui délimitent les 24 fuseaux horaires se rejoignent au niveau des deux pôles géographiques. Il est donc possible pour une personne se trouvant au pôle de remonter le temps en faisant le tour de ce point imaginaire. Elle n'échappera pourtant pas à l'écoulement continu du temps qui poursuit éternellement sa course…

Grâce aux drapeaux qui l'entourent, le piquet, surmonté d'une sphère, planté au pôle Sud est visible de loin.

Pôles d'inaccessibilité : au bout du monde

En Antarctique, le pôle d'inaccessibilité correspond au point le plus éloigné des côtes, considéré comme le plus difficile à atteindre (soit 85°50' sud, 65°47' est). En Arctique, il correspond à une position centrale au milieu des terres continentales qui l'entourent (soit 84°03' nord, 174°51' ouest).

Des repères fuyants

Rien de naturel n'indique la position des pôles. Seuls des piquets plantés dans la glace peuvent les représenter. Mais, entraînés par le déplacement constant de la banquise au nord ou de la calotte glaciaire au sud, ces piquets se retrouvent vite éloignés du point qu'ils symbolisent. Ainsi, les scientifiques américains de la station Amundsen-Scott replantent chaque année le piquet du pôle Sud de façon à le positionner au bon endroit.

Août 1993, en Arctique : ce chef d'expédition a l'air bien décidé à planter son panneau sur le pôle... même s'il n'y reste pas longtemps.

Une nuit de six mois !

Soleil de minuit

Durant le printemps, à hauteur du cercle polaire, le rayonnement solaire augmente et finit par durer une journée entière le 21 juin. Le Soleil reste alors visible pendant 48 heures au-dessus de l'horizon et seule l'intensité de l'éclairage varie. Il fait jour en plein milieu de la nuit ! C'est le fameux Soleil de minuit. Le ciel est alors tout rouge et les ombres s'étirent sur le sol.

En France, la nuit, plus courte au printemps et en été, se rallonge en automne et atteint environ 16 heures au maximum au début de l'hiver. À mesure que l'on s'approche des pôles, ce phénomène s'accentue ; la nuit devient beaucoup plus longue. Aux pôles mêmes, elle s'installe pour six mois !

La nuit plus longue

La Terre tourne autour du Soleil et pivote sur elle-même autour d'un axe incliné ; elle n'est donc pas éclairée partout de la même façon. Ses rotations, de 23 heures 56 minutes chacune, son inclinaison et son déplacement autour du Soleil sont à l'origine des saisons et de l'alternance entre le jour et la nuit. Mais à cause de leurs positions aux extrémités du globe, les régions polaires restent dans l'obscurité pendant des durées plus importantes qu'ailleurs. À la latitude du cercle polaire, en plein mois de décembre, l'obscurité persiste pendant 48 heures. Au-delà du 70e parallèle, elle dure deux mois. Plus on va vers le pôle, plus cette durée augmente. Au pôle même, la nuit boréale règne pendant la moitié de l'année.

La Terre dans sa course autour du Soleil.

Solstice et équinoxe

Dans l'hémisphère Nord, le solstice d'été correspond au 21 juin, journée de l'année durant laquelle le Soleil reste le plus longtemps visible au-dessus de l'horizon ; le 21 décembre, solstice d'hiver, est le jour d'ensoleillement le plus court de l'année. Entre ces deux dates, on observe l'équinoxe de printemps et l'équinoxe d'automne quand le jour et la nuit ont la même durée. Ces deux dates marquent le début du printemps et le début de l'automne… et donc le début de la nuit polaire aux pôles.

Les saisons polaires

En Arctique et en Antarctique, il y a deux saisons principales : l'hiver et l'été. Les intersaisons, printemps ou automne, sont très courtes, voire inexistantes, plus on est proche des pôles.
Par ailleurs, ces saisons sont inversées. Pendant que l'été a lieu en Arctique, l'hiver règne en Antarctique, et réciproquement.

Début de la nuit polaire dans le nord de la Russie.

Rythmes biologiques

L'organisme et l'horloge interne des hommes sont sensibles aux saisons et à la durée d'ensoleillement. Dans nos régions, nous respectons la cadence dictée par le Soleil et par des horaires que la vie en société nous oblige à suivre. La nuit, nous dormons. Le jour, nous nous livrons à toutes sortes d'activités. Les saisons n'ont qu'une faible influence sur notre comportement. Dans les régions polaires, l'homme occidental se trouve désorienté par le manque de repères. Le jour et la nuit permanents le perturbent, lui causant des problèmes physiques (fatigue) et psychologiques (dépression).

Un mal mystérieux

Plusieurs récits d'explorateurs témoignent d'une sorte de folie passagère dont sont victimes des hommes ou des femmes, plus particulièrement au début de l'hiver et de sa longue nuit éclairée par la Lune. Les personnes atteintes courent en tous sens en criant, déchirent leurs vêtements, se montrent souvent menaçantes et difficiles à maîtriser. Ce mal mystérieux (le *perdlérorpoq* ou *piblokto* en inuit) touche aussi les chiens, qui bavent, les yeux fixes et injectés de sang.

Convoi de motoneige sous le Soleil de minuit au Nunavut.

Une autre perception du temps

Les habitants du froid se sont adaptés à ces rythmes saisonniers depuis des millénaires. Lorsque le Soleil brille sans arrêt, ils ont tendance à rester actifs pendant les heures qui correspondent à la nuit et à aller se coucher le matin. Au Canada, ce décalage a provoqué des difficultés dans la scolarité des enfants inuit. En effet, beaucoup d'élèves s'endormaient pendant les cours. Mais à qui la faute ? À leurs parents, qui conservaient leur rythme de vie dicté par le Soleil, ou à l'école, qui ne voulait pas adapter son emploi du temps ?

Un calendrier inuit

Avant l'arrivée des Blancs, les Inuit ne décomposaient pas le temps en mois, en semaines et en jours. C'est en nombre de sommeils qu'ils évaluaient la durée d'un voyage ou d'une période de chasse par exemple. La position du Soleil, de la Lune et des étoiles bien connues de tous (Grande Ourse, Vénus, Pléiades) servait également de référence.

Les mystères du ciel polaire

Au pôle Sud comme au pôle Nord, le Soleil disparaît en hiver tandis qu'il brille encore à minuit en plein été. Au printemps et en automne, les ciels s'y parent de voiles lumineux : les aurores boréales ou australes. Ces phénomènes trouvent leur explication dans le fonctionnement de notre système solaire.

Des rideaux de lumière

Les aurores boréales ou australes proviennent de la rencontre entre les vents solaires émis par le Soleil et le champ magnétique terrestre. Ce champ magnétique forme une bulle de protection autour de la Terre, la magnétosphère. Au niveau de chaque pôle, cette magnétosphère présente une sorte d'entonnoir, appelé cornet polaire, dans lequel les particules énergétiques des vents solaires sont piégées. En pénétrant dans la haute atmosphère, ces particules entrent en collision avec les particules de gaz. À cause de cette excitation, celles-ci émettent de la lumière colorée. Selon la nature des gaz rencontrés, cette couleur change : jaune à vert pour l'oxygène, violet pour l'azote et rouge pour l'hydrogène, ce qui explique les différentes couleurs des aurores.

Le champ magnétique qui protège la Terre des particules solaires est déformé aux pôles. C'est par là que ces particules pénètrent et provoquent les aurores polaires.

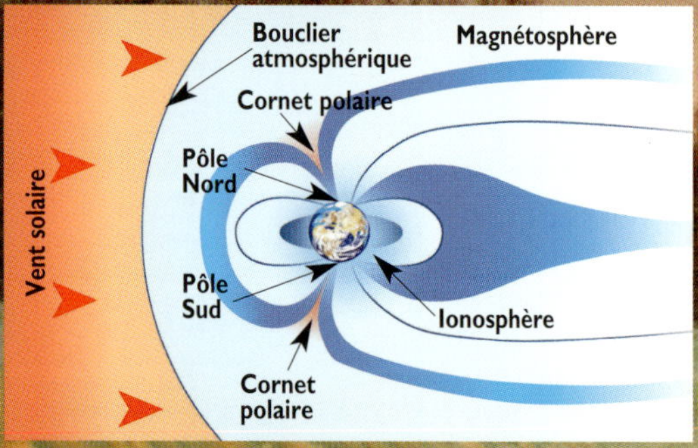

Cette aurore boréale a été photographiée le 18 janvier 2005, en Alaska. Certaines légendes racontent que ce sont les âmes des animaux qui dansent dans le ciel.

Tours de magie ?

Il arrive que le Soleil ou la Lune, vus à travers des nuages, apparaissent entourés d'un ou deux cercles lumineux. Ces halos sont dus à un phénomène de réfraction de la lumière sur les cristaux de glace en suspension dans l'air. En même temps, on peut parfois observer une parhélie, qui se manifeste par des taches lumineuses de part et d'autre du Soleil.

Phénomène de parhélie photographié en 1994, en Arctique.

Il y a des millions d'années

DES ROCHES MILLÉNAIRES

L'étude en laboratoire de roches prélevées à proximité de Nuuk, la capitale du Groenland, a permis de révéler un âge incroyable : ces gneiss seraient vieux de 3,75 milliards d'années ! Ils comptent parmi les roches les plus anciennes jamais trouvées à la surface de la Terre.

Au fil des temps géologiques, le paysage, la faune, la flore et même la géographie des pôles ont beaucoup changé. Difficile d'imaginer que ces terres pouvaient héberger une vie luxuriante et connaître des températures tropicales il y a des centaines de millions d'années. C'est pourtant ce que révèlent l'étude des sols et les fossiles qu'on y a retrouvés.

Chaud et vert !

Avant d'être un continent isolé, l'Antarctique faisait partie du super-continent Gondwana. À cette époque, le continent glacé devait présenter un tout autre paysage. Le climat y permettait alors l'existence de végétation et d'animaux. Des fossiles en apportent la preuve. Parmi ceux-ci figurent le *Lystrosaurus*, un reptile terrestre qui aurait vécu il y a 200 millions d'années, et des traces de végétaux (feuilles, pollens), dont la fougère *Glossopteris* qui formait d'épaisses forêts primitives.

DES FOSSILES QUI SE MÉRITENT

Le froid, la glace et l'éloignement rendent très difficile la recherche de fossiles dans les régions polaires. De plus, les mouvements constants de la glace et l'action du froid brisent et éparpillent les roches qui renferment les fossiles. Retrouvés généralement loin de leur couche sédimentaire, et souvent dans un mauvais état de conservation, ils sont difficiles à étudier.

De la famille du kangourou

La dislocation du Gondwana a débuté il y a 180 millions d'années. C'est d'abord l'Afrique et l'Inde qui se sont détachées. L'Amérique du Sud, l'Australie et l'Antarctique sont restés solidaires quelque temps encore. La preuve en a été faite en 1982, lorsqu'un fossile de marsupial a été découvert sur une île de la péninsule Antarctique. En effet, cette famille de mammifères, dont le kangourou est le plus connu, n'existe qu'en Australie et en Amérique du Sud.

L'arbre qui résistait au froid

Les fossiles les plus couramment trouvés en Antarctique sont des pollens ou des feuilles. Celles d'un genre de hêtre, le *Nothofagus*, ont été retrouvées parfaitement conservées dans des sédiments âgés de 40 millions d'années. Il semble que ce type d'arbre ait survécu encore pendant une dizaine de millions d'années tandis que les glaciers avaient atteint les côtes. Puis le froid, devenu plus intense, a provoqué la formation de la calotte glaciaire. Le *Nothofagus* a disparu. Pour connaître cette plante, les scientifiques font le parallèle avec d'autres espèces du même genre qui subsistent aujourd'hui en Nouvelle-Zélande ou en Amérique du Sud.

Un trésor de dinosaures ?

Des fossiles de dinosaures, inconnus ailleurs, ont été retrouvés au pôle Sud : l'un de la famille du tyrannosaure, dans la région de l'île de Ross ; l'autre proche du diplodocus, à proximité du glacier de Beardmore. L'Antarctique pourrait renfermer un véritable trésor de fossiles d'animaux primitifs inconnus.

Chaleur sur le Spitzberg

La côte ouest et le nord-est du Spitzberg, en Arctique, renferment des roches dont certaines couches datent d'un milliard d'années. Des fossiles datant de – 400 millions d'années ont été localisés. Les couches de – 65 millions d'années contiennent du charbon ; d'autres, plus récentes encore, des fossiles végétaux. La présence de conifères pétrifiés montre que l'archipel du Svalbard, auquel le Spitzberg appartient, a connu des climats plus chauds.

Cette plante fossile a été trouvée au Cape Hallett, en Antarctique, dans une roche datant du Crétacé.

Au royaume de la glace

La glace est la reine des pôles. Sur terre, elle forme d'énormes glaciers qui atteignent parfois 4 000 mètres d'épaisseur. Sur mer,

elle s'étale en interminable banquise dont la surface est multipliée par cinq en hiver, et dérive en blocs plus hauts que des immeubles. Constituant la plus grande réserve d'eau douce de la planète, elle renferme dans ses couches anciennes le souvenir de plus de 600 000 ans.

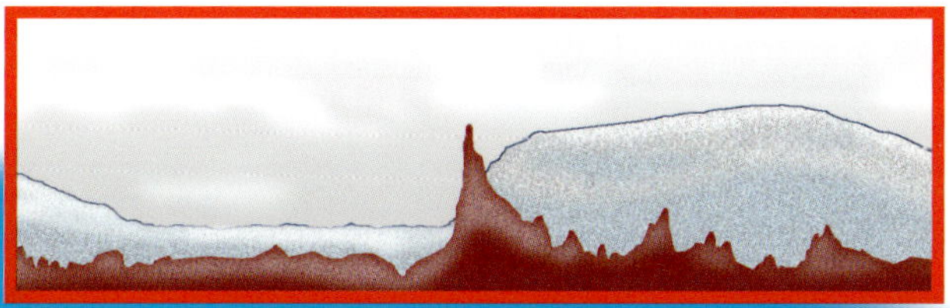

Survivantes de l'ère glaciaire

Ponts de glace

Pendant l'ère glaciaire de Würm, le niveau des mers était environ de 120 m plus bas que le niveau actuel car l'eau était stockée dans d'immenses calottes glaciaires. Il était donc possible de franchir à pied le détroit de Béring entre l'Amérique et l'Eurasie. Les ancêtres des Amérindiens l'auraient emprunté pour passer d'un continent à l'autre.

Les calottes glaciaires de l'Arctique et de l'Antarctique ont franchi des millions d'années au gré de changements climatiques. Tour à tour, elles ont augmenté ou diminué de superficie. Elles représentent aujourd'hui 10 % de la surface terrestre.

Au fil de millions d'années

Selon les spécialistes, glaciologues ou géologues, les premiers glaciers seraient apparus en Antarctique il y a 80 millions d'années, dans la partie orientale. L'augmentation très lente de l'épaisseur de glace aurait abouti à la formation, il y a 30 millions d'années, d'une épaisse calotte sur la partie orientale et d'une plus mince sur la partie occidentale. Ce n'est que depuis 15 millions d'années que la glace aurait recouvert totalement l'ensemble du continent.

Sous le niveau de la mer

Alors que le Groenland et l'Antarctique ont un relief montagneux, leur socle rocheux se situe en dessous du niveau des océans : le plancher terrestre groenlandais se trouve à une profondeur de 200 à 500 m au-dessous du niveau de l'océan Arctique, tandis que celui du continent antarctique atteint jusqu'à 2 500 m au-dessous du niveau de l'océan Austral. Pourquoi ? L'énorme masse de glace atteignant 3 000 m d'épaisseur au Groenland et plus de 4 000 m en Antarctique exerce une importante pression sur le sol et le fait s'enfoncer dans le magma terrestre.

Glaciations en alternance

Depuis le début du Quaternaire, il y a 1,8 million d'années, la Terre connaît des périodes très froides, dites de glaciation. Longues de plusieurs dizaines de milliers d'années chacune, elles alternent avec de courtes périodes de réchauffement, dites interglaciaires. Ces changements climatiques s'expliquent par la distance variable de la Terre au Soleil et la légère oscillation de son axe de rotation, qui modifient l'intensité et la durée d'ensoleillement. C'est de – 120 000 à – 15 000 ans qu'a lieu la dernière glaciation, « l'ère glaciaire de Würm », précédant la période de réchauffement que nous vivons actuellement.

C'est au mathématicien Milutin Milankovich que l'on doit cette explication des cycles de glaciation.

L'Amérique et l'Europe sous la glace

Durant l'ère glaciaire de Würm, les glaces recouvrent peu à peu les continents de l'hémisphère Nord. Au maximum de cette glaciation, il y a 18 000 ans, deux immenses zones glaciaires s'étendent l'une sur l'Amérique du Nord, l'autre sur l'Europe du Nord et une partie de la Sibérie. Près de 80 millions de km^3 de glace y sont alors stockés, soit un peu plus du double du volume actuel au Groenland et en Antarctique. Elles atteignent une épaisseur maximale de 3 800 mètres, et descendent jusqu'aux latitudes de New York, Manchester, Stockholm ou Berlin.

Dernières survivantes

La calotte glaciaire de l'Antarctique, qui détient à elle seule 90 % du stock de glaces de la planète, et celle du Groenland, dix fois moins volumineuse, mais couvrant tout de même 1,7 million de km^2, soit trois fois la France, sur une épaisseur moyenne de 2 000 mètres, sont les principales survivantes de la dernière ère glaciaire. On dénombre 70 autres calottes beaucoup plus petites, dont 4 au Canada, 1 au Pamir, 2 en Russie, 5 en Islande. Leur épaisseur va de 50 à 1 000 mètres et leur largeur de 10 à 100 km. Toutes ensemble, elles couvrent 400 000 km^2.

La photo en fond de page est une vue aérienne d'une partie des monts Transantarctiques au pôle Sud.

PEU DE CHANGEMENT

Durant la dernière glaciation, l'Antarctique a relativement peu changé de forme et de volume. Il y faisait plus froid d'environ 10 °C et les précipitations neigeuses étaient deux fois moins importantes. Le niveau de la mer étant plus bas, une plus grande partie des côtes ouest était émergée.

Cette coupe transversale du continent antarctique montre : à gauche, la partie occidentale ; à droite, la partie orientale plus élevée ; au centre, la chaîne des monts Transantarctiques qui forme une pointe.

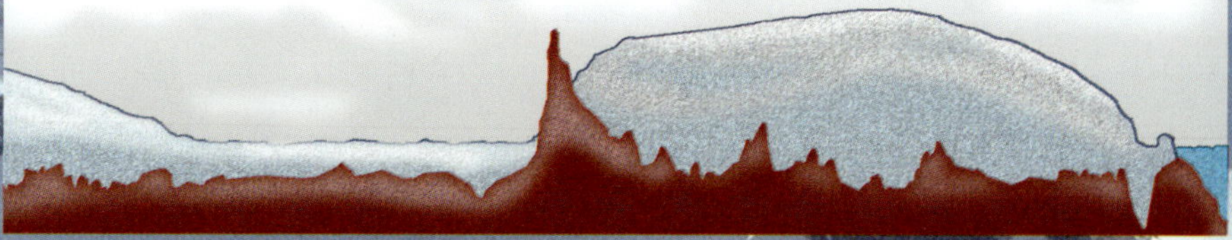

Ces « crêpes » gelées vont peu à peu former la banquise.

Pack et banquise

La banquise n'a rien d'une patinoire bien lisse. Au contraire, cette glace d'eau de mer présente une surface accidentée et fracturée. Elle atteint 15 millions de km^2 en Arctique (soit 27 fois la France), et 20 millions de km^2 en Antarctique où elle disparaît presque totalement avec les beaux jours.

Soupe glacée et crêpes gelées

La banquise ne commence à se former qu'à partir du moment où l'eau salée des océans polaires atteint – 1,8 °C. C'est l'embâcle. Après plusieurs jours de gel intense, apparaît le frasil, sorte de soupe de cristaux, glacée et pâteuse. La surface de l'océan prend alors une couleur grise et se fige sous une croûte de quelques centimètres, qui se disloque en plaques avec la houle. Puis ces plaques s'agglutinent pour former des « crêpes » aux bords relevés. Pressées les unes contre les autres, ces crêpes finissent par se souder et recouvrir la mer d'une carapace de glace.

Turbulente et agitée

La banquise annuelle s'étend et s'épaissit tout au long de l'hiver. Soumise aux courants, aux vents, aux marées, elle se brise en plaques, les « packs », qui se heurtent entre elles, se superposent, se redressent. Des blocs, comme entassés par un bulldozer, s'élèvent en talus, les « crêtes de compression ». Celles-ci délimitent une multitude de champs de glace disposés comme un puzzle. Parfois, l'inverse se produit : une fissure s'ouvre, mettant l'eau au contact de l'air très froid, ce qui provoque un rideau de vapeur qui disparaît lorsque l'eau est de nouveau gelée.

De graves conséquences

Depuis un demi-siècle, on enregistre que la banquise de l'Arctique perd 6 % de sa superficie tous les 10 ans. Ce phénomène témoigne du réchauffement de la planète, où l'homme exerce sa part de responsabilité.
Il a des conséquences immédiates sur la faune (pour les ours et les phoques notamment) et, à plus longue échéance, sur les voies maritimes qui, d'ici 30 ans, pourraient s'ouvrir au trafic entre l'Europe et le Japon.

Il faut être un phoque de Weddell pour aimer se baigner dans cette « soupe » glacée !

Influence ou non ?

En formant un couvercle de 15 ou 20 millions de km^2, la banquise modifie les échanges habituels qui ont lieu entre les océans et l'atmosphère, au niveau des gaz et des transferts de chaleur. Son influence sur le climat de la planète est donc considérable. En revanche, la fonte annuelle des banquises ne provoque pas une montée du niveau des océans, car selon le principe d'Archimède, la glace immergée occupe un volume d'eau égal à celui de la glace totale quand elle fond.

Celle qui ne fond pas

Dans l'Arctique, la banquise la plus au nord ne fond jamais. C'est là que se situe le pôle Nord. Ses glaces ne restent pas figées. Entraînées par le courant de dérive transpolaire, elles flottent vers le sud, quand le vent ne contrarie pas leur progression. Au nord du Groenland, elles se divisent en deux branches. L'une poursuit dans la même direction, l'autre part à l'ouest et se retrouve prise dans le mouvement circulaire de la mer de Beaufort.

En se brisant, la banquise peut former un chenal difficile à franchir.

Les crêtes de compression ou « hummocks » peuvent atteindre de 10 à 20 m de hauteur.

Des oasis d'eau libre

Les polynies, vastes clairières d'eau non gelée au milieu des banquises, se créent sous l'influence du vent, des courants et de remontées d'eaux plus chaudes. Localisées toujours aux mêmes endroits, elles ouvrent des brèches, de quelques centaines de milliers de km² parfois, qui se maintiennent libres de glace.

UN GIGANTESQUE ÉTAU

Lorsqu'elle se forme, la banquise se comporte en gigantesque étau. Nombreux sont les navires, comme l'*Endurance* de l'explorateur anglais Shackleton, qui ont été totalement broyés.

REDOUTABLE PIÈGE

Après s'être ouverte, la banquise peut se refermer d'un coup en laissant un trou d'eau éphémère. Il arrive parfois qu'une baleine s'y fasse prendre et y reste prisonnière, devenant une proie facile pour ses prédateurs, ours, requins ou chasseurs.

En Arctique, les polynies servent de sites d'hivernage à certains mammifères marins ainsi qu'aux ours, attirés par ce « garde-manger ».

Inlandsis et iceshelfs

LIGNE D'ÉQUILIBRE

Pour tous les glaciers, de même que pour les inlandsis, il existe une ligne d'équilibre en dessous de laquelle la glace fond plus vite qu'elle se forme. Plus on approche des pôles, plus l'altitude de cette ligne est basse. De 3 000 m dans les Alpes, elle passe à 600 m au nord du Groenland. Au pôle Sud, à cause des froids extrêmes, cette ligne se situe en dessous du niveau de la mer !

Produites dans des conditions de froid si extrêmes qu'il n'existe pas de pluie, les glaces des inlandsis résultent d'une transformation de la neige accumulée.

Une longue métamorphose

Longue et complexe, la transformation de la neige en glace est due, entre autres, à la pression des couches de neige entassées les unes sur les autres et aux variations de température. À un certain taux de tassement, les cristaux de neige s'aplatissent (d'environ 1 mm de diamètre en surface, ils peuvent atteindre 6 cm à 200 mètres de profondeur !). Peu à peu, la neige est plus compacte, durcit et devient imperméable. L'air qu'elle contient est piégé sous formes de petites bulles microscopiques. Alors on peut parler de glace. Mais le cycle ne s'arrête pas pour autant. La glace, elle aussi, continue à se modifier.

Ce glacier d'Ellesmere en Arctique s'étire vers la vallée en formant une véritable langue.

Dômes et langues de glace

L'inlandsis du Groenland (3 millions de km^3) et celui de l'Antarctique (30 millions de km^3) se présentent sous l'aspect de gigantesques dômes reposant sur un socle rocheux. Leur épaisseur, de 3 km à plus de 4,5 km à leur centre, se réduit à quelques centaines de mètres en approchant du littoral. Le déplacement de la glace s'accélère sur les bords de la calotte, lorsque la pente s'accentue. Des glaciers, semblables à des fleuves gelés, canalisent cet écoulement. Celui-ci est favorisé par un film d'eau lubrifiant qui se crée lorsque la glace, soumise à une forte pression, fond à une température inférieure à 0 °C. Ce glissement peut atteindre une vitesse de 100 mètres par an aux abords des côtes.

Fragiles à leur extrémité, les iceshelfs se brisent régulièrement. Des icebergs s'en détachent et partent à la dérive, comme celui-ci dans la mer de Ross.

Imposantes plates-formes

Les iceshelfs ne sont pas des banquises, mais des prolongements de l'inlandsis au-dessus de l'océan Antarctique. Ces plates-formes de glaces d'eau douce flottant sur l'eau de mer emplissent le plus souvent les baies. Elles ne fondent pas ; au contraire, elles ont tendance à s'épaissir par l'ajout de glace marine qui se forme par dessous. À leur point d'ancrage sur les côtes, leur épaisseur dépasse les 300 mètres. Leur surface totale, de 1,5 million de km², est comptabilisée dans les 14 millions de km² du continent. Les trois plus imposantes sont, par ordre croissant, celle d'Amery, de Ronne et de Ross dont la superficie équivaut à celle de la France.

Mesurée au radar

Pour mesurer des épaisseurs de glace aussi considérables que celles des inlandsis, on utilise la technique du radioéchosondage. Un radar embarqué dans un avion envoie et enregistre des ondes radio qui traversent la glace et sont réfléchies par le socle rocheux.

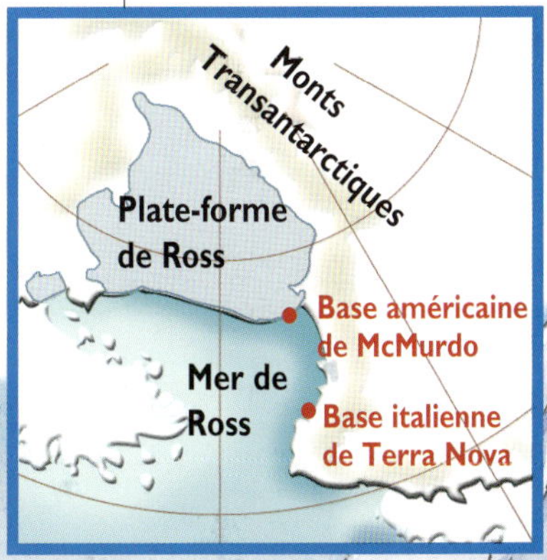

La plate-forme de Ross se caractérise dans sa partie sud par une falaise de 50 m de haut, connue sous le nom de barrière de Ross ou Grande Barrière.

Sinistres calculs

La fonte totale de tous les inlandsis mondiaux provoquerait une remontée des océans de 80 m, dont 70 m dus au seul continent antarctique. Par ailleurs, libéré des milliards de tonnes que pèsent ces glaces accumulées depuis 20 ou 30 millions d'années sur une épaisseur moyenne de 4 000 m, le continent s'élèverait de 1 000 m dans sa partie orientale. Mais ces chiffres ne résultent que de calculs effectués sur ordinateur.

Mille et une formes

Calottes polaires, plates-formes glaciaires, glaciers et icebergs sont faits de glace d'eau douce. Les variations de température, les glissements et le vent se chargent de déplacer, briser, sculpter ces masses gelées. Mais il leur faut au moins 800 000 ans avant d'atteindre l'océan, puis d'y fondre totalement.

Sastruggis en Antarctique.

Vagues de neige

Les vents violents de l'inlandsis déplacent une énorme quantité de neige au ras du sol, formant, dans certaines zones, des ondulations plus ou moins hautes. Les plus grandes, les « sastruggis », forment des crêtes d'environ 1 mètre de haut, regroupées en structures de plusieurs mètres de large, parfois longues de plusieurs kilomètres. Ailleurs, ce sont des rides de quelques centimètres de haut, qui se déploient en ondes régulièrement espacées. Grâce à ces vagues de neige, il est possible d'estimer le sens des vents dominants.

ÇA VA, ÇA VIENT

En Antarctique, lorsque le froid est à son maximum, le bord de la banquise peut avancer de 4 km par jour et s'étendre sur environ 100 000 km² en 24 heures. Au final, ce pack finit par dépasser les limites du cercle polaire austral. Ainsi, on peut dire que l'Antarctique double de superficie. Mais quand vient l'été, presque toute cette banquise fond de nouveau…

De la glace bleue

Bloquée par une montagne, la glace accumulée pendant plusieurs milliers d'années remonte peu à peu en surface de l'inlandsis à la vitesse de 5 cm par an. À la même vitesse, le vent la décape et laisse apparaître une glace de couleur bleutée. Les champs les plus vastes de ces vieilles glaces, situés en terre Adélie et au pied des monts Transantarctiques, présentent l'une des plus fortes concentrations de météorites au monde.

Parce qu'il a basculé, cet iceberg présente des couches de glaces verticales.

Où coulent les bédières

En été, la fonte des glaces favorise l'apparition sur la calotte glaciaire groenlandaise de torrents bleutés. Ce sont les « bédières » qui coulent parfois sous des ponts de neige et de glace. Ces cours d'eau s'écoulent suivant la ligne de pente en traçant des méandres et souvent se rejoignent en une bédière principale. Lorsqu'elle rencontre une crevasse, cette bédière disparaît en y creusant un gouffre, qu'on appelle « moulin ».

Ces deux glaciologues observent l'écoulement des eaux bleues d'une bédière groenlandaise.

Des moulins sous la glace

Ces cavités sont généralement constituées d'un puits vertical qui peut dépasser les 100 mètres de profondeur. Au fond, l'eau taille une galerie horizontale ou en escalier, qui plus loin se resserre et forme un siphon. Au plus fort de son débit, l'eau d'un moulin peut rejaillir à l'extérieur avec la pression et former un jet comme celui d'une baleine. Il arrive qu'un moulin, actif pendant plusieurs années de suite, ne soit plus alimenté par sa bédière. Il se remplit de neige jusqu'à se refermer.

La science au cœur des glaces

L'exploration des cavités où s'engouffrent les bédières se fait par des moyens identiques à ceux de la spéléologie. Elle offre aux glaciologues l'occasion de prélever des échantillons de glaces de 20 000 à 50 000 ans et d'observer des formes de vie inconnues, végétales, animales ou organiques.

Contrairement aux icebergs faits d'eau douce, ces plaques de banquise à la dérive sont constituées d'eau salée.

Îles flottantes

En été, la banquise se fissure et se sépare en morceaux. Peu à peu, les champs de glace se réduisent. Une multitude de grandes plaques de glace partent alors à la dérive. Ce sont les glaces flottantes, aussi appelées « floes », qu'il ne faut pas confondre avec des icebergs.

Icebergs peints au XIXe siècle.

Icebergs à la dérive

On imagine de gigantesques glaçons flottant à la surface de l'océan : les icebergs sont en fait des montagnes de glace dont la majeure partie est sous l'eau. Soumis aux caprices des vents et des courants, ils représentent un danger pour la navigation. La tragique histoire du *Titanic* en témoigne.

Un terrible rendez-vous

L'iceberg qui, le 14 avril 1912, provoque le tragique naufrage du *Titanic* provient du fjord de Jakobshavn, à l'ouest du Groenland. Il lui a fallu 18 mois pour effectuer son trajet dans la baie de Baffin, le long de Terre-Neuve, puis en direction du sud. Lors de la collision, à 41°46' de latitude, il présente la face qui était immergée au départ : noircie de terre charbonneuse, elle le rend invisible dans la nuit. Il mesure pourtant 30 m de haut !

Image illustrant un article paru dans *Le Petit Journal*, le 28 avril 1912.

Irréguliers ou tabulaires

Les icebergs du pôle Nord et ceux du pôle Sud sont différents par leur forme et leur taille. Les premiers, surtout issus des glaciers du Groenland, présentent des formes irrégulières. Beaucoup de ceux qui dérivent dans l'océan Austral ont des parois abruptes et un sommet plat. À cause de leur forme de table, on dit qu'ils sont « tabulaires ». Par leur taille, les icebergs de l'hémisphère Sud dépassent nettement ceux de l'Arctique. Ils peuvent peser jusqu'à 400 millions de tonnes et être épais de 300 mètres. On en a observé certains d'une superficie égale à celle de la Belgique ou du Luxembourg.

Des voyages au long cours

D'abord entraînés d'ouest en est par le courant circumpolaire, les icebergs qui se comptent par milliers autour de l'Antarctique sont emportés en sens inverse à hauteur de la convergence antarctique. On en rencontre parfois hors de l'océan Austral. Suivi par satellite, un iceberg de 66 km de long et de 18 km de large, épais de plus de 400 mètres, s'est approché très près des côtes de l'Argentine, huit ans après s'être détaché de la plate-forme de Ross, en 1992. Pour cela, il a dû parcourir entre 10 et 15 km par jour. De même, les glaciers dans la mer Arctique dérivent jusque dans l'Atlantique, surtout dans les parages du Grand-Banc de Terre-Neuve.

L'iceberg de gauche, de forme pointue, provient de l'Arctique ; celui de droite, tout plat, se trouve dans l'océan Austral.

En équilibre instable

La partie visible d'un iceberg représente en moyenne de 1/5 à 1/8 de sa masse totale. Le reste se trouve sous l'eau, le volume de cette partie-là varie en fonction de la densité de la glace, suivant la quantité de bulles d'air ou d'impuretés que celle-ci renferme. Les icebergs fondent en permanence par le haut et par le bas. Il suffit que la répartition de leur poids change pour qu'ils soient déséquilibrés et se retournent ou se brisent en produisant d'énormes vagues. Les plus petits fragments, appelés « bourguignons », dépassent à peine de 1 mètre au-dessus de l'eau. Ils sont difficilement repérables et les bateaux risquent de les percuter avant qu'ils aient été détectés.

COMME UNE NAISSANCE

Les icebergs proviennent de glaciers ou de plates-formes glaciaires qui, en se brisant, libèrent des blocs de glace d'eau douce dans la mer. On parle alors du « vêlage » d'un glacier. Ce mot, d'habitude employé pour les vaches qui donnent naissance à leur veau, rappelle donc un accouchement.

Blancs ou cristallins, bleus ou rosis par les algues, striés par des fissures bleu électrique, présentant des rideaux de stalactites : la couleur et la sculpture des icebergs sont infinies.

Jusque dans les pays arides

Pourquoi ne pas remorquer des icebergs jusqu'aux régions arides qui manquent d'eau douce ? L'idée n'est pas nouvelle. Depuis 1950, plusieurs solutions ont été imaginées : de puissants remorqueurs tirant un iceberg d'une trentaine de kilomètres de long ; des remorqueurs à propulsion nucléaire halant un train d'icebergs taillés en pointe pour mieux avancer sur l'eau… En 1977, on étudia même la possibilité d'amener un iceberg de 100 millions de tonnes des eaux australes jusqu'en Arabie Saoudite, sur une distance de 14 000 km ! Bien que sérieusement envisagés, ces projets n'ont jamais été réalisés.

DE FAUSSES ÎLES

Une « île » baptisée « terre Claire » par l'explorateur Dumont d'Urville qui l'avait aperçue dans les eaux australes ne fut jamais retrouvée. Ce n'était qu'un colossal iceberg… En 1946, une base secrète installée par l'armée américaine sur une île de 500 km² au milieu de l'océan Arctique gelé fut occupée pendant plus de 6 ans avant d'être abandonnée ! Cette île de glace provenait en fait d'une plate-forme glaciaire au large d'Ellesmere.

Capture d'icebergs

Beaucoup d'icebergs, entraînés par les courants marins le long de la côte sud du Groenland, dérivent en direction de l'Atlantique. Instables et difficiles à repérer, ils représentent un gros danger pour le trafic maritime. Depuis 1913, la patrouille internationale des glaces surveille en permanence les eaux boréales polaires.

Une surveillance très particulière

On estime que 3 000 à 4 000 de ces monstres de glace parviennent à hauteur des côtes canadiennes en 3 ou 4 ans sans avoir totalement fondu. Une patrouille des glaces les survole en avion et transmet ses observations à un bureau qui établit régulièrement des cartes. Celles-ci permettent aux marins et aux pêcheurs de naviguer en toute sécurité. Pour les plates-formes pétrolières qui restent fixes, le problème est différent. Quand un iceberg menace de les percuter, un remorqueur est envoyé sur le site. Deux méthodes sont alors employées pour éloigner la menace : la capture puis le remorquage avec un filin ou le jet puissant d'un canon à eau.

Une source d'eau pure

Alors que l'eau potable manque dans certains pays, une société canadienne a imaginé une solution originale pour remplir ses bouteilles d'eau minérale : elle prélève de la glace sur des icebergs. Cela se passe au large de Terre-Neuve. Les icebergs sont attrapés au « lasso », débités en morceaux, puis fondus. L'eau obtenue est pure. Elle a été préservée de toute pollution moderne en restant enfermée pendant des milliers d'années dans les glaces arctiques. Près de 3 millions de litres de cette eau préhistorique ont été vendus en une année.

Pendant l'été polaire, une surveillance constante est exercée pour la sécurité des bateaux.

Un remorquage difficile

Trop de problèmes techniques s'opposent au remorquage des glaciers : la lenteur du convoi (moins de 2 km/h), les icebergs trop instables ou fragiles, leur fonte en cours de route, leur échouage sur les hauts fonds près des côtes, leur transformation en eau.

UNE PATROUILLE SPÉCIALE

C'est à la suite du naufrage du *Titanic* à cause d'un iceberg que la patrouille des glaces fut mise en place. Au début du XXᵉ siècle, cette patrouille fit de nombreuses expériences pour détruire les icebergs : tirs au canon, mines, bombardement aérien, peinture au noir de charbon, mais en vain.

Une réserve d'eau douce

C'est sous forme solide qu'est stockée la majeure partie de l'eau douce planétaire, dans les calottes glaciaires, les glaciers et les icebergs.

À lui seul, l'inlandsis de l'Antarctique avec ses 30 millions de km^3 de glace, soit 90 % des glaces terrestres, représente environ 70 % des réserves planétaires en eau douce. Mais sous cette forme gelée, elle reste à l'écart du circuit planétaire pendant plusieurs milliers d'années.

L'eau dans tous ses états

Indispensable à la vie, l'eau est apparue sur la Terre, il y a 3 ou 4 milliards d'années. Depuis un milliard d'années, elle est soumise à un cycle continuel d'évaporation, de condensation et de précipitation. Grâce à ce circuit fermé, son volume reste inchangé. Or 97,5 % de cette eau, contenue dans les océans, est salée. On retrouve l'eau douce (2,5 % du total) sous forme liquide, dans les eaux souterraines, les nappes phréatiques, les lacs, les fleuves, les rivières, les sols humides et dans les organismes vivants. Transformée en vapeur sous l'action du Soleil ou évacuée par transpiration, elle se diffuse dans l'atmosphère. Enfin, sous l'action du froid, elle prend l'aspect de neige ou de glace.

Le cycle de l'eau.

ET POURTANT, IL N'Y PLEUT PAS !

Alors que l'Antarctique constitue le principal réservoir d'eau douce de notre planète, ce continent est considéré, par ailleurs, comme un véritable désert avec des précipitations inférieures à 100 mm par an, de même que le Sahara.

Réservoir planétaire

L'Antarctique est le premier réservoir d'eau de la planète. Il représente 20 000 fois plus que toutes les rivières du monde. Répartie entre cinq milliards d'humains, cela équivaut à 150 litres d'eau par jour pendant 100 000 ans. Mais l'eau prisonnière dans les calottes polaires y reste retenue pendant plusieurs milliers d'années, tandis que l'eau contenue dans les sols n'y demeure qu'un an, et celle des lacs ou des glaciers de montagne entre 10 et 20 ans.

De la glace liquide

L'eau douce gèle à 0 °C lorsqu'elle est soumise à une pression atmosphérique équivalente à celle qui existe au niveau de la mer. Mais il arrive que l'eau reste liquide à des températures de – 40 °C. Ce phénomène de « surfusion » ne se produit qu'avec une eau parfaitement pure, ce qui est rare. La plupart du temps, l'eau contient des impuretés invisibles, appelés « germes de congélation », qui favorisent le gel et se retrouvent dans chacun des cristaux.

Un lac sous 4 000 mètres de glace

Protégé sous son épaisse couche de glace, le lac Vostok est le plus grand des 70 lacs sous-glaciaires de l'Antarctique. Grand comme 20 fois le lac de Genève, il renferme entre 5 000 et 10 000 km^3 d'eau. Découvert dans les années 1970, il est connu non seulement du fait de sa dimension exceptionnelle, mais aussi à cause d'un forage de la glace qui le recouvre, effectué par les Russes. Ce forage a été stoppé en 1998 à 120 mètres au-dessus de sa surface pour éviter toute pollution de l'eau du lac. En effet, on estime que celle-ci, vieille d'un million d'années, pourrait révéler des informations importantes sur des formes de vie primitives.

UN PEU DE SAGESSE

Une réflexion est aujourd'hui engagée pour trouver comment étudier l'eau du lac Vostok sans la polluer. La NASA s'intéresse de près au projet car les lunes de Jupiter – Europe ou Callisto – abriteraient des lacs similaires.

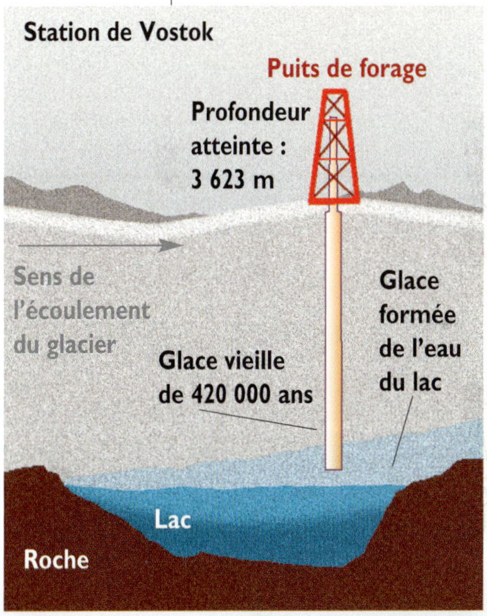

Long de plus de 230 km sur près de 40 km de large, le lac de Vostok serait d'une profondeur moyenne de 180 m, pouvant atteindre 510 m au maximum.

Vue rapprochée du bord dentelé d'un iceberg en Antarctique.

Carottes de glace

Les carottes glaciaires sont de véritables machines à remonter le temps.

Avec ses couches de neige superposées, l'inlandsis peut être comparé à un grand livre contenant les archives climatiques et atmosphériques de la Terre. La technique du carottage revient à feuilleter les pages de ce grand livre.

La mémoire du globe

Depuis des centaines de milliers d'années, les calottes polaires enregistrent année après année les caractéristiques de l'évolution du climat et de l'environnement atmosphérique de la planète. Ce sont des indicateurs d'événements naturels comme les changements de climat, les éruptions volcaniques ou d'activités humaines telles que les rejets dans l'air des industries ou la pollution automobile, les retombées des explosions atomiques. L'étude de ces caractéristiques revient à écrire l'histoire du globe en descendant au fond des glaces.

De la vie sous la glace

En 1993, un biologiste russe pensait avoir trouvé des bactéries vivantes dans un échantillon de carotte glaciaire prélevé à 2 000 m sous la glace. Mais elles provenaient certainement d'un produit – le pergol – utilisé pour le forage.

Remonter le temps

Pour reconstituer l'histoire climatique et atmosphérique de la Terre, les scientifiques procèdent à des forages dans la calotte glaciaire : ils prélèvent des « carottes » de glace, c'est-à-dire des cylindres de glace, ensuite datés et analysés en laboratoire. L'air renfermé dans les bulles microscopiques, les minuscules poussières et les différents éléments chimiques (dioxyde de carbone, méthane...) révéleront alors les températures, la composition de l'atmosphère, sa teneur en gaz, en poussières volcaniques, cosmiques ou nucléaires à un moment donné. On note, par exemple, un pic de présence de plomb dans une couche de glace correspondant à une époque de l'Empire romain (Ier siècle après J.-C.), durant laquelle on fabriquait beaucoup d'ustensiles en plomb.

Cette ligne de cendre sur le glacier Barne en Antarctique provient du mont Erebus.

Des indices bien cachés

Au cours de leurs éruptions explosives, les volcans envoient des gaz dans l'atmosphère. Ces gaz se transforment en acide qui finit par retomber sur les calottes polaires. L'augmentation du taux d'acide dans la glace correspond à des éruptions volcaniques majeures. Cette étude permet donc de connaître l'histoire de l'activité volcanique mais aussi d'en déduire le rôle des volcans dans les changements de climat.

600 000 ans d'archives !

Depuis les premiers sondages, les techniques se sont beaucoup améliorées. Les premiers carottiers capables de forer à plusieurs centaines de mètres de profondeur ont été mis au point par les Américains. En 1970, les 1 000 mètres ont été atteints par les Soviétiques à la station de Vostok et les Français au Dôme C (station Concordia). Les 3 300 mètres ont été dépassés à la station de Vostok par des techniciens russes en collaboration avec des Français. Une telle profondeur représente près de 450 000 ans d'archives du climat et de l'environnement. Mais les Français détiennent le record depuis 2005 avec leur forage au Dôme C dont la profondeur correspond à 600 000 ans.

Un thermomètre planétaire

Pour connaître la température d'une période donnée, les scientifiques emploient la méthode du « thermomètre isotopique ». Elle consiste à mesurer les différents atomes de l'oxygène contenu dans la neige. Pendant le déplacement des nuages vers le pôle, les atomes d'oxygène les plus lourds tombent plus vite que les plus légers lorsqu'il pleut, et cela s'accentue avec le froid. Ainsi, un refroidissement se traduit par une diminution du nombre d'atomes lourds par rapport aux légers. Moins on trouve d'atomes d'oxygène lourds dans une couche de glace, aux pôles, plus la température planétaire de l'époque était basse.

Un piège à météorites

Au cours de son périple dans le cosmos, la Terre reçoit plusieurs tonnes de « poussières d'étoiles » par an et des centaines de météorites pesant aux alentours de 100 g. Mieux que partout au monde, ces poussières et cailloux sont repérables en Antarctique. Les poussières recueillies par filtration de la glace fondue sont caractérisées par la présence de certains éléments comme l'iridium, 20 000 fois moins abondant sur Terre que dans les objets extraterrestres.

Dioxyde et réchauffement

Un fait important dans l'évolution de notre atmosphère a été mis en évidence par les glaciologues : la teneur en dioxyde de carbone des glaces polaires s'est accrue de 25 à 30 % au cours des deux derniers siècles. Or ce dioxyde provenant en grande partie de l'activité humaine (gaz d'échappement, etc.) joue un rôle dans le réchauffement de la planète.

Dans une grotte glaciaire, en Antarctique, ce scientifique examine des glaces qui ont peut-être 100 000 ans.

Les animaux du froid

Installés là où la vie semble impossible, les animaux polaires ont su s'adapter aux terribles conditions hivernales. Si des mammifères terrestres habitent l'Arctique, ils sont en revanche absents du pôle Sud. Là, c'est l'océan qui regorge de vie – l'animal le plus extraordinaire étant le manchot empereur, oiseau incapable de voler, mais très bon nageur, résistant aux froids les plus extrêmes.

Pas froid, pas faim

Malgré le froid intense et la difficulté de trouver de la nourriture, malgré la longue nuit de l'hiver, la vie animale a trouvé sa place dans les régions polaires. Mais vivre dans des conditions aussi dures oblige à s'adapter. Pour cela, la nature a inventé plusieurs solutions.

Les jeunes manchots se serrent les uns contre les autres pour avoir bien chaud.

À chacun sa méthode

Pour affronter le froid extrême, l'ours polaire, le phoque ou le manchot empereur sont enrobés d'une couche de graisse isolante qui leur sert aussi de réserve de nourriture. Emmitouflés dans des fourrures ou des plumages particulièrement efficaces, ils supportent des températures inférieures à – 50 °C. Le lièvre arctique et le renard arctique limitent leur perte de chaleur grâce à leurs oreilles ou leurs pattes plus courtes que les espèces proches vivant sous des latitudes plus douces. Certains poissons ou invertébrés disposent d'une sorte d'antigel qui empêche leur sang de geler.

À chacun sa place

Comme ailleurs sur la planète, la vie s'organise tout au long d'une grande chaîne alimentaire. Elle commence avec les végétaux (herbes, lichens sur terre, plancton, algues dans l'océan) dont se nourrissent certains animaux. Ceux-ci sont eux-mêmes dévorés par d'autres animaux omnivores ou carnivores. Des carnivores peuvent eux-mêmes devenir la proie d'autres carnivores… Ensuite, la matière en décomposition et les déjections favorisent la pousse des végétaux. Ainsi, la boucle est bouclée. Mais chacun dépend de chacun et il suffit qu'un animal se raréfie pour que toute la chaîne soit menacée.

Grâce à ses oreilles plus courtes, le lièvre arctique diminue la perte de chaleur de son corps.

À L'ABRI

Grâce aux galeries qu'ils creusent sous terre, les lemmings passent l'hiver à l'abri. Se réfugier dans des régions moins glaciales est la solution choisie par les migrateurs comme le renne ou la plupart des oiseaux. Encore plus astucieux, certains parasites profitent de la chaleur d'autres animaux. C'est le cas des tiques qui se fixent sur des oiseaux ou celui d'autres acariens qui colonisent les narines des phoques ou des manchots.

L'ours polaire dort roulé en boule, la truffe blottie sous sa patte.

ABSENTS DE L'ANTARCTIQUE

Aucun mammifère terrestre, comme l'ours, le renne, le loup, le renard, le lemming, ne peuple l'Antarctique. Les conditions de vie y sont trop difficiles pour que ces animaux puissent y survivre et l'isolement du continent a empêché toute migration jusqu'à ces rivages inhospitaliers.

À chacun sa faim

Pendant l'hiver, la nourriture se fait rare. Certains animaux choisissent de vivre au ralenti en hibernant, de façon à économiser leur énergie. D'autres sont capables de rester sans manger pendant des semaines. Le loup est dans ce cas. Mais il peut engloutir jusqu'à 9 kg de nourriture d'un seul coup ! La résistance du manchot empereur est encore plus étonnante. Pendant les 2 mois d'hiver où il couve son œuf, il ne mange rien et il est encore en mesure de trouver dans son jabot de quoi nourrir son petit quand celui-ci sort de sa coquille !

Le loup arctique se nourrit de lièvre, mais il s'attaque aussi à des proies beaucoup plus imposantes comme le bœuf musqué.

UNE DÉCONGÉLATION MIRACULEUSE

Invisible à l'œil nu, le tardigrade vit souvent dans la matière végétale en décomposition. Mais on le retrouve dans la glace. Ce minuscule animal possède des pattes griffues et une bouche en ventouse, il se nourrit d'algues et de bactéries. Il n'a ni sang ni appareil respiratoire. Mais le plus extraordinaire est sa faculté de « ressusciter » après être resté séché ou gelé pendant une longue période (jusqu'à plus de 100 ans).

PETITS MAIS RÉSISTANTS

Mouches, moustiques, moucherons, araignées, acariens… tout ce petit monde habite les régions polaires. D'une manière générale, ils sont petits et compacts, de façon à mieux résister au froid. Mesurant moins de 1/3 de millimètre, l'acarien *Nanorchestes antarctitus* détient un record : il est l'animal vivant le plus près du pôle Sud !

Le seigneur de la banquise

Pesant jusqu'à 800 kg, dépassant 3 mètres de haut lorsqu'il se dresse, l'ours polaire est capable de courir à 55 km/h. Il a fait de la banquise arctique son royaume, qu'il parcourt inlassablement à la recherche de proies.

Une adaptation réussie

Proche cousin de l'ours brun, l'ours polaire est couvert d'un pelage si clair qu'on l'appelle souvent « ours blanc ». Sa fourrure est constituée de deux épaisseurs de poils superposées qui transmettent la chaleur du soleil à la peau noire en dessous. Imperméable, elle s'ajoute à une épaisse couche de graisse pour jouer le rôle de combinaison étanche lorsque *Ursus maritimus* (son nom scientifique) plonge parmi les glaçons. Les larges pattes de ce seigneur sont munies de gros coussins rugueux qui l'empêchent de glisser, de palmes qui l'aident à nager et de griffes de 7 cm.

Un avenir fragile

L'ours polaire aurait pu disparaître. La chasse, pour sa fourrure, avait réduit sa population à 5 000 individus. Aujourd'hui, seuls les peuples inuits ou tchouktches bénéficient d'un droit de chasse réglementée. Le nombre d'ours est désormais évalué à 25 000 sur l'ensemble de l'Arctique. Mais l'animal doit affronter d'autres menaces : les substances toxiques concentrées en bout de chaîne alimentaire ou la fonte de la banquise qui réduit son territoire.

Grand voyageur

Au plus fort de l'hiver, lorsque souffle la tempête, l'ours blanc passe parfois plusieurs semaines à dormir pour économiser son énergie. Mais ce n'est pas un hibernant complet. Dès que la météo le permet, il se lance dans des expéditions de chasse sans frontières. Il lui arrive de franchir le détroit de Béring ou de rejoindre le Spitzberg au départ du Groenland, après avoir parcouru plusieurs centaines de kilomètres.

L'ours polaire peut nager durant des heures à 10 km/h.

Patient chasseur

L'hiver est la meilleure période de chasse pour l'ours polaire. Guidé par un odorat 100 fois plus sensible que celui des humains, l'animal repère le trou d'aération d'un phoque. Lorsque sa proie vient respirer, alors sa patte se détend comme un ressort et le phoque est projeté hors de l'eau. Au printemps, son odorat permet au roi du Grand Nord de repérer sous la neige les cavités où les mamans phoques cachent leurs bébés. Il lui suffit de creuser pour atteindre les nouveau-nés.

Lorsqu'il chasse le phoque, l'ours polaire peut se poster devant un trou et attendre des heures sans bouger.

Tout est bon à manger !

Lorsque la banquise a fondu, l'ours ne trouve plus de proie. Affamé, il se réfugie dans la toundra où il mange aussi bien des œufs, des poissons, des oiseaux, des rongeurs que des baies. En cas de disette, il lui arrive de se changer en charognard et de faire un festin d'une baleine échouée.

Le rythme de reproduction des ours polaires est très lent (tous les 2 ou 3 ans).

Une mère protectrice

À 4 ans, l'ourse est apte à la reproduction. À l'issue de combats parfois sanglants, le mâle vainqueur s'accouple avec la femelle qu'il laissera élever seule les petits. Fécondée au printemps, celle-ci s'installe en octobre dans une tanière en forme d'igloo où elle donne naissance à une portée de deux oursons en décembre. Se consacrant entièrement aux jeunes, la mère vit sur ses réserves de graisse. En avril, elle sort à la recherche de nourriture, sans trop s'éloigner. À 3 ans, les oursons devront se débrouiller seuls. Les plus forts atteindront l'âge de 30 ans.

Égarés, coincés et affamés

Chaque été, des dizaines d'ours se retrouvent coincés à terre, au fond de la baie d'Hudson. La petite ville de Churchill est alors fréquentée par ces carnassiers que les odeurs attirent jusque dans… la décharge publique. Pour éviter de dangereuses rencontres avec l'animal affamé, la police dispose des barrières électriques. Parfois, elle doit recourir à un fusil hypodermique pour endormir l'envahisseur.

Géantes des mers

La baleine franche boréale est dépourvue de nageoire dorsale. Son souffle en V est visible de très loin en l'absence de vent.

Peu de cétacés fréquentent les océans polaires et la plupart n'y restent qu'en période d'été. Seuls la baleine franche boréale, le bélouga et le narval ont élu domicile dans l'océan Arctique.

En voie d'extinction

Du XVe siècle au début du XXe, les cétacés ont été chassés dans les régions polaires, notamment pour leur graisse transformée en huile. Le canon lance-harpon et les navires-usines ont contribué au triste record des captures. Il reste moins de 1 % des baleines bleues, 3 % des baleines à bosse et environ 20 % des autres baleines. Malgré l'arrêt presque total de l'industrie baleinière, certaines d'entre elles sont en voie d'extinction.

Record de poids

Avec un poids moyen de 100 tonnes (environ 3 gros camions), la baleine bleue (ou rorqual bleu) est le plus gros animal jamais vu sur Terre. En été, elle fréquente les océans polaires où, grâce à ses fanons, elle prélève chaque jour les 4 tonnes de crustacés nécessaires à son alimentation. En fin d'été, certaines atteignent 200 tonnes.

Quel poids !

D'une longueur totale de 15 mètres, la baleine franche boréale pèse jusqu'à 90 tonnes. Si ses deux nageoires pectorales sont relativement petites, sa queue atteint parfois 7 mètres d'envergure. Plus remarquable encore, sa tête représentant un tiers de la longueur totale de son corps est fendue d'une large bouche équipée de fanons. En nageant paisiblement, bouche ouverte, la baleine franche engloutit de grandes quantités d'eau qu'elle rejette et filtre. Elle conserve ainsi plancton et crustacés. Les 2 tonnes de nourriture journalière qu'elle avale en plein été lui servent à constituer des réserves de graisse pour l'hiver.

Rorqual à bec fin

Bélouga

Le canari des mers

La blancheur du bélouga lui a valu le surnom de « baleine blanche ». Ce cétacé est pourtant plus proche du dauphin que de la baleine. Le poids du mâle ne dépasse pas 1,6 tonne. Il a des dents qu'il utilise pour manger des poissons et non des fanons pour retenir le plancton. Vivant en groupe, les bélougas ont développé un mode de communication fait d'une gamme de sons allant du sifflement au grincement en passant par le jappement. Une boule graisseuse située sur le front agit comme un sonar qui réceptionne les ondes renvoyées par les obstacles.

Grands migrateurs

Plusieurs cétacés passent l'été dans les océans polaires. À la fin d'une longue migration, ils viennent y chercher la nourriture qui y abonde après la fonte des glaces et repartent lorsque celles-ci se reforment. Parmi ces migrateurs, on distingue les baleines à fanons qui se nourrissent de krill : baleine bleue, rorqual, baleine à bosse, et les odontocètes, représentés par le grand cachalot et l'orque épaulard. Redoutables chasseurs, ces énormes dauphins déchiquettent leurs proies avec leurs dents acérées. Le grand cachalot dévore les calmars géants qu'il affronte à plus de 3 000 mètres de profondeur. Les phoques, les jeunes éléphants de mer et les baleines sont les victimes de l'orque épaulard.

Un animal légendaire

C'est sa défense qui a rendu le narval célèbre. Au Moyen Âge, la légende courait, selon laquelle cet éperon en ivoire appartenait à une licorne. En fait, il s'agit simplement d'une dent qui se développe en torsade et peut mesurer 3 m. Les Asiatiques lui attribuent des pouvoirs antipoison et pharmaceutiques. Chassé par les Inuits qui mangent sa peau épaisse, ce mammifère marin, consommateur de poissons, calmars et crevettes, ne se rencontre plus qu'au nord-est du Canada et à l'ouest du Groenland. La population totale est évaluée à 20 000 individus.

Le crâne du cachalot contient le plus gros cerveau des espèces animales (jusqu'à 9 kg).

Huile fine et ambre gris

Le crâne du cachalot abrite un organe produisant une huile fine. Recherchée par l'industrie baleinière, elle est encore utilisée de nos jours comme lubrifiant dans des missiles. Le cachalot produit aussi l'ambre gris. Cette substance cireuse qu'il rejette après avoir digéré les calmars, est exploitée en parfumerie pour son odeur musquée.

Habitants des eaux glacées

Les océans polaires accueillent peu d'espèces de poissons, mais l'un des hôtes de l'océan Austral, le krill, est l'animal le plus abondant de la planète. Et dans les fonds océaniques obscurs, le monde varié des nombreux invertébrés se livre à une intense activité.

Équipé d'une combinaison qui lui permet d'affronter les eaux glaciales, ce plongeur poursuit un poisson des glaces typique de l'Antarctique.

Le peuple de l'ombre

Parmi les 20 000 espèces de poissons connues dans le monde, environ 200 seulement vivent dans l'océan Glacial Antarctique. La grande profondeur du plateau continental et les eaux froides expliquent cette rareté. Certains ont élu domicile dans les profondeurs abyssales, au-delà de – 2 500 mètres. Ils ont généralement des allures « primitives », avec un corps aplati et plusieurs épines dorsales. L'océan Glacial Arctique est plus accueillant. Plusieurs genres connus comme les harengs, les églefins ou les morues polaires y évoluent en bancs dans les eaux de surface. Servant de nourriture aux oiseaux ou aux mammifères marins, ils tiennent un rôle essentiel dans la chaîne alimentaire.

Poissons brillants

Parmi les rares poissons vivant en haute mer et se déplaçant par bancs, les poissons-lanternes sont remarquables. Ils doivent leur nom aux organes lumineux (photophores) qu'ils ont sur la tête et sur le corps. Évoluant à 200 m de profondeur le jour, ils remontent en surface pendant la nuit.

Du sang qui ne gèle pas

Au fil des millénaires, l'organisme de certains poissons s'est adapté au froid. Quelques-uns possèdent une sorte d'antigel, qui évite la formation de cristaux de glace dans leurs cellules. Une autre famille a trouvé une solution encore plus étonnante : le sang de ces « poissons des glaces » n'a pas de globules rouges. Incolore, il est plus liquide que le sang des autres poissons, ce qui l'empêche de geler. Pour compenser le manque de globules rouges qui, d'habitude, servent à transporter l'oxygène, ces champions de l'adaptation possèdent un cœur deux fois plus gros, de larges branchies et une peau sans écailles parcourue par un nombre de veines très élevé.

Banc de morues en Norvège.

Au pôle Sud, dans l'océan Austral aussi, les fonds sous-marins regorgent de vie et de couleur.

Dans le secret des profondeurs

Le plancher des océans fourmille de créatures étranges : oursins, étoiles de mer, araignées, mollusques, éponges, coraux, anémones, calmars… Tout ce petit monde participe, chacun à sa manière, au recyclage des matières organiques. Les uns filtrent le plancton, d'autres se nourrissent des cadavres. Particulièrement nombreux dans l'océan Austral, les poulpes, les seiches et les calmars sont représentés par une cinquantaine d'espèces. Certains de ces mollusques sont géants, tels ces calmars qui peuvent peser 100 kg et posséder des tentacules de 8 mètres de long. Des véritables monstres, semblables à ceux que Jules Verne a pu décrire dans ses romans.

Des essaims gigantesques

Le krill se compose d'une multitude de crevettes planctoniques qui mesurent entre 6 et 7 cm à l'âge adulte. Pourtant, le poids total de ces habitants de l'Antarctique dépasse celui de tous les humains ! C'est donc peu de dire que cette espèce est extrêmement abondante. Des chiffres l'évaluent à 600 000 milliards d'individus. Mais ce nombre varie d'une année sur l'autre. Le krill est si concentré dans certaines zones de l'océan Austral que la mer prend la couleur rose. L'homme a voulu exploiter cette ressource. Mais les résultats de pêches records ont été contrariés car ces petits crustacés se conservent mal et leur carapace contient une substance toxique.

Nourriture pour tous

Les essaims de krill font le bonheur de cinq espèces de baleines, trois espèces de phoques, de la plupart des manchots, de bon nombre d'oiseaux, de poissons et de calmars qui s'en nourrissent principalement.

Gravure illustrant *20 000 lieues sous les mers* de Jules Verne : un des marins du *Nautilus* est prisonnier du tentacule d'un calmar géant.

Champions de la plongée

Moustaches ultrasensibles

Les moustaches du phoque, appelées vibrisses par les biologistes, sont extrêmement sensibles à leur base. Tendues vers l'avant, elles peuvent détecter les moindres déplacements dans l'eau, ceux des poissons notamment.

Un nid sous la glace

La femelle du phoque marbré met bas dans une petite caverne aménagée sous la glace. Ce nid de glace, dont l'unique accès est sous-marin, protège les nouveau-nés des intempéries et des prédateurs. Mais l'ours polaire avec son flair est capable de trouver ce refuge à travers la neige et de l'atteindre, ne laissant aucune chance de survie aux petits.

Les phoques, les otaries et les morses trouvent leur nourriture en pleine mer. Maladroits sur terre, ils s'y rendent pour donner vie à leurs petits. Répandus dans tous les océans, ces mammifères marins sont représentés par 13 espèces bien adaptées aux pôles.

Cousins polaires

L'Antarctique compte quatre espèces de phoques : le phoque crabier, celui de Weddell, celui de Ross et le léopard de mer. Quant à l'otarie à fourrure antarctique, elle partage les rivages des îles subantarctiques avec l'éléphant de mer austral. Tous deux ne fréquentent que rarement les eaux prises par la banquise. Les pourtours de l'Arctique, eux, accueillent huit espèces de phoques. Le phoque marbré est de loin le plus répandu avec des millions d'individus. Le lion de mer et l'otarie à fourrure septentrionale évoluent dans des secteurs plus cléments de la mer de Béring, contrairement au morse qui vit dans les eaux gelées.

Les rois de l'apnée

Grand consommateur de poissons, le phoque de Weddell peut plonger jusqu'à 500 mètres, s'éloigner à 10 km de son trou de respiration et rester une heure sans respirer pour aller chercher sa nourriture. L'éléphant de mer, amateur de calmars, chasse ses proies à des profondeurs de 1 500 mètres. Ces exploits ne sont rendus possibles que grâce à des capacités exceptionnelles : avec une cage thoracique comprenant 15 côtes au lieu de 13 chez les autres mammifères, ces animaux ont des poumons plus gros, capables d'emmagasiner plus d'air. Par ailleurs, leur sang stocke environ trois fois et demie plus d'oxygène que celui de l'homme.

Grâce à ses moustaches, le phoque localise ses proies dans les profondeurs où la visibilité est très réduite.

La loi du plus fort

Au moment de la reproduction, les phoques et les otaries se retrouvent dans les mêmes secteurs année après année. Chez certains, comme l'éléphant de mer, ces rendez-vous amoureux donnent lieu à des combats d'une extrême violence entre mâles. Après s'être défiés par des rugissements dus aux vibrations sonores de leur trompe gonflée, ces monstres de muscles et de graisse atteignant 4 000 kg rivalisent en se cognant buste contre buste. Leur cou porte souvent des cicatrices de morsures. Les vainqueurs règnent sur un vrai harem.

L'otarie à fourrure antarctique est la seule otarie représentée au pôle Sud.

À la saison des amours chez l'éléphant de mer, seuls les mâles les plus imposants, vieux de 7 ans au moins, ont une chance de triompher dans les combats qui les opposent.

Lard ou fourrure ?

Protégés par une épaisse couche de lard, les phoques sont mieux armés pour lutter contre le froid que les otaries qui ont pourtant une épaisse fourrure. Ils sont donc mieux adaptés aux rigueurs du climat et occupent des zones plus proches des pôles.

Le « tigre du Grand Nord »

D'une stature imposante, doté de défenses impressionnantes, le morse a un caractère imprévisible qui en fait un animal redouté, aussi bien des hommes que de l'ours polaire. Habitant des pourtours du bassin arctique, il préfère pourtant se prélasser en groupes au soleil et regagner la mer à la moindre alerte. Utilisant ses défenses pour labourer la vase, il se nourrit de mollusques, d'oursins, de crustacés et parfois de poissons. Mais il lui en faut une grande quantité : un adulte consomme jusqu'à 150 kg de palourdes par jour !

Le morse peut mesurer 3,60 m de long et peser 1 500 kg (pour les mâles du Pacifique). Les défenses de certains spécimens atteignent 1 m !

Le peuple de l'air

De formidables planeurs

Avec ses ailes de 3 m d'envergure, le grand albatros est capable d'accomplir de longues distances en se laissant porter par les vents sans aucun effort apparent. Plus petits, les pétrels n'en sont pas moins de bons planeurs.

Peu d'oiseaux sont capables de passer l'hiver dans les régions polaires. Beaucoup en partent dès les premiers froids. Certains, comme les manchots, se sont adaptés au climat et à la vie en mer. Tous ont besoin d'une terre où faire leur nid.

Une explosion de vie

À la belle saison, la toundra regorge d'herbes, de graines, d'insectes, de mollusques, de vers, de batraciens, de poissons, de petits mammifères. Attirés par cette abondante nourriture, un grand nombre d'oiseaux revenus du sud s'y installent. On y recense des grues, des canards, des oies, des cygnes, des bernaches, des échassiers qui fouillent la vase, des passereaux comme le bruant des neiges et même des rapaces. Tous, herbivores ou insectivores, mangeurs de poissons ou prédateurs, se partagent ce vaste espace où ils profitent du court été pour se reproduire avant de repartir.

Dans la toundra, le pygargue et le faucon gerfaut sont aussi au rendez-vous.

Incroyables voyages

Des nuées d'oiseaux marquent le retour des beaux jours dans l'Arctique. Ils viennent de franchir des distances incroyables. Certains petits échassiers volent ainsi d'Afrique du Sud jusqu'en Sibérie, ou d'Amérique du Sud jusque dans la toundra canadienne. Le bécasseau cocorli arrive à parcourir jusqu'à 30 000 km par an tandis que le pluvier fauve peut effectuer 4 500 km sans s'arrêter. Mais la championne de la migration reste la sterne arctique qui traverse le globe et passe d'un été polaire à l'autre.

Plus faciles dans les îles

En Antarctique, seules 9 espèces d'oiseaux se reproduisent sur le continent. Le nombre d'espèces passe à 20 sur la péninsule et dans les îles subantarctiques. Parmi celles-ci, les îles Crozet et les Kerguelen accueillent une densité d'oiseaux unique au monde.

Cygne chanteur

Bruant des neiges

Pluvier bronzé

En harmonie avec la mer

Dans certaines zones des océans polaires, quand ils sont libres de glace, pullulent les poissons, les crevettes, les poulpes qu'apprécient les oiseaux marins. Beaucoup puisent dans ces ressources. Certaines espèces (goélands, labbes, cormorans) se contentent de pêcher à quelques kilomètres des côtes ou des falaises où leurs nids sont installés. D'autres passent leur temps en mer, ne revenant à terre que pour y pondre et élever leurs poussins. C'est le cas des oiseaux du grand large, comme les pétrels et les albatros en Antarctique ou la mouette tridactyle et le fulmar boréal en Arctique.

Cormorans royaux

batros

Charognards de l'océan

Les fulmars géants sont de véritables éboueurs des mers. Comme les vautours, ils se nourrissent surtout de cadavres – en particulier ceux des phoques ou des manchots. Toujours à l'affût, ils s'attaquent parfois aux manchots adultes affaiblis ou aux jeunes sans surveillance.

Les petits échassiers sont de grands voyageurs.

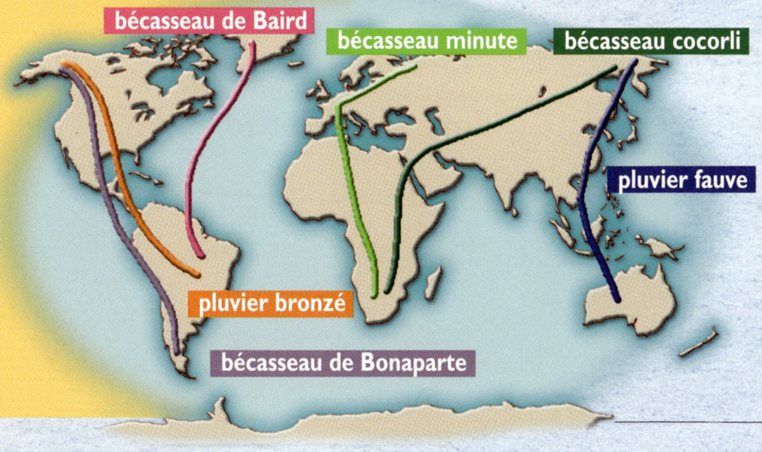

Le fantôme du froid

Appelée harfang des neiges, cette chouette est connue pour le plumage entièrement blanc du mâle, tandis que celui de la femelle est tacheté de noir. Ses plumes sont disposées de façon à bien l'isoler contre le froid intense. Un duvet couvre la base de son bec et de ses pattes, qui sont munies de coussinet isolant. Ces adaptations lui permettent de vivre été comme hiver dans la toundra du Grand Nord.

En colonies

Le grand saut

Une vingtaine de jours après sa naissance, alors que ses plumes n'ont pas complètement poussé, le poussin guillemot se jette du haut de la falaise. Ce saut, d'une centaine de mètres parfois, s'effectue sous le contrôle du père, au crépuscule, de façon à passer le plus possible inaperçu des goélands prédateurs. Les survivants apprennent alors à nager et pêcher dans l'eau qui est autant leur élément que l'air.

Lieux de retrouvailles

À l'heure des amours, la plupart des manchots se retrouvent en nombre dans des lieux où ils construisent leur nid avec des cailloux. Certains de ces lieux, les rookeries, sont occupés par les mêmes espèces depuis des milliers d'années.

À cause de leur plumage noir et blanc, les manchots et les pingouins sont souvent confondus. Pourtant, ils n'ont pas de lien de parenté et vivent sans jamais se rencontrer, chacun dans un hémisphère, Sud pour les manchots, Nord pour les pingouins.

Parmi 24 espèces de pingouins, 6 sont véritablement présents en Arctique, dont le guillemot de Brünnich (ci-dessus) et le mergule nain.

Bien différents !

Pingouins et manchots sont d'excellents nageurs ; en revanche, les manchots ont perdu la faculté de voler tandis que les pingouins en sont encore parfaitement capables. N'ayant plus besoin d'être légers pour voler, les manchots sont beaucoup plus gros. Si un manchot empereur peut atteindre 45 kg, le plus gros des pingouins ne dépasse pas 1 kg ! Les deux familles ont en commun de se retrouver en colonies parfois immenses pour former des couples et se reproduire. Père et mère repartent ensuite vivre en pleine mer lorsque le jeune qu'ils ont couvé et élevé ensemble est prêt à vivre seul.

Manchots empereurs regroupés en « tortue », sur la Terre Adélie.

La « tortue » contre le froid

Pour lutter contre des températures de – 60 °C et des vents glaciaux de 150 km/h, les manchots se blotissent les uns contre les autres. Cette formation serrée, « la tortue », permet de conserver une certaine chaleur au sein du groupe. En se déplaçant lentement, chacun à tour de rôle prend place à l'extérieur de façon à faire de son corps un rempart contre le froid.

Un couple de manchots se forme après une parade amoureuse et les deux partenaires restent très fidèles.

Chaudement vêtus

Pour lutter contre le froid, les manchots disposent d'un plumage deux fois plus efficace que n'importe quelle fourrure et d'une couche de graisse isolante, qui sert aussi de réserve énergétique. Sur leurs ailerons, les plumes ressemblent à des écailles. En lissant leurs plumes avec leur bec, les manchots s'enduisent d'une huile imperméabilisante. Un système de circulation du sang bien particulier irrigue leurs pattes : les veines qui ramènent le sang des extrémités vers le cœur s'enroulent autour des artères où coule le sang chaud.

Noir et blanc

Le plumage des manchots et des pingouins est un camouflage qui les protège de leurs prédateurs : vu du dessus, leur dos noir se confond avec les eaux sombres ; du dessous, leur ventre clair se fond dans la lumière de surface.

Avec leur corps fuselé, leurs ailerons et leurs pattes palmées aussi efficaces que des nageoires, les manchots ont développé une technique de plongée très efficace. L'empereur descend jusqu'à 450 m sous l'eau !

Des papas poules

Chaque année, les manchots empereurs se rendent en files indiennes jusqu'à des sites de reproduction où les couples se forment. Une fois l'œuf pondu, la mère repart s'alimenter. Pendant 65 jours, en plein hiver austral, sous les vents et les froids extrêmes, les pères, serrés les uns contre les autres, gardent l'œuf bien au chaud sur leurs pattes, sous leur repli de peau ventral.

Une maman très attendue

En juillet, le jeune brise sa coquille. Grâce à une sécrétion très riche, le papa, qui n'a pas mangé depuis bientôt 4 mois, nourrit son bébé. Au retour de la mère, les parents se reconnaissent grâce à leur cri. Ayant perdu 45 % de son poids, le mâle part à son tour vers la mer pour y reconstituer ses réserves. Après 45 jours, les jeunes, assez forts pour rester seuls, se regroupent en « crèche » pour se protéger du froid et des prédateurs comme le fulmar.

Le petit manchot est couvert d'un duvet qu'il perdra totalement après 150 jours d'existence ; pendant tout ce temps, il est nourri par les adultes.

Un œuf culbuto

Très large à sa base et effilé à l'autre bout, l'œuf de certains guillemots ressemble à un culbuto. Cette forme éviterait que l'œuf chute des étroites corniches.

Hôtes de la toundra

DES BOIS PALMÉS

L'élan est le plus grand des cervidés. Incapable de survivre aux conditions polaires, il fréquente néanmoins la toundra où il se nourrit entre autres des pousses et des racines qu'il va cueillir au fond de l'eau. Ses bois palmés forment un panache impressionnant qui détermine la hiérarchie chez les mâles.

Les grands herbivores sont très peu nombreux sous le ciel arctique. Les rennes regroupés en troupeaux y accomplissent de longues migrations. Seul le bœuf musqué est armé pour y vivre hiver comme été.

C'est à la période des amours que les rennes s'affrontent avec leurs bois.

À l'aise dans le froid

Dans la famille des cervidés, le renne est l'unique espèce dont les femelles sont aussi pourvues de bois. Les mâles s'en servent d'armes pour affronter leurs rivaux. Ils les perdent ensuite avant de retrouver des bois neufs. Le velours qui les recouvre est parcouru par un réseau de veines qui favorisent l'abaissement de température en été. L'hiver, leur fourrure constituée de poils creux leur permet de résister à de basses températures. De larges sabots facilitent leurs déplacements sur la neige et sur les sols boueux de la toundra humide, ils leur sont également utiles pour traverser des cours d'eau à la nage.

Nomades du Grand Nord

Constamment à la recherche de nourriture, les rennes se déplacent en troupeaux sur de très longues distances. Durant l'été, ils vivent dans les secteurs nord de la toundra où l'abondante végétation leur permet de constituer des réserves indispensables pour passer l'hiver. Lorsque la période froide arrive, le troupeau repart vers le sud. Ils doivent alors se contenter de maigres lichens trouvés en grattant la neige. Les plus faibles ont à craindre la faim, le froid, et aussi les loups.

Les rennes se déplacent entre les rivages de l'océan Arctique et la lisière de la forêt boréale. Ici, le troupeau est au bord d'un plan d'eau dans la toundra sibérienne.

Une seule et même espèce

Malgré leur nom différent en Eurasie et en Amérique du Nord, le renne et le caribou sont une seule et même espèce. Elle s'est répandue d'un continent à l'autre à l'époque où le détroit de Béring était franchissable. Avec 1 million d'individus, le Canada continental et les îles du Grand Nord possèdent la plus grande population de caribous sauvages. Le mot « caribou » provient d'un mot indien qui signifie « celui qui creuse pour se nourrir ». En Scandinavie et en Sibérie, la plupart des rennes sont domestiqués.

POIDS LOURDS !

La plus forte concentration de bœufs musqués se trouve sur l'île de Banks, où l'on en dénombre 68 000 pour 60 000 km^2. Les plus gros mâles pèsent 400 kg. Solitaires à l'écart du troupeau, ces derniers le rejoignent à la fin de l'été quand la période de la reproduction est venue.

Très robuste, le bœuf musqué est doté d'une importante bosse graisseuse sur l'échine.

À la fois bœuf et mouton

Vache par sa stature, mouton par sa toison et son museau, le bœuf musqué occupe une place à part dans le règne animal. Ce ruminant étonne plus encore par sa capacité à survivre dans des secteurs désertiques où règnent des froids et des vents extrêmes. L'été, il pâture la maigre végétation des zones sans neige : lichens, mousses, pousses de saules… L'hiver, il réduit au maximum son activité, limitant ainsi ses besoins en énergie.

UNE DÉFENSE COLLECTIVE

Pour répondre à une attaque de loups, les bœufs musqués forment un cercle. Placés à l'intérieur, les plus jeunes et les plus vulnérables se retrouvent protégés par le troupeau qui, groupé, fait face et présente une haie de larges fronts et de cornes menaçantes. Ainsi constituée en tortue, une harde ne craint rien, même pas des loups organisés. Mais il arrive qu'un petit n'ait pas réussi à se joindre au groupe. Il est alors en grand danger.

Infatigables chasseurs

Le loup et le renard ont su s'adapter à la rigueur de l'Arctique. Tous deux sont protégés par un pelage chaud et clair, qui devient blanc comme neige en hiver. Ce camouflage les aide à mieux surprendre leurs proies.

Le loup ne tue que pour se nourrir. En hiver, il défend son butin, mais en été, il peut abandonner les restes aux autres carnivores.

Bandes organisées

Les loups arctiques se répartissent entre l'Alaska, les îles du Haut Arctique canadien, le Groenland et le nord de la Sibérie. Adaptés au froid, ils ont des oreilles courtes et pèsent deux fois plus que les loups communs du Sud. Certains atteignent 50 kg et mesurent 90 cm au garrot. Ils évoluent en meutes où un seul couple dominant assure la descendance. Pour donner aux louveteaux la meilleure chance de survie, les naissances n'ont lieu qu'une fois par an, au début de l'été.

Un maillon essentiel

Les lemmings de l'Arctique sont des proies faciles pour les carnivores (loup, renard…) ou les rapaces (chouette harfang…). Ces petits herbivores qui creusent des réseaux sous la neige jouent un rôle essentiel dans la chaîne alimentaire. Quand leur nombre diminue de façon spectaculaire, comme cela se produit régulièrement, leurs prédateurs connaissent des problèmes de survie. Les années suivantes, les lemmings sont ainsi moins chassés et recommencent à augmenter, jusqu'à connaître une nouvelle explosion de population qui profite aux prédateurs…

Des chasses intelligentes

Infatigables coureurs, les loups parcourent un grand territoire à la recherche de proies. À la saison chaude, pour ne pas gaspiller d'énergie, ils se contentent de petits gibiers, comme les lapins ou les lemmings, faciles à capturer. En hiver, ils n'hésitent pas à s'attaquer aux rennes, aux élans, aux bœufs musqués. Ils agissent alors en bandes. Après un repérage facilité par un puissant odorat, la meute isole une proie et chaque loup s'en prend à elle à tour de rôle. Peu à peu, les morsures vainquent la résistance de l'animal qui s'écroule. Le loup prélève alors de quoi se rassasier.

Jeunes loups arctiques jouant ensemble dans la neige.

Bien éduqués

Après 9 semaines, la louve donne vie à 4 à 8 petits pesant entre 400 et 500 g. Pris en charge par des parents attentifs, les jeunes reçoivent une éducation qui favorise leur intégration au groupe.

Résistant et rusé

Avec sa très épaisse fourrure blanche ou gris argenté (qui devient d'un brun léger après la mue de printemps), ses oreilles de dimension réduite, ses coussinets protégés par de longs poils, sa capacité à supporter de longues périodes sans manger, le renard arctique est un des mammifères les mieux préparés à la vie polaire. Il a fait des hautes latitudes son territoire de chasse. En été, il consomme une large variété de proies : oiseaux, poissons, mollusques, et surtout lemmings.

Un terrier en héritage

Entre février et avril, la toundra résonne du curieux glapissement des renards arctiques qui s'appellent pour s'accoupler. Une fois le couple formé, il faut environ 52 jours avant que les petits naissent à l'abri du terrier. Aménagé dans un talus ou une faille rocheuse, celui-ci est réutilisé par plusieurs générations, depuis des centaines d'années parfois. Aveugles, sourds, dépourvus de dents et ne pesant que 60 grammes, les renardeaux sont parfois quinze d'une même portée.

Grâce à son pelage blanc, le renard arctique peut facilement s'approcher de sa proie sans se faire repérer.

La faim au ventre

En hiver, le renard polaire n'hésite pas à s'éloigner très loin sur la banquise. Souvent, il profite des restes de repas laissés par un ours blanc. Mais il est capable de repérer un « nid » de bébés phoques et de briser la glace pour les dévorer.

Lait et viande

Profitant du lait très riche de la mère, les renardeaux sont sevrés au cœur de l'été. Alors, ils commencent à manger les proies que leurs parents rapportent au terrier, d'où ils ne s'éloignent que très peu.

Un couple de renards capture environ 4 000 lemmings en période de reproduction. Si ces proies viennent à manquer, le nombre de renardeaux diminue beaucoup.

Fils du loup

Huskies, samoyèdes, malamutes, groenlandais… tous les chiens de races polaires ont le loup pour ancêtre. Domestiqués, ils n'en restent pas moins extrêmement bien adaptés aux rudes conditions hivernales et infatigables à l'effort.

Les chiens aiment l'effort et sont heureux de tirer le traîneau.

Le malamute

Venant de l'Alaska, ce chien de traîneau a un corps lourd et puissant. Ses yeux bruns en forme d'amande donnent à son regard une expression de douceur en accord avec son caractère affectueux. Il est capable de tirer de lourdes charges sur de longues distances.

Le samoyède

Originaire de Laponie, de taille moyenne, à la fois robuste et agile, il a été longtemps utilisé comme chien de berger par les Samoyèdes, peuple éleveur de rennes. Doux mais jappeur, il a le poil clair, long et très fourni. Sa queue se dresse en un panache recourbé quand il est en pleine action.

Le groenlandais

Musclé et rustique, le groenlandais a une fourrure très chaude. Élevé par les Inuits, il jouit d'une excellente réputation de chien d'attelage. L'amiral Peary, lors de sa conquête du pôle Nord, et Admundsen, pour celle du pôle Sud, employaient ce genre de chiens. Les groenlandais furent aussi les compagnons de Paul-Émile Victor au cours de ses nombreuses expéditions.

Des compagnons indispensables

Utilisés pour porter sur leur dos des charges parfois équivalentes à leur poids, puis pour tirer des traîneaux, les chiens nordiques sont les compagnons des hommes du froid depuis des millénaires. Sélectionnés en fonction de leur résistance et de leur aptitude à la course, ils ont conservé l'instinct et le comportement de leurs ancêtres organisés en groupe pour la survie de tous. Détestant la solitude, ils respectent la hiérarchie bien établie dans la meute. Véritables marathoniens des neiges, ils se contentent, après une journée d'effort, d'une maigre ration et du simple abri de neige sous lequel, roulés en boule, la truffe bien au chaud sous la queue, ils passent la nuit.

Le husky

Il est connu pour ses yeux bleus. Mais il peut aussi bien les avoir marron ou chacun de couleur différente. Originaire de Sibérie, ce chien à l'allure vive a été utilisé avec succès lors des courses d'attelage de grande distance en Amérique du Nord. Indépendant, le husky est chasseur et a le flair si développé qu'il peut suivre la piste laissée par un animal sous une épaisse couche de neige.

Un grand disparu

À Youkagir, en Sibérie, Bernard Buigues et son équipe ont extrait du permafrost un mammouth vieux de 20 000 ans.

Le mammouth laineux a vécu au temps des premiers hommes. Mais ce lointain cousin de l'éléphant a définitivement disparu il y a 4 000 ans. Disparu ? Pas tout à fait. En effet, des spécimens entiers ont été retrouvés dans le permafrost sibérien.

Parfaitement conservés

La première carcasse complète d'un mammouth laineux est découverte en 1799 dans le détroit de la Lena par un chasseur. Récupérée trop tard, elle sera reconstituée et exposée sous forme de squelette. Un autre animal entier est mis au jour sur les berges gelées de la Beresovka en 1901. Découpé, il est acheminé jusqu'à Saint-Pétersbourg où il est reconstitué et naturalisé dans la position de sa découverte. En 1977, des chercheurs d'or de la région de Magadan déterrent un bébé mammouth. Momifié par le gel, il est parfaitement conservé.

Au top des fourrures

Parmi plusieurs espèces de mammouths répandues sur terre, seul le mammouth laineux était adapté à la rigueur polaire. Sa fourrure était constituée d'une sous-couche très dense, et d'une seconde, externe, dont la longueur des poils allait de quelques centimètres sur la tête, la trompe et les oreilles jusqu'à 1 mètre sur les flancs. Une épaisseur de graisse de 8 à 10 cm complétait cette isolation efficace contre le froid. Ses oreilles, de petite taille, offraient une surface réduite qui limitait la perte de chaleur.

Les défenses du mammouth Jarkov, mesurant 3 m de long, ont été découvertes par une famille dolgane, les Jarkov, des éleveurs nomades dans la toundra.

Transporté en hélicoptère

Jarkov, un mammouth vieux de 20 000 ans, a été repéré en 1997 à l'extrême nord de la Sibérie. Arraché à sa prison de glace, puis transporté par un puissant hélicoptère, il est depuis lors stocké dans une cave gelée pour garantir sa conservation.

Des dents vitales

Une fois usées, les dents du mammouth pouvaient être remplacées jusqu'à six fois chacune. Quand la dernière se brisait, l'animal incapable de se nourrir finissait par mourir de faim. Il pouvait alors avoir entre 60 et 70 ans.

Défenses de choc

Contrairement à celles de son cousin actuel, les défenses imposantes du mammouth laineux continuaient de pousser jusqu'à la mort de l'animal. Elles pouvaient atteindre des dimensions imposantes. Une paire retrouvée près de la rivière Kolyma mesure 4,10 m pour un poids de 84 kg chacune ! Les molaires de cet animal exclusivement herbivore étaient aussi de taille incroyable. Chez l'adulte, elles pesaient jusqu'à 2 kg chacune. Leurs lames d'émail, plus nombreuses que chez les éléphants actuels, lui permettaient de broyer sa nourriture en actionnant sa mâchoire d'avant en arrière.

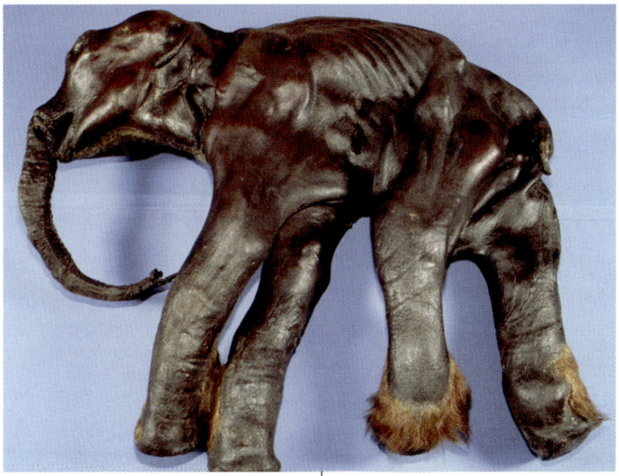

Ce bébé mammouth était âgé de 7 mois au moment de sa mort.

Noyé sous la boue

Généralement, ce sont les défenses pointant au-dessus du sol qui signalent la présence d'un mammouth. Comment un tel animal, de 3 à 4 tonnes, a-t-il pu se retrouver enseveli ? L'explication vient des terrains mouvants où le végétarien, attiré par les herbes dont il se nourrissait, se retrouvait piégé. Lors de la débâcle et des inondations du printemps, sa carcasse finissait enfouie dans les limons tourbeux, plus tard transformés en permafrost, véritable congélateur. Aujourd'hui, des millénaires plus tard, à cause de l'érosion, il arrive que certains de ces mammouths réapparaissent.

Le poids de l'imposant mammouth l'empêche de se libérer du sol mouvant qui l'engloutit.

UNE MINE D'IVOIRE

On évalue à environ 10 millions le nombre de mammouths prisonniers de la toundra. Ces fossiles excitent la curiosité des scientifiques, mais surtout la convoitise des chasseurs de défenses qui, chaque année, en récoltent près de 20 tonnes pour alimenter le marché international de l'ivoire.

MAMMOUTHS OU HALLUCINATIONS ?

Ils sont plusieurs depuis 1945 – des pilotes d'avion, une institutrice, des chasseurs – à prétendre avoir vu des mammouths vivants ou des traces de mammouths. Intrigué, le géographe russe Igor Tchernich a recueilli leurs témoignages et organisé des expéditions. Aucun indice ne lui a permis de confirmer ces récits. En tout cas, comme le yéti, le mammouth excite les imaginations et nourrit les légendes.

Petits et grands peuples du froid

Contrairement à l'Antarctique où l'homme n'a posé le pied qu'au début du XIXe siècle, les régions polaires arctiques sont habitées depuis longtemps. Repoussés du sud vers le nord comme les Sames ou venus de l'est comme les Inuit, les peuples du froid ont en commun d'avoir su s'adapter à des conditions de vie extrêmes. Longtemps ignorés des Occidentaux, puis colonisés, ils essaient aujourd'hui de retrouver leur identité en conjuguant modernité et traditions oubliées.

Sur trois continents

« Notre terre »

Depuis le 1er avril 1999, les Inuit disposent d'un territoire autonome qui a son gouvernement. C'est le Nunavut, « notre terre » en inuktitut, la langue des Inuit. Ses frontières délimitent 1,9 million de km² de terres (4 fois la France) sur lesquels vivent 29 000 habitants, (moins de 1 habitant au km²).

Ailleurs aussi

La population à 85 % d'origine inuit est jeune (60 % ont – de 25 ans). Elle se partage entre 26 communautés. Mais les Inuit ne vivent pas tous au Nunavut ; plus d'un tiers se trouve dans le reste des Territoires du Nord-Ouest, dans le Yukon, dans le nord du Québec (Nunavik) et au Labrador.

Famille élargie

Sur le territoire canadien, cohabitent les Inuit du Mackenzie, les Inuit du Cuivre (golfe du Couronnement), les Inuit du Caribou (ouest de la baie d'Hudson), les Netsiligmiut (péninsule de Boothia), les Igluligmiut (ouest de l'île de Baffin et péninsule de Melville), les Sadlermiut (île Southampton), les Inuit de Baffin (centre et est de l'île de Baffin), les Inuit de la baie d'Hudson et les Inuit du Labrador.

Les peuples anciens de l'Arctique vivent le long du cercle polaire à l'extrême nord des continents européen, asiatique et américain, sur les terres bordées au nord par l'océan et au sud par la taïga. Ils sont pour la plupart répartis entre divers pays, dont les frontières parfois les isolent les uns des autres.

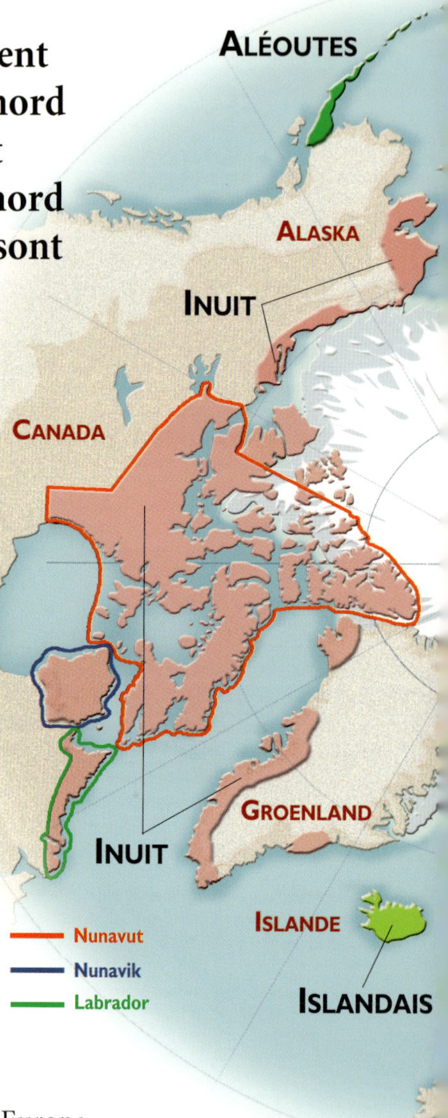

Autour du cercle polaire

Disséminés dans plusieurs régions du continent nord-américain, les Inuit sont répartis entre l'Alaska (34 %), le Canada (29 %) et le Groenland (37 %). On en compte aussi en Russie orientale (1 200 à 1 500). Selon la région où ils sont installés, ils forment différents groupes. Au Groenland, ancienne colonie danoise aujourd'hui autonome, on distingue les Inughuit de Thulé au nord-ouest, ainsi que ceux de la côte ouest et quelques villages sur la côte est qui ont été assez tôt au contact des Occidentaux. Les Inuit sont estimés aujourd'hui à environ 155 000.

À l'extrême nord de l'Europe

Les Sames (Lapons) habitent à l'extrême nord de l'Europe, dans une vaste région qui couvre la partie septentrionale de la Scandinavie et la presqu'île de Kola. Minoritaires au sein de ce territoire (environ 70 000 au total), ils sont devenus sédentaires : beaucoup d'entre eux exercent des activités professionnelles autres que l'élevage des rennes, la pêche ou l'agriculture. En Norvège, ils élisent des députés chargés de défendre leurs intérêts. Malgré une reconnaissance de leur culture et de leur langue désormais prises en compte dans l'enseignement, les Sames restent soumis aux lois des différentes nations auxquelles ils appartiennent.

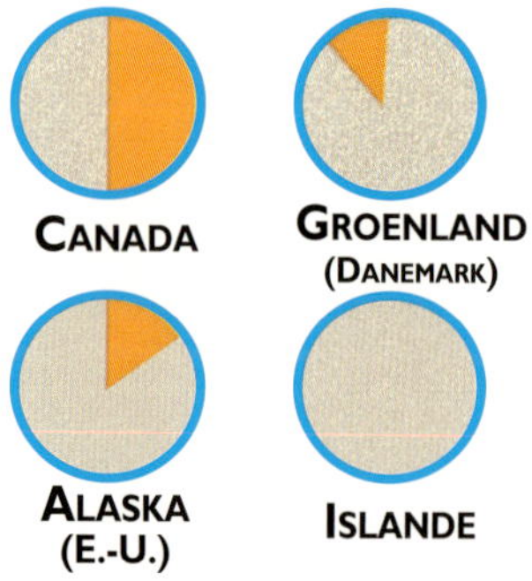

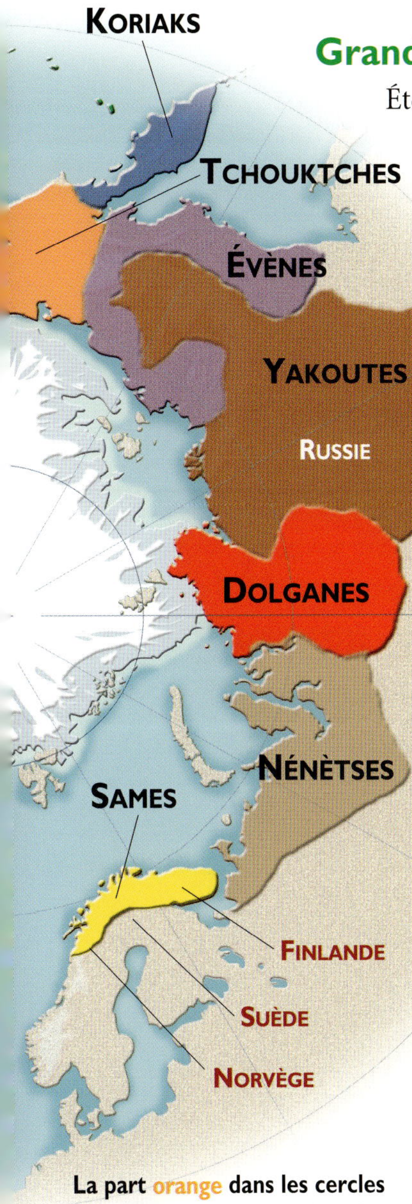

Grands et petits peuples de Sibérie

Étendues sur huit fuseaux horaires, de la mer Blanche et la chaîne de l'Oural, à l'ouest, jusqu'au cap Dejnev, à l'extrême est, les immensités sibériennes forment le berceau d'une trentaine de peuples plus ou moins anciens, cohabitant avec des Russes largement plus nombreux qu'eux. Certains de ces peuples ont aujourd'hui disparu ou sont en voie d'extinction. Les Youkaguirs vivant dans la toundra, entre les fleuves Indigirka et Kolyma, ne sont plus que 1 200 environ ; les Nganassanes, voisins des Dolganes, guère plus de 3 000.

À l'Est

Le long de l'immense côte sibérienne, s'échelonnent : les Koriaks (9 000) du Kamtchatka, les Tchouktches (16 000), les Évènes (19 000), les Yakoutes (443 000) de la république de Sakha, les Dolganes (7 300) surtout sur la presqu'île de Taïmyr. Les Nénètses (41 000) occupent un territoire qui va de la presqu'île de Kola jusqu'au Ienisseï. Les Sames sont environ 70 000 répartis entre la Norvège, la Suède, la Finlande et la Russie. On en compte 40 000 en Norvège contre 2 000 en Russie.

À l'Ouest

Aux côtés des Inuit, les Indiens athapasques et algonquins peuplent aussi l'Arctique canadien et l'Alaska. Ils sont à peu près 4 000 en Alaska, 40 000 au Québec.

Un peuple à part

Lointains descendants de Norvégiens qui auraient colonisé leur île volcanique vers 865 apr. J.-C., les Islandais vivent aujourd'hui dans une république indépendante. Près de 58 % de leur population se trouve dans la région de Reykjavik, la capitale. Malgré la proximité du cercle polaire, le climat dont ils bénéficient est plutôt clément. Dans leur cas, on ne peut donc pas parler de peuple du froid.

Des îles pour territoire

Au-delà du détroit de Béring, les Aléoutes peuplent l'archipel des îles Aléoutiennes qui sépare le Pacifique de la mer des Tchouktches, ainsi que les îles du Commandeur au large du Kamtchatka. Aujourd'hui 3 000, ils sont partagés entre l'autorité des États-Unis et celle de la Russie.

La part orange dans les cercles correspond à la proportion des peuples d'origine dans la population globale, au début des années 1990.

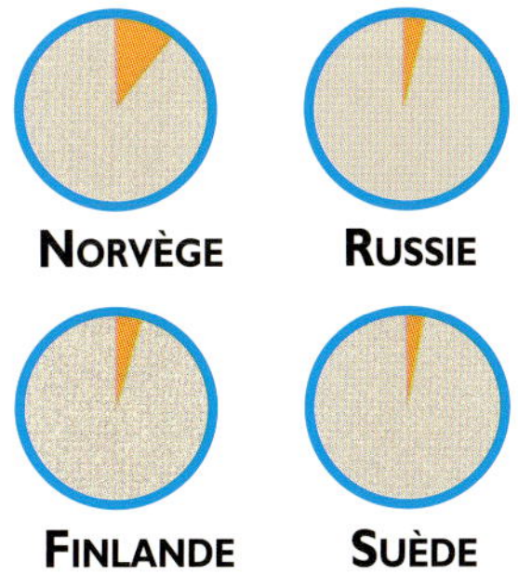

Famille tchouktche du village de Ushakovskiv sur l'île de Wrangel, en Russie.

Une histoire ancienne

Des vestiges archéologiques attestent que la majeure partie des territoires du nord du continent eurasiatique est peuplée depuis plusieurs milliers d'années.

L'histoire des peuples du froid remonte au temps paléolithique. Pendant des millénaires, les hommes se sont déplacés peu à peu à travers la Sibérie jusqu'au Groenland. Par vagues successives, l'occupation des régions polaires s'est ainsi réalisée d'est en ouest.

Premiers peuples du froid

Chasseurs, pêcheurs et cueilleurs, les plus anciens hommes de l'Arctique avaient un mode de vie qui leur imposait de se déplacer de façon saisonnière sur de vastes territoires. Suivant les mammouths et les rennes sauvages au cours de leurs migrations, ils se sont répandus jusque dans les péninsules les plus reculées. Certains se sont installés le long des côtes de l'océan Glacial où la chasse aux animaux marins est devenue leur principal moyen de subsistance ; d'autres comme, les Sames et certains peuples sibériens, ont domestiqué les rennes et, devenus éleveurs, ont développé leur civilisation.

Face aux invasions

Longtemps isolés dans l'immensité de la toundra, les anciens peuples de Sibérie arctique ont été poussés hors de leurs terres par d'autres peuples venus du sud. Du Xe au XIIIe siècle, les Yakoutes de la région du Baïkal, fuyant devant des tribus d'origine mongole, ont repoussé les Tchouktches, les Koriaks, les Youkaguirs, les Évènes et les Évenks vers le nord et l'est.

Presque disparu

De 1600 à 1800, la Terre connut une période de froid, le « petit âge de glace ». La banquise trop épaisse empêcha la chasse au phoque et à la baleine. Les Inuit traversèrent alors une forte crise. Capturés au filet, les guillemots consommés crus ou pourris ne suffirent pas à les nourrir. La famine réduisit, de beaucoup, le nombre de familles. Au début du XIXe siècle, les Occidentaux découvrirent un peuple restreint, qui avait oublié son passé.

Résister aux cosaques

Au XVIe siècle, la conquête de la Sibérie par les cosaques au service du tsar fut sanglante. Si les Yakoutes se soumirent facilement, certains groupes opposèrent une forte résistance. Plusieurs, comme les Youkaguirs, furent presque décimés ; il fallut 25 ans avant de soumettre les Koriaks. Seuls les Tchouktches, peuple farouche et guerrier, ne s'avouèrent jamais vaincus.

Trois vagues de peuplement

Les premiers habitants du continent américain sont venus de Sibérie par le détroit de Béring, qu'ils ont franchi il y a plus de 10 000 ans. Ces peuples primitifs, les Paléo-Esquimaux, seraient les ancêtres des Amérindiens. Hormis quelques outils de pierre, de bois ou d'os et de rares vestiges, on les connaît très peu. Une première civilisation du froid s'est développée ensuite, de – 500 av. J.-C. à 1000 apr. J.-C., occupant des terres de l'Arctique canadien jusqu'au Labrador et au Groenland. C'est la civilisation du Dorset. Ces Dorsétiens pratiquaient des techniques de survie et un art déjà avancés. Leur déclin, vers 1000 apr. J.-C., a sans doute été précipité par l'arrivée des hommes de Thulé.

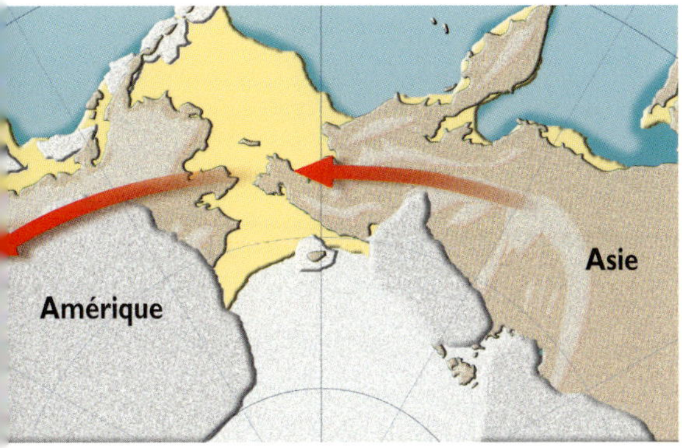

Des objets magiques

La civilisation du Dorset doit son nom au cap au sud de la terre de Baffin où ses premiers restes ont été retrouvés. Les objets utilitaires des Dorsétiens sont souvent ornés de motifs auxquels était attribué un pouvoir magique comme ce peigne du Dorset datant de 500 av. J.-C.

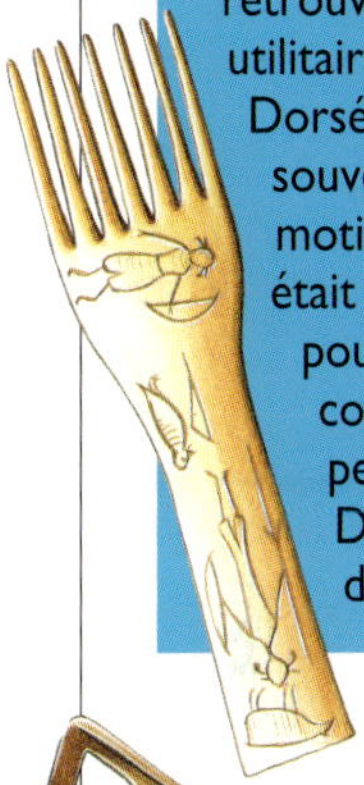

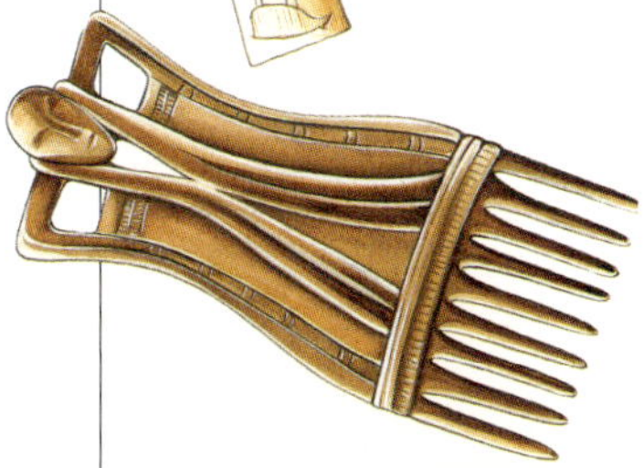

Peigne de Thulé datant de 1000 apr. J.-C.

Les ancêtres des Inuit

À une époque où le climat s'était adouci, vers l'an 1000 de notre ère, les hommes de Thulé, issus d'Alaska, possédaient des techniques de navigation et de chasse au harpon qui facilitèrent leur expansion. Utilisant le kayak et le traîneau à chiens, ces ancêtres des Inuit, grands chasseurs de phoques et de baleines, eurent vite fait de se répandre dans le Grand Nord canadien et le Groenland. Divisés en communautés de 50 à 100 individus, ils chassaient le caribou ou le bœuf musqué, sur terre, le phoque, le morse et la baleine sur la mer ou sur la banquise. C'est vers le XIVe siècle que les grands cétacés devinrent leurs proies favorites.

Le peuple de Thulé construisait des pièges en pierre qui s'écroulaient sur les animaux appâtés (ours, loups, lièvres). Les vestiges de celui-ci datent de 900 ans apr. J.-C.

L'allée des Baleines

Découverte en 1976 à la pointe de la Tchoukotka, l'allée des Baleines est un site sacré. Des crânes de baleines, pesant jusqu'à 1,5 tonne chacun, sont alignés d'est en ouest sur le littoral de deux îles. Ils forment deux lignes parallèles de chaque côté d'un chenal où passent traditionnellement les baleines en migration. Des restes de cendres et d'os calcinés retrouvés dans un autel de pierres laissent penser que l'on y pratiquait des rites religieux.

Cette jeune fille dolgane fait la vaisselle dans une bassine. Le confort de la cabane est vraiment très sommaire.

Une identité perturbée

Lors des grandes explorations, puis des colonisations, les peuples du froid, longtemps isolés, se sont retrouvés au contact des Occidentaux. Ces rencontres ont radicalement modifié leur vie.

D'une identité à l'autre

Quand l'Alaska fut vendu par les Russes aux Américains, en 1867, la population était presque à 100 % d'origine (Indiens, Aléoutes, Inuit). 130 ans plus tard, ces derniers ne sont plus que 16 %. De plus, la ligne de changement de date qui passe au milieu du détroit de Béring divise le peuple aléoute : une partie est russe, l'autre est américaine.

Une colonisation dévastatrice

Jusqu'au XIXe siècle, les colons russes apportèrent avec eux les épidémies qui éliminèrent des familles entières et la vodka qui entraîna un alcoolisme destructeur. En créant des besoins, comme celui du sucre, du tabac ou du pain, ils installèrent un système d'échange à leur avantage. Pire encore : le yassak, qui contraignait les peuples sibériens à verser un impôt en fourrures, provoqua des périodes de famine ; les hommes n'avaient plus assez de temps pour chasser ou pêcher. À la fin du XIXe siècle, certains peuples peu nombreux, en mauvaise santé et misérables, ne tardèrent pas à disparaître totalement.

Des noms méprisants

Les noms que se donnent eux-mêmes la plupart des peuples du froid signifient « les hommes ». Les Occidentaux leur ont donné des noms différents, souvent réducteurs ou péjoratifs, qu'ils n'ont jamais acceptés. Ainsi, les Sakha ont été baptisés Yakoutes, ce qui signifie « hommes aux vaches » dans la langue de leurs voisins évenks. Les Évenks et les Évènes ont été regroupés sous le terme de Toungouses, tiré du yakoute *tongus*, « cochon ». Les Inuit refusent le terme Esquimaux, qui signifierait « mangeurs de viande crue » dans la langue de leurs ennemis, les Indiens algonquins.

La fin du mode de vie traditionnel

Au cours du XIXe et du XXe siècle, la plupart des peuples de l'Arctique abandonnèrent leur vie nomade en échange des façons de vivre qui leur étaient imposées. On obligeait les jeunes à suivre une éducation scolaire qui négligeait les savoirs des anciens. Le travail et l'argent remplacèrent le système de survie basé sur la chasse, la pêche et le troc. En Union soviétique, on leur confisqua leurs troupeaux et on les regroupa dans des coopératives. Ainsi, soumis à des organisations économiques et sociales ou aux lois politiques des États dont ils dépendaient, ils ont peu à peu perdu leurs traditions.

La « chasse » aux chamans

Les peuples de l'Arctique avaient en commun leurs croyances en des esprits qui habitent la nature et tout être humain ou animal. Ils pensaient que les chamans, hommes ou femmes, à la fois prêtres et guérisseurs, possédaient le pouvoir d'entrer en relation avec ces « esprits ». Les missionnaires occidentaux, certains de leur vérité chrétienne, s'acharnèrent à faire disparaître ces croyances en détruisant les tambours sacrés, les costumes de fête et en interdisant les cérémonies. Le communisme fut tout aussi destructeur, en dénonçant le faux pouvoir des chamans et en déportant ces derniers dans les camps. Ainsi, ces peuples privés de leurs racines ont peu à peu perdu leur âme.

Cette gravure, datant de 1835, représente un chaman sibérien pendant une cérémonie.

Petite église en bois en pays yakoute.

LES LANGUES DÉLAISSÉES

Chaque peuple circumpolaire a hérité d'une langue différente selon ses origines. Les Sames parlent une langue finno-ougrienne, proche du hongrois ; les Nénètses et les Nganassanes, une langue samoyède. Les Yakoutes et les Dolganes ont un parler d'origine turque ; les Évènes et les Évenks, d'origine toungouso-mandchou. L'eskaléoute est la grande famille qui regroupe les différentes langues des Inuit (on en compte une vingtaine, dont l'inuktitut parlé dans l'Arctique oriental canadien) et celle des Aléoutes (l'aleut). Pendant longtemps, ces langues ont été interdites au profit des langues nationales dominantes : le finlandais ou le suédois, le russe, l'anglais, le danois.

LA BIBLE EN INUKTITUT

Avant l'arrivée des Occidentaux, les Inuit n'avaient pas d'écriture pour transcrire leur langue. En 1771, des frères moldaves, protestants d'origine allemande établis au Labrador, mirent au point une orthographe inuktitut. Ils purent ainsi plus facilement traduire les textes de la Bible de façon à convertir les Inuit.

Un difficile renouveau

Désormais partout présente dans l'Arctique, la vie moderne s'accompagne de nuisances écologiques, d'injustices et d'un malaise qui se traduit par de nombreux suicides. Pour sortir de cette impasse et reprendre leur destin en main, les peuples de l'Arctique ont décidé de se rassembler.

L'exploitation du pétrole n'est jamais sans risque de pollution, comme ici en Arctique canadien.

Injustices et effets néfastes

Le sous-sol des gigantesques territoires arctiques renferme de nombreuses richesses exploitées par des grandes entreprises : gaz et pétrole, étain, charbon, or et diamants (99 % de la production russe, soit 12 % de la production mondiale, provient de Yakoutie). Mais l'immense bénéfice ne revient pas aux populations qui y sont nées. Par ailleurs, cette exploitation des ressources naturelles entraîne des conséquences fâcheuses sur l'environnement (pollution des eaux, contamination radioactive…) et menace les activités traditionnelles, élevage des rennes, chasse, pêche. Ainsi les retombées de la catastrophe de Tchernobyl ont-elles été particulièrement sensibles en Laponie où des troupeaux entiers de rennes ont dû être abattus, le lichen dont ils se nourrissaient étant contaminé.

Le réveil des croyances

Après avoir converti les populations arctiques à leur religion, les hommes d'Église admettent aujourd'hui la valeur des anciennes croyances. Ainsi, en Alaska, les cérémonies chamaniques sont organisées en alternance avec les messes du dimanche.

Un retour en arrière

Depuis la chute du régime soviétique, les petits peuples de Sibérie, qui avaient subi le régime des collectivités tout en bénéficiant de certains avantages, se retrouvent livrés à eux-mêmes. Privés de soins, n'ayant pas les moyens de payer des transports coûteux (avion, hélicoptère), ils souffrent de maladies comme la tuberculose, d'alcoolisme et d'une extrême pauvreté. Coupés du monde et dans l'incertitude du lendemain, ils vivent un retour en arrière. Leur espérance de vie, inférieure à 50 ans pour les hommes, est la plus faible de toute la Russie.

À Providenya, ville sibérienne tchouktche, les aires de jeux ont des allures de terrains vagues à l'abandon.

La lutte pour la reconnaissance

Malgré leurs ressemblances, les peuples du froid, sans langue commune, ne forment pas une nation. Certains se sont regroupés pour faciliter la défense de leurs intérêts, de leurs cultures et de leur environnement. L'Association russe des peuples autochtones du Nord (le Raipon), le Conseil nordique sami qui réunit les Sames de tous pays, la Conférence circumpolaire inuit et l'Association internationale aléoutienne siègent aujourd'hui au Conseil de l'Arctique. Au moins deux fois par an, ce Conseil travaille dans le but d'améliorer le bien-être économique, social et culturel des peuples du froid.

Groupe de danseuses yuit (Inuit de Sibérie).

La voix de la raison

La majorité des Inuit ont un mode de vie occidental. Ils habitent des maisons en dur, se déplacent en motoneige, utilisent des fusils. Cela n'empêche pas certains de chasser comme le faisaient leurs ancêtres. Les Inuit de Point Barrow (Alaska) se servent encore du harpon pour capturer les baleines au cours de leurs migrations. Le maintien de ces traditions est parfois encouragé. Le but est double : conserver les méthodes ancestrales et protéger la faune. L'utilisation d'un bateau à moteur ou de la motoneige pour la chasse et la pêche est alors volontairement restreinte.

UN CHANGEMENT INÉVITABLE

Pour suivre leurs études, les jeunes nés dans des familles d'éleveurs nomades se rendent dans des villes éloignées. La distance les coupe de leurs parents et de leur mode de vie. Ayant connu le confort et les distractions des centres urbains, beaucoup, après plusieurs années d'internat, choisissent de ne pas revenir dans la toundra.

La modernité peut aussi être source de plaisir.

Sames et Nénètses

Renaissance ou folklore

Depuis les années 1970, la culture same connaît une renaissance. Le *jojk*, sorte de poésie chantée, inspirée des anciennes pratiques magiques du chamanisme, est redevenu populaire, tout comme le *kolt*, vêtement traditionnel brodé de couleurs vives, les tentes en peaux, les cabanes de tourbe et d'écorces, l'usage de traîneaux de rennes.

Un nom à éviter

En français, les Sames (ou Samis) sont connus sous le nom de « Lapons ». Ce terme d'origine étrangère est réprouvé par la communauté same qui le considère comme méprisant.

Les Sames et les Nénètses sont réputés pour être de grands éleveurs de rennes. Mais depuis un siècle, cette activité principale ainsi que leur mode de vie ont connu bien des changements.

Les Sames et la modernisation de l'élevage

Chez les Sames, l'élevage des rennes se pratique désormais à l'aide de scooters des neiges, de motos tout-terrain, d'hélicoptères et de systèmes de radiocommunication qui permettent de localiser les animaux. Environ 750 000 rennes vivent ainsi en semi-liberté sur de vastes pâturages clôturés, dont la superficie est toutefois en nette diminution. Les Sames ont abandonné la vie nomade que nécessitait autrefois le suivi des troupeaux en migration. Lors de regroupements réguliers, chaque éleveur rassemble son propre troupeau, procède au marquage des petits et sélectionne les bêtes destinées à l'abattage.

Ce Same, vêtu d'une tunique traditionnelle, sort d'une cabane en tourbe, utilisée aujourd'hui surtout pour le folklore.

Avec les scooters des neiges et les talkies-walkies, les Sames sont entrés dans l'ère moderne.

Les Nénètses ou le choix d'être nomades

Depuis la fin du régime soviétique qui les a regroupés dans des fermes d'État, les éleveurs nénètses ont le choix : soit ils restent au service d'une ferme et s'occupent d'un troupeau qui ne leur appartient pas ; soit ils possèdent leur troupeau (2 000 bêtes en moyenne) et mènent une vie nomade. Ils se déplacent alors au rythme des saisons. En été, les rennes paissent dans la toundra à l'abri de la chaleur et des insectes ; à l'arrivée du froid, en automne, le troupeau migre vers le sud et s'installe en limite de la taïga, à proximité des localités où les enfants vont à l'école. Au printemps, nouveau départ vers le nord. En file indienne, les traîneaux tirés par des rennes portent six mois de vivres et du bois de chauffage.

Des tâches partagées

Les bêtes qui se nourrissent de lichen, baies et champignons doivent changer régulièrement de pâturages. Tous les deux à trois jours, il faut les rassembler et se préparer à lever le camp. C'est le travail des hommes. Ils sont plus rarement sous la tente que les femmes ; celles-ci préparent les repas, veillent sur les enfants, fabriquent les vêtements et se chargent des corvées d'eau et de bois.

De moins en moins éleveurs

D'origine samoyède, les Nénètses vivent sur un territoire de plus d'un million de km², soit 2 fois la superficie de la France. On compte, en 2002, près de 41 000 Nénètses dont 7 000 seulement sont éleveurs de rennes.

Cette femme nénètse déroule un pan de la tente en peau dans laquelle elle vit avec sa famille.

Les Nénètses sont de plus en plus rares à vivre sous le tchoum, leur tente traditionnelle.

Yakoutes et Dolganes

Les Yakoutes, pour ceux qui sont restés proches des traditions de leurs ancêtres, présentent des points communs avec les peuples des steppes du Sud. Ils se distinguent ainsi des autres peuples sibériens, notamment de leurs voisins dolganes de la presqu'île de Taïmyr.

Cette femme yakoute cuisine à l'extérieur, devant sa tente ; ce genre d'habitation ressemble à la yourte des Mongols.

Les Yakoutes, venus de Mongolie

Les Yakoutes sont environ 440 000 à vivre dans la République autonome de Sakha, où ils représentent 45 % de la population totale (la moitié est russe). Beaucoup d'entre eux se sont adaptés à la vie moderne et ils parlent le russe aussi bien que leur propre langue d'origine turque. Traditionnellement, les Yakoutes étaient semi-nomades, éleveurs de bovins et de chevaux. Cette activité, plutôt surprenante à une latitude où les températures hivernales descendent souvent en dessous de – 50 °C, rappelle celle des pasteurs nomades d'Asie centrale et de Mongolie, région d'où leurs ancêtres sont venus au XVe siècle.

La résistance des traditions

Coiffé de plumes ou de bois de renne, le chaman yakoute entonne des chants rituels qu'il rythme au son du tambour. Ces chants et les amanites tue-mouches qu'il mange lui permettent d'entrer en transe. Alors que de nombreux Yakoutes sont aujourd'hui chrétiens orthodoxes, ces cérémonies longtemps défendues sont de nouveau pratiquées.

Les Dolganes, attachés à leur désert gelé

Les Dolganes qui vivent au-delà du cercle polaire forment un peuple reconnu depuis le XIXe siècle seulement, issu d'un croisement entre des Yakoutes, des Évenks et des paysans russes. Seuls 250 d'entre eux continuent de vivre en nomades dans le désert gelé de la presqu'île de Taïmyr. L'élevage des rennes, mais aussi la chasse aux rennes sauvages, aux renards blancs et aux loups (pour les peaux), ainsi que la pêche au filet, dans des trous de glace, des poissons gras qui sont consommés crus constituent leurs principaux moyens de subsistance. Leurs déplacements de pâturage en lieu de chasse ou de pêche s'effectuent en longues files de rennes tirant les *baloks*, leurs maisons de bois et de peaux montées sur traîneaux.

Rare chez les Dolganes, le bois de chauffage doit être économisé.

La fête du printemps

Chaque printemps, les Dolganes se rassemblent dans les villages. À cette occasion, les femmes portent des manteaux de tissu noir brodé de perles formant des figures géométriques et doublés de fourrure. Les courses de rennes attelés et les concours de lasso remportent un grand succès.

Hommes de l'ivoire

Les Dolganes vivent dans une région où la toundra renferme de nombreux restes de mammouths congelés. Plus abondant que le bois, l'ivoire des défenses est récolté et taillé en boutons, pièces d'attelage, manches de couteau, boucles de lasso. Connaissant bien les lieux où se trouve cette précieuse matière, les Dolganes ne cherchent pas à en faire le plus grand profit. Cette attitude manifeste le respect qu'ils vouent à l'esprit du géant disparu, aux autres animaux et à la nature en général.

Des Dolganes avec leurs *baloks* se retrouvent et installent leur campement.

Tchouktches et Koriaks

Un peuple en déclin

Percevant parfois de maigres allocations, abandonnés par un pouvoir central situé à plus de 7 000 km, les Tchouktches survivent en pêchant et en chassant les mammifères marins comme le faisaient leurs ancêtres.

Parlant une langue de la même famille paléo-asiatique, les Tchouktches et les Koriaks vivent à l'extrémité nord-est de la Sibérie. Ils sont traditionnellement éleveurs de rennes ou chasseurs de mammifères marins.

Les Tchouktches, longtemps résistants

Selon les témoignages des premiers explorateurs, les Tchouktches étaient belliqueux, toujours en guerre avec leurs voisins, Koriaks notamment. Armés d'arcs et de lances, protégés par une cuirasse double, ils affrontèrent les cosaques avec une telle violence qu'ils ne furent jamais soumis. De même, ils résistèrent à la christianisation et continuèrent de pratiquer leur chamanisme ancestral. Le régime soviétique, en leur imposant une vie sédentaire et un mode de pensée qui niait leur langue et leurs croyances, a rompu leur équilibre. Ils ne sont aujourd'hui que 14 000 à vivre en Tchoukotka, une république russe autonome de 55 000 habitants, gouvernée par un magnat du pétrole qui concentre le pouvoir et ne se soucie pas de leur destin.

Attirés par la ville

Le nombre de rennes élevés par les Tchouktches a été divisé par cinq depuis 1990. L'élevage et la vie nomade, peu rentables, n'intéressent plus les jeunes qui sont attirés par Anadyr, la ville où se concentre désormais la moitié des membres de leur peuple.

Les jeunes Tchouktches ressemblent de plus en plus aux adolescents occidentaux.

Chez les Koriaks comme chez les autres peuples de l'Arctique, les danses et les chants ancestraux tiennent encore une grande place.

Les Koriaks ou le peuple de l'extrême Est

Les Koriaks sont principalement implantés au nord de la péninsule du Kamtchatka, mais certains vivent au sud de la Tchoukotka et sur les bords de la mer d'Okhotsk. Aujourd'hui estimés à 9 000, ils ne constituent que 20 % de la population de la région autonome des Koriaks où les Russes sont largement majoritaires. Moins guerriers que les Tchouktches, ils se sont laissé plus facilement coloniser et convertir. Certains d'entre eux ont même apporté leur aide aux Russes lors des combats contre les Tchouktches qui, de tout temps, les avaient attaqués pour voler leurs rennes.

Des chants pleins de sens

Le chant et la danse restent pour les Tchouktches et les Koriaks une façon de rappeler leur mode de vie traditionnel lié à la nature et leurs croyances aux esprits qui l'habitent. Ce sont des imitations d'animaux (mouette, corbeau, morse…) ou des mimes de scènes comme la capture des rennes à l'aide du lasso. Les « chants de gorge » pratiqués dans tout l'Arctique y trouvent une place centrale.

Au retour du Soleil

À l'arrivée du printemps, les éleveurs de rennes tchouktches et koriaks organisent une fête qui célèbre l'apparition dans le ciel de la constellation Pég'hitin (constellation de l'Aigle). Des tournois de lutte et des courses de rennes attelés sont alors organisés, ainsi qu'un concours d'escalade sur une colonne de glace. L'honneur de saluer le soleil revient à celui qui grimpe le plus vite au sommet.

Cette femme koriak racle une fourrure avec une pierre et un simple bâton pour la tanner.

Les Aléoutes, entre Russie et Amérique

Jusqu'à la fin du XIXᵉ siècle, les Aléoutes, habiles kayakistes, étaient des chasseurs de mammifères marins réputés. Apparentés aux Inuits, notamment par leur langue, ils ont subi de la part des Russes, puis des Américains, une colonisation qui a bouleversé leur vie.

UN COUVRE-CHEF EFFICACE

Pour se protéger des réverbérations, le chasseur aléoute portait une « casquette » avec une longue visière, parfois ornée de motifs taillés dans l'ivoire. Il enfilait aussi une sorte de parka imperméable constituée de boyaux de phoques cousus très serrés, efficace contre l'eau et l'humidité.

À l'heure de l'Amérique russe

À cause de leur position entre l'Alaska et le Kamtchatka, les îles Aléoutiennes furent explorées dès le début du XVIIᵉ siècle par les Russes à la recherche de l'Amérique. Le commerce de la fourrure amena ensuite des aventuriers qui exploitèrent ce peuple d'excellents chasseurs. Les missionnaires se préoccupèrent de leur sort et de leur éducation, tout en les convertissant à la religion orthodoxe. En 1867, lorsque la Russie vendit l'Alaska et les Aléoutiennes aux États-Unis d'Amérique, les Aléoutes étaient presque tous métissés et convertis. Ils se retrouvèrent alors sous l'autorité d'un nouvel État où la religion qui leur avait été enseignée aux dépens de leurs croyances ancestrales, n'était pas bien considérée !

Cette église orthodoxe rappelle le temps où les îles Aléoutiennes appartenaient aux Russes.

Aléoute en costume traditionnel.

Victimes de la guerre

Pendant la Seconde Guerre mondiale, de juin 1942 à août 1943, deux îles Aléoutiennes, Attu et Kiska, ont été occupées par les Japonais. Prisonniers de guerre, certains Aléoutes furent emmenés au Japon. L'armée américaine détruisit des maisons et déporta de force leurs propriétaires dans le sud de l'Alaska. Nombreux furent ceux qui moururent à cause des conditions déplorables qui leur furent imposées d'un côté et de l'autre. Après la guerre, certains rescapés ne furent pas autorisés à rebâtir leurs villages. Il fallut attendre 1988 pour que le président et le Congrès des États-Unis fassent des excuses officielles aux victimes et leur attribuent des compensations financières.

DEUX FOIS SÉPARÉS

Lorsque les Russes ont vendu l'Alaska aux Américains, les Aléoutes (environ 8 000 aujourd'hui) se sont retrouvés séparés de part et d'autre de la ligne de changement de date : tandis que ceux des îles du Commandeur restaient russes, les autres passaient sous l'autorité américaine. Après 1945, au plus fort de la guerre froide, la frontière qui séparait les deux blocs ennemis renforça cette séparation. Celle-ci subsiste encore, alors que les Aléoutes demandent à être réunis.

Le kayak, baptisé *baïdarka* par les marins russes, était construit en bois flotté et recouvert de 4 ou 5 peaux d'otarie. Une ligne tracée sur son pourtour symbolisait « l'âme » de l'embarcation.

La chasse en kayak

La chasse au phoque, aux loutres de mer et, surtout, à la baleine faisait autrefois la renommée des Aléoutes. Naviguant d'île en île, parfois sur une mer agitée par les courants et ventée, les chasseurs utilisaient plusieurs types de harpons lancés au moyen d'un propulseur ou bien conçus pour glisser sur l'eau après avoir été projetés. Une fois harponné, l'animal pouvait être suivi et localisé grâce à un flotteur. La chasse s'accomplissait selon des rites ancestraux qui étaient censés apaiser l'esprit de l'animal.

EN AVANCE SUR LEUR TEMPS

Des vestiges datant de plusieurs millénaires ont été découverts sur une île à l'extrémité orientale des Aléoutiennes ; ils laissent penser que les anciens Aléoutes auraient connu des techniques perfectionnées de chasse aux animaux marins, tel le harpon avec flotteur. Transmises par des peuples venus de la côte du Pacifique, plus au sud, ces techniques se seraient ensuite répandues dans tout l'Arctique et seraient à l'origine de la civilisation de Thulé.

Vivre au pays du froid

Pour s'abriter, fabriquer leurs armes ou leurs outils, chasser, se déplacer, s'habiller, les Inuit et autres peuples du froid ont employé le peu que la nature leur offrait. Les animaux leur ont fourni des matériaux qu'ils ont utilisés avec ingéniosité. En plus de leurs techniques, ces peuples souvent isolés avaient des croyances respectueuses des forces de la nature et un véritable sens artistique.

À l'abri du froid

Gravure sur bois du XIXe siècle représentant des Inuit et leurs maisons d'hiver.

Les peuples de l'Arctique habitaient des abris de pierres et de tourbe, des tentes de peaux, des igloos… Ces habitations traditionnelles ont presque disparu aujourd'hui ou ne sont utilisées qu'occasionnellement.

La maison d'hiver

Pour s'abriter pendant les longs hivers, les hommes des régions polaires construisaient des maisons semi-enterrées. Ces constructions pouvaient être fabriquées avec de grandes pierres plates cimentées par de la terre, de la tourbe ou de la mousse, ou bien constituées d'une charpente de bois d'épave, de troncs flottés ou d'os de baleines (et même de mammouths) recouverts de peaux. La neige qui tombait sur le toit formait une couche isolante. Ces habitations comportaient généralement une seule pièce, divisée en compartiments lorsque plusieurs familles y cohabitaient. La fenêtre unique était constituée d'une peau tendue. Des plates-formes surélevées, garnies de broussailles et recouvertes de peaux ou de fourrure, servaient de lits.

La lampe, alimentée en graisse de phoque ou de baleine, permettait de s'éclairer mais aussi de maintenir un peu de chaleur.

Des principes à respecter

L'entrée dans l'igloo ou la maison d'hiver s'effectuait par un tunnel d'accès. Plus ou moins long, ce tunnel bas et étroit empêchait les ours d'entrer dans l'habitation. Creusé en contrebas, ouvert du côté opposé aux vents dominants, il jouait un rôle essentiel dans le maintien d'une température constante. Une peau tendue devant l'entrée intérieure retenait l'air réchauffé par la lampe et les respirations. Un trou d'aération percé au plafond apportait de l'air frais. Respecter ces principes était important. En effet, une température trop élevée aurait causé une humidité qui aurait rendu la pièce inhabitable.

Un habitat mobile

Obligés d'aller de pâturage en pâturage pour nourrir leurs troupeaux de rennes, les peuples de Sibérie habitaient de grandes tentes facilement démontables. Le tchoum des Nénètses ressemblait à une sorte de tipi constitué de 20 à 50 perches plantées en rond au sol et réunies à leur sommet. En hiver, deux couches de peaux de rennes recouvraient cette structure ; la première avait le poil placé vers l'intérieur, la seconde vers l'extérieur.

Une habitation provisoire

Beaucoup plus chaud qu'une tente et bâti en une heure, l'igloo était souvent utilisé par les chasseurs inuit lors de leurs déplacements sur la banquise. Mais cette construction, très solide par grand froid, avait un défaut. Si la température s'élevait trop à l'intérieur, les parois de glace fondaient en surface et suintaient, puis se congelaient, ce qui rendait l'igloo inconfortable. Au printemps, il devenait fragile et il fallait le quitter pour aller vivre sous la tente.

SOLIDITÉ CONFIRMÉE

La yarangue des Tchouktches et des Koriaks, couverte de peaux de rennes, avait des murs en forme de cylindre et un toit plus plat que celui du tipi. Solidement attachée par des câbles, elle offrait une bonne résistance aux tempêtes. Son entretien et son montage étaient confiés aux femmes. Il fallait 20 traîneaux pour déplacer une yarangue et ses habitants.

CARAVANE DES NEIGES

Tirés par une quinzaine de rennes, le *balok* des Dolganes ressemble à une caravane. Mais cette cabane de forme cubique d'où dépasse le tuyau d'un poêle est montée sur un traîneau. Il est donc facile pour ses propriétaires nomades de se déplacer rapidement dans la toundra.

Ce campement de tentes d'été a été photographié par le célèbre Edward S. Curtis en 1899, en Sibérie.

DES TENTES EN ÉTÉ

Lors de leurs déplacements en été, les Inuit utilisaient des tentes en peaux de phoques. La plus courante était la *tupiq*, constituée de piquets en bois flotté ou en fanons de baleine rassemblés au sommet et couverte de peaux que des pierres maintenaient au sol.

La maison de neige

Un espace de rencontre

Le diamètre d'un igloo dépassait rarement 5 m pour une hauteur maximale de 2 m. La femme passait une grande partie de son temps dans cet espace étroit à faire la cuisine, la couture et à s'occuper des enfants. Mais elle était rarement seule. Les visites étaient fréquentes. Les rassemblements donnaient lieu à des jeux et des discussions animées.

L'igloo est le type d'habitation associé le plus souvent aux Inuit. Pourtant, seul un petit nombre d'entre eux utilisaient la neige pour construire leur abri hivernal. Ils avaient pour cela une bonne raison : ils vivaient en Arctique central et en haut Arctique, où la neige était le seul matériau disponible.

Un assemblage de blocs

Pour fabriquer un igloo, il fallait d'abord trouver une épaisse couche de neige fraîche, que le blizzard avait tassée. Avec un long couteau en ivoire, le constructeur découpait de grosses briques qu'il ajustait de façon à former un dôme n'offrant pas de prise au vent. Les joints entre les blocs étaient bouchés avec de la neige ; le dernier bloc posé au sommet assurait la solidité de l'ensemble. Un tunnel d'accès était ajouté à la base de la construction et une plaque de glace à mi-hauteur servait de fenêtre.

Pose des derniers blocs au sommet d'un grand igloo. Cette scène est extraite du film *Atanarjuat* du cinéaste inuit Zacharias Kunuk.

Réunis autour d'une lampe de pierre, ces Inuit observent une femme utilisant son couteau en forme de demi-lune, le *oulou*.

Une pièce commune

Pour faciliter les échanges, il arrivait que les igloos soient reliés entre eux par des tunnels sous la neige. Une pièce commune pouvait alors être aménagée. Les enfants y jouaient et, les jours de blizzard, les hommes y travaillaient l'os ou l'ivoire.

L'âme du foyer

Taillée dans de la stéatite, une roche tendre, la lampe à huile éclairait et chauffait l'igloo et l'habitation d'hiver des Inuit. Une entaille longue d'environ 75 cm creusée à sa surface était remplie par l'huile provenant de la graisse de phoque écrasée. Des graines de plantes sèches, alignées au bord, servaient de mèches. C'est la femme qui veillait sur cette petite flamme qui apportait la chaleur, permettait de sécher les vêtements et de faire cuire la viande.

L'art de la glisse

Les traîneaux inuit comme celui-ci sont fabriqués avec très peu de moyens, sans vis ni colle.

Les Inuit et autres peuples du froid ont inventé des moyens de transport adaptés à la neige et à l'eau. Fabriqués par assemblage de bois, d'os et de peaux, presque sans outils, et pourtant très solides, traîneaux et kayaks révèlent une formidable habileté de constructeur.

Des attelages indispensables

Chez les Inuit, les chiens tiraient les traîneaux. Attelés en tandem (par deux) ou en flèche (c'est-à-dire indépendants les uns des autres), ils étaient dirigés à la voix et, parfois, au fouet. En Sibérie, les attelages composés de rennes tractaient des traîneaux de plus grande taille. Il existait aussi des traîneaux individuels tirés par un seul renne.

Des traîneaux comestibles !

Quand le bois manquait, on enroulait des poissons dans une peau de phoque mouillée. Une fois ficelé et durci par le gel, cet assemblage formait un patin. Des tranches de viande congelée constituaient la plate-forme. Ces traîneaux pouvaient être réparés facilement en projetant sur les cassures de l'eau qui gelait instantanément. Mais cette technique n'était valable que par très grand froid.

Sur la neige et sur la glace

Dans l'Arctique canadien, les Inuit utilisaient un traîneau simple, constitué d'une plate-forme fixée à des patins. Dans le meilleur des cas, ces patins étaient en bois d'une seule pièce ou de plusieurs pièces assemblées. Chaussés d'os ou d'andouiller (partie des bois de caribous), ceux-ci étaient enduits de boue fine qui, une fois gelée et polie, permettait une meilleure glisse. Là où le bois était plus facile à trouver, les patins dépassaient à l'arrière. Le conducteur pouvait s'y mettre debout. Tout en se maintenant à une sorte de guidon, il contrôlait mieux la progression de son véhicule.

Un grand choix de kayaks

Le style des kayaks, répandus chez les populations côtières de Sibérie, d'Amérique du Nord et du Groenland, variait aussi selon leur utilisation. Certains, plus lourds, convenaient mieux à la navigation en pleine mer, parmi les vagues, et donc à la chasse aux cétacés ; d'autres, plus légers et plus maniables, servaient dans les lacs et les cours d'eau, lors de la poursuite des hardes de caribous. Les différentes armes, harpons ou, plus récemment, fusils, étaient fixés par d'ingénieux systèmes à portée de main du chasseur.

Léger, le kayak pouvait être porté sans difficulté jusqu'aux limites de la banquise.

Fabriqués sur mesure

Très bas sur l'eau et effilé, le kayak était constitué d'une armature de bois ou d'os entièrement recouverte par des peaux imperméabilisées à l'huile de phoque. Fabriqué sur mesure pour son utilisateur qui maniait une pagaie à deux pales, il pouvait mesurer de 3 à 9 mètres. Le pagayeur s'y installait les jambes allongées. Il y pénétrait par un trou comportant une « jupe » de protection qui s'adaptait à son buste, empêchant ainsi l'eau de pénétrer. Son faible poids permettait à un homme seul de le transporter facilement. Une fois de retour au village, le kayak était installé en hauteur de façon à empêcher que les chiens mangent sa peau.

UN BON COUP DE PAGAIE

Les Inuit utilisaient les kayaks avec une grande maîtrise. Ils avaient mis au point la technique dite de l'« esquimautage » : s'ils chaviraient, ils s'appuyaient sur leur pagaie pour se redresser hors de l'eau.

UNE INVENTION PRATIQUE

Les skis sont une invention des Sames qui avaient besoin de se déplacer dans la neige fraîche. Ils étaient en bois ou en os. Enduits de boue gelée et lissée, ils étaient fixés aux bottes par des lanières de cuir.

Rudimentaires mais solides

La structure d'un kayak se composait d'un grand nombre de pièces. Certaines pouvaient être mises en forme avec les dents. L'assemblage se faisait à l'aide de chevilles en bois, en os ou en ivoire, et de lanières en tendons tressés ou en cuir. Les peaux débarrassées de leurs poils étaient cousues ensemble par les femmes. Les mêmes techniques d'assemblage rudimentaires servaient à fabriquer les traîneaux. Les deux moyens de transport étaient très résistants. La souplesse de leur ossature leur permettait de se déformer sans se briser aussi bien sur la glace chaotique que dans une mer agitée.

Ces femmes inuit posent une peau sur la structure d'un bateau.

Sur ce kayak, plusieurs harpons sont fixés, prêts à l'emploi.

Chauds et protecteurs

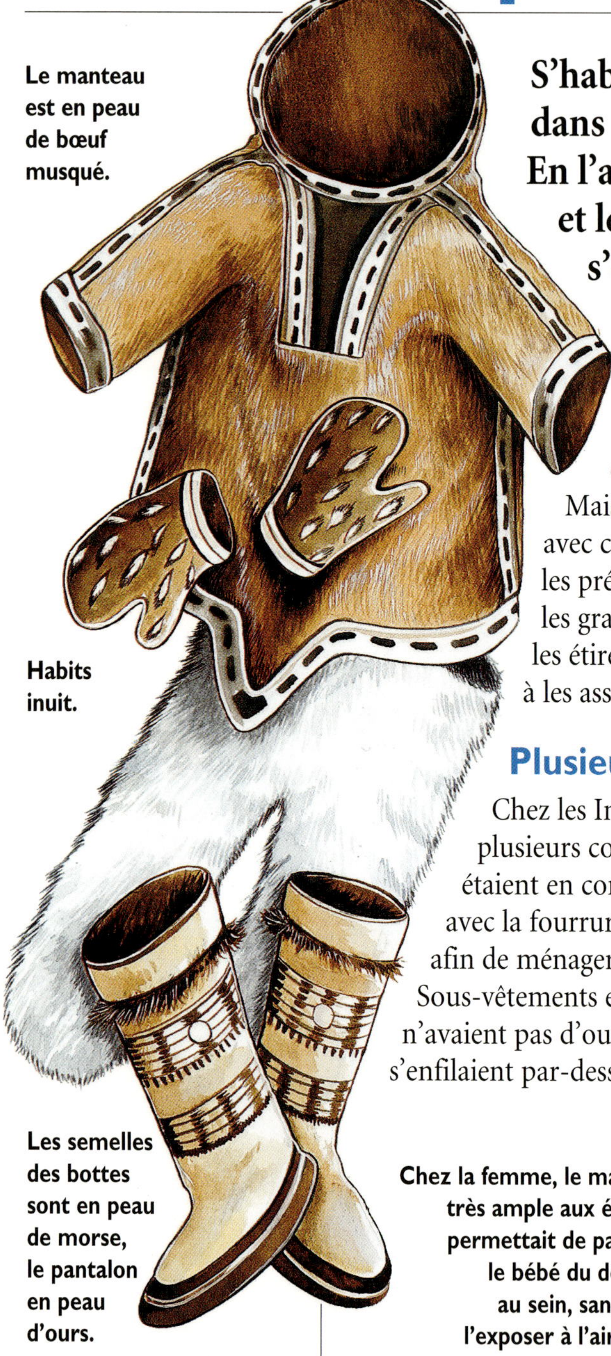

Le manteau est en peau de bœuf musqué.

Habits inuit.

Les semelles des bottes sont en peau de morse, le pantalon en peau d'ours.

S'habiller chaudement est obligatoire dans les régions glaciales de l'Arctique. En l'absence de toile ou de tissu, les fourrures et les peaux servaient à confectionner de quoi s'emmitoufler de la tête aux pieds. C'était le travail de la femme, infatigable couturière.

Le long travail des peaux

Le phoque et le caribou fournissaient les peaux les plus employées pour les habits, les bottes et les moufles. Mais des pièces d'habillement pouvaient être fabriquées avec celles d'autres animaux. La méthode courante pour les préparer consistait à les débarrasser de leur graisse en les grattant et à les faire sécher, puis à les battre, les tordre, les étirer ainsi qu'à les mâcher longuement de façon à les assouplir tout en conservant leurs qualités.

Plusieurs couches contre le froid

Chez les Inuit, en hiver, les hommes et les femmes superposaient plusieurs couches de vêtements. Les poils des habits de dessous étaient en contact avec leur corps ; les habits de dessus se portaient avec la fourrure vers l'extérieur. L'habillement était toujours ample afin de ménager une couche d'air isolant. Sous-vêtements et manteau à capuche n'avaient pas d'ouverture ventrale et s'enfilaient par-dessus la tête.

Chez la femme, le manteau, très ample aux épaules, permettait de passer le bébé du dos au sein, sans l'exposer à l'air.

Pantalon d'ours

Les Inuit des régions polaires les plus au nord portaient des pantalons en fourrure d'ours blanc. Très chaude mais assez raide, cette peau était aussi une marque de fierté pour ces chasseurs, qui osaient affronter l'un des animaux les plus dangereux des régions froides.

Les habits d'apparat variaient d'une région à l'autre. Les Inuit appréciaient les bijoux, souvent en ivoire de dents de morse.

Tenues d'apparat

La garde-robe des différents peuples s'enrichissait de tenues utilisées lors des grandes occasions : visites aux amis, fêtes, cérémonies. Le principe de superposition était respecté, mais la coupe et les décorations étaient beaucoup plus fines et plus soignées. On y appliquait des fourrures, on y ajoutait des rubans, des dents et des amulettes autant pour faire joli que pour s'attirer la chance ou la protection des esprits. Certaines femmes avaient des tatouages sur le visage, les épaules et les mains, éléments du charme féminin et signes d'appartenance à un clan.

PROTECTION SOLAIRE

En bois, en cuir, en os ou en ivoire, les lunettes de neige, maintenues par une lanière nouée autour de la tête, protégeaient les yeux de l'intensité éblouissante du soleil reflété par le blanc de la banquise. Leurs fentes étroites réduisaient la luminosité, améliorant ainsi la vue de l'utilisateur. Sans elles, le chasseur risquait de rester aveugle pendant plusieurs jours, et donc d'être incapable de nourrir sa famille.

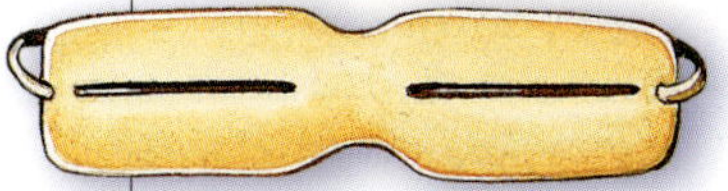

À la chaleur maternelle

Pendant ses premières semaines, le bébé inuit vivait nu au contact de la peau de sa mère, qui le gardait bien au chaud sous ses habits. Dès qu'il commençait à marcher, sa mère l'habillait d'un vêtement d'une pièce, fendu par derrière de façon à pouvoir changer les couches, en peau de lièvre arctique. Les moufles étaient cousues aux manches de telle manière que l'enfant pouvait sortir ses mains, notamment pour saisir le sein de sa mère qu'il tétait jusqu'à un âge avancé.

AIGUILLES, FIL ET OURLET

En ivoire, en os ou, plus rarement, en métal, les aiguilles étaient des outils précieux. L'homme les fabriquait et la femme les utilisait pour assembler les pièces de peau. Les tendons d'animaux servaient de fil à coudre. De génération en génération, les mères transmettaient à leurs filles un savoir-faire perfectionné qui permettait entre autres de réaliser des coutures étanches.

La couture et l'assouplissement des peaux entraînaient chez les femmes une importante baisse de la vue et une forte usure des dents. En effet, les travaux d'aiguille étaient accomplis dans des igloos mal éclairés et il y avait un constant besoin de nouvelles peaux mâchées pour remplacer les anciennes...

Sur cette gravure du XIXe siècle, un Inuit, protégé par un mur en blocs de neige, attend qu'un phoque montre son museau.

Habiles chasseurs

Dans les régions arctiques où la viande constituait l'aliment principal, la survie dépendait de l'habileté des chasseurs. Durant l'hiver, le phoque restait l'unique proie disponible ; l'été, trop court, offrait diverses possibilités de capture. Il était alors temps de constituer des provisions…

Une grande patience

La chasse au phoque annelé (jusqu'à 90 kg) ou au phoque barbu, beaucoup plus gros (400 kg), s'effectuait au prix d'une longue attente dans le froid glacial. Il fallait d'abord repérer un trou de respiration. Ce trou, où le phoque pointe son museau régulièrement, est dissimulé sous une bosse de neige. Le chasseur y plantait un indicateur (fine tige d'os) dont le moindre frémissement signalait la présence du phoque, aussitôt harponné. La pointe détachable du harpon pénétrait la chair de l'animal et y restait accrochée. Elle était reliée à une courroie de cuir que l'homme tenait solidement jusqu'à ce que la proie blessée meure.

Un plan d'attaque collectif

Les caribous se chassaient à plusieurs. La technique consistait à effrayer le troupeau de façon à le pousser vers un lieu clos où les archers attendaient. Quand les chasseurs n'étaient que trois ou quatre, ils s'approchaient en rampant. À 20 pas des bêtes, il était temps de tirer. Il était difficile de réunir les 30 peaux indispensables pour qu'une famille de quatre personnes passe l'hiver confortablement. Lorsqu'ils chassaient les bœufs musqués, les hommes et leurs chiens approchaient de plusieurs côtés à la fois. Dans l'affolement, une bête plus faible finissait par être isolée et abattue à coups de flèches.

Pièges de toutes sortes

Il existait toutes sortes de pièges pour capturer le petit gibier, à poil ou à plumes. Le renard, par exemple, était pris dans une trappe de lourdes pierres. Celles-ci s'écroulaient sur lui lorsqu'il s'emparait de la viande piquée sur le bâton qui maintenait l'ensemble en équilibre. Le goéland était attiré par un bout de foie posé sur un gros monticule de neige. Un homme, accroupi à l'intérieur, lui saisissait brusquement les pattes.

Une fois tué, ce morse est tiré sur la neige avant d'être dépecé et découpé.

Des armes affûtées

Le harpon servait à capturer les phoques et les autres mammifères marins. Selon les cas, il était tenu au moyen d'une courroie par le chasseur ou bien relié à un flotteur (une vessie de phoque gonflée d'air) qui permettait de suivre l'animal blessé. Il pouvait être lancé grâce à un levier, le propulseur, qui augmentait la puissance du jet. L'arc en bois était une arme puissante mais hélas assez peu précise, et qui obligeait à s'approcher des proies. Des lances plus légères ou des pièces d'os reliées par des courroies servaient à capturer les oiseaux.

Statuette d'un chasseur taillé dans de l'os.

Hameçons ou tridents

Pendant les 9 mois les plus froids, il fallait creuser un trou dans la glace avant de pouvoir plonger une ligne munie d'un hameçon et de leurres en pierre, en ivoire ou en bois d'andouiller. Le trident fait d'une pointe centrale et de trois crochets sur les côtés servait à retenir les prises.

Des proies redoutables

S'attaquer sur terre à un ours blanc mesurant 2 mètres, pesant 800 kg et courant vite était très risqué. Le tuer dans l'eau était plus aisé, mais il coulait rapidement une fois mort et son poids le rendait difficile à hisser sur la banquise. Le mieux était donc de le suivre en kayak et de le contraindre à se diriger sur la glace. Au moment précis où il sortait de l'eau, il fallait l'abattre au harpon avant qu'il se défende. Les chasseurs évitaient, en revanche, d'approcher les morses dans l'eau car leurs défenses en ivoire déchiraient les kayaks. Ils préféraient agir à pied et s'attaquaient aux morses isolés et assoupis.

L'*inukshuk*, présent sur le drapeau officiel, est devenu le symbole du Nunavut.

Géants de pierre

Pour précipiter les caribous vers les archers qui se tenaient en embuscade, les Inuit construisaient des *inuksuit*. Ces empilements de pierres de forme humaine étaient alignés de façon à former un « couloir » d'où les animaux effrayés ne parvenaient pas à sortir.

La traque des baleines

Poursuivre des baleines de plusieurs tonnes avec un simple harpon et une petite embarcation exigeait beaucoup de courage et d'adresse. Avant et après la chasse, les Inuit accomplissaient de nombreux rites pour apaiser l'esprit de cet animal sacré.

Reproduction en miniature d'un oumiak avec son équipage.

LE BATEAU DES FEMMES

Servant de moyen de transport ou de bateau de chasse à la baleine, l'oumiak pouvait mesurer jusqu'à 10 m de long et supporter la charge de 30 passagers avec leur matériel. Quand il servait au déplacement des familles, ce bateau sans pont était propulsé par les femmes au moyen de rames.

À portée de vue

Chaque printemps, les baleines étaient guettées avec impatience dans tous les sites maritimes où leurs migrations les conduisaient. Certains villages comme ceux de Point Barrow ou Point Hope, en Alaska, étaient idéalement situés, au plus près des passages que les mammifères marins empruntaient. Dès qu'un jet de respiration ou un dos était repéré, les chasseurs mettaient leurs oumiaks à l'eau. L'approche se faisait alors le plus silencieusement possible.

Des gestes très précis

Chacun à bord avait son rôle et connaissait par cœur les gestes à accomplir. Les deux rôles principaux étaient celui du propriétaire de l'embarcation, qui dirigeait la manœuvre à l'arrière, et celui du harponneur qui devait projeter son arme au bon moment, avec force et précision. Le harpon devait frapper à l'arrière de l'œil, sous le tympan. La baleine frappée s'enfuyait mais un flotteur relié à la pointe du harpon planté dans le corps de la bête permettait de la suivre jusqu'au moment où, épuisée, elle pouvait être harponnée à mort. Il ne restait plus qu'à la tirer à terre.

EN PEAU DE MORSE

Quand les hommes l'utilisaient, lors de la traque des baleines, l'oumiak était propulsé par des pagaies simples. Beaucoup plus gros que le kayak, ce bateau était fabriqué selon les mêmes techniques. Les peaux utilisées, plus épaisses, provenaient de morses ou de grands phoques barbus. Sans quille, il pouvait naviguer en eaux peu profondes.

La baleine fournissait aux Inuit une grande quantité de nourriture et d'autres matériaux extrêmement utiles, comme les fanons, la graisse ou les os.

Mangeurs de viande

DU GUILLEMOT POURRI

Capturés en plein vol grâce à une sorte d'épuisette à long manche, les guillemots étaient enfermés dans une peau de phoque cousue et placés dans des caches de pierres, hors de portée des animaux. Ils étaient déterrés quelques mois plus tard pour être mangés sans être cuits, alors que leur chair avait commencé à faisander.

GOMME À MÂCHER

Découpée en dés, la peau de baleine blanche et de narval, appelée *matak*, était consommée comme une sorte de gomme à mâcher. Cette « friandise » contient beaucoup de vitamine C, efficace pour lutter contre le scorbut.

Mis à part les baies ou les œufs ramassés au printemps, les Inuit se nourrissaient exclusivement de viande, souvent crue ou à peine cuite. En hiver, ils connaissaient des famines qui les obligeaient à manger les vieux cuirs ou, parfois, leurs chiens.

Les règles du partage

Chez les Inuit, partager était indispensable pour survivre. Une famille dont le chasseur ne rapportait pas de prise pouvait compter sur l'aide des autres chasseurs qui avaient capturé une proie. Ce sens du partage était une question de bon sens, mais il obéissait aussi à des règles bien établies. Ainsi, l'animal abattu – phoque, caribou, morse, baleine… – devait être découpé d'une certaine façon. Après une chasse collective, les morceaux étaient distribués selon le rôle que chacun avait joué. Dans le cas de la chasse à la baleine à bord d'un oumiak, les meilleurs morceaux revenaient au harponneur et au propriétaire du bateau qui étaient mieux servis que les rameurs.

Tout se mange

Pendant le long hiver, les Inuit ne pouvaient pas varier leur alimentation. Ne disposant ni de légumes ni de fruits, comment ne manquaient-ils pas de vitamines indispensables à la santé ? Leur secret tient au fait qu'ils mangeaient cru ou à peine cuit tout ce qui est comestible dans les animaux qu'ils chassaient. En effet, les vitamines se trouvent en quantité suffisante dans les muscles, le foie, les viscères, la cervelle, les yeux, le sang… à condition de ne pas être détruites par la cuisson. Le foie consommé cru est particulièrement riche en vitamine A.

Une petite marmite pour une grande famille !

Une recette très simple

Pendant les longs mois d'hiver, le régime alimentaire ne variait pas. Le *qayuk* était le plat que les Inuit consommaient jour après jour. Ils faisaient fondre de la neige dans une marmite de stéatite, ils y plongeaient des morceaux de viande de phoque et y ajoutaient du sang pour l'épaissir. Quand le bouillon frémissait, la préparation était prête !

Interdits alimentaires

Les peuples de l'Arctique, et particulièrement les Inuit, observaient des interdictions et des règles vis-à-vis des animaux qu'ils mangeaient. Par exemple, ils ne mélangeaient jamais les viandes provenant d'animaux terrestres (caribou, bœuf musqué) et marins (phoque, baleine). Selon eux, cela risquait de fâcher les « âmes » de ces animaux. Ce trouble de l'ordre naturel aurait pu avoir de graves conséquences, comme la disparition des bêtes à chasser et donc la famine. Ces croyances que l'on pourrait considérer comme des superstitions sont en fait l'expression de leur intime connaissance et de leur respect de la nature.

Le morse était découpé selon des méthodes bien établies.

DES METS DE CHOIX !

Rempli d'une « bouillie » de lichens à moitié digérée, l'estomac du caribou était pour les Inuit un aliment de choix, riche en glucides et en vitamines B. De même, ils se régalaient avec les moules prédigérées dans l'estomac des morses. Gober les yeux de morse ou de phoque était aussi très apprécié. Les vers provenant des œufs pondus par les mouches sur la viande de caribou en train de sécher faisaient de succulents amuse-gueule.

CHAIR HUMAINE

Au cours de leur histoire, les Inuit ont vécu de grandes famines qui ont coûté la vie à beaucoup d'entre eux. Après le cuir des vieilles bottes ou des tentes, les affamés ont mangé leurs chiens. On trouve aussi certains témoignages selon lesquels, en dernier recours, les survivants auraient mangé leurs morts. Les Inuit ne condamnaient pas de telles pratiques, sachant que c'était là l'unique solution pour survivre.

Façon de manger typique : la viande est mise en bouche et découpée au ras des lèvres avec un couteau. Cette photo est extraite du film *Nanouk, l'Esquimau* de R. Flaherty.

En famille

Dans l'univers hostile de l'Arctique, l'union et la complicité entre l'homme chasseur et la femme couturière étaient vitales. La famille devait être capable, seule, de faire face à ses besoins, car la solidarité de la communauté ne pouvait compenser la terrible loi de la nature.

Ce couple inuit est occupé à tailler de l'ivoire. Pour percer la défense, l'homme utilise un outil très particulier, le foret.

S'associer pour survivre

Chez les Inuit, un homme préférait épouser une couturière expérimentée, même plus âgée que lui, plutôt qu'une jeune et jolie fille sans expérience. La femme, quant à elle, choisissait si possible de vivre avec un chasseur réputé. Il suffisait qu'ils installent leur tente ou leur igloo parmi ceux de la communauté et qu'ils y vivent pour être considérés comme mariés. Ensuite, à chacun ses tâches. Mais si l'un des deux venait à disparaître, les difficultés commençaient. La vie d'un homme ou d'une femme seuls n'était jamais facile : l'entraide des autres était toujours limitée par la nécessité qu'ils avaient de faire face à leur propre quotidien.

Un couple libre

Rien n'interdisait à un homme d'avoir deux femmes ou à une femme d'avoir deux hommes, mais ils devaient être capables de satisfaire les besoins des conjoints. Pour éviter les conflits, par amitié ou en cas de nécessité, un homme pouvait, avec l'accord de celle-ci, « prêter » sa femme à un autre homme. Cette coutume renforçait les liens et certains couples qui se fréquentaient régulièrement finissaient par former une grande famille où tous les enfants étaient considérés comme frères et sœurs. Les séparations étaient toujours possibles.

Famille inuit sur une plage près de Thulé, au Groenland.

UNE INTIMITÉ INEXISTANTE

Les Inuit étaient habitués depuis leur enfance à vivre tous ensemble dans une même habitation (maison de terre ou igloo). Pour les enfants qui partageaient la couche des parents, les mystères de la vie n'existaient guère. Souvent, les jeunes filles étaient mariées très tôt, ce qui n'a rien d'étonnant chez un peuple où l'espérance de vie était courte.

Un bébé choyé

Les naissances étaient rares chez les Inuit (une femme enfantait environ tous les trois ans) et la survie du nouveau-né dépendait des soins apportés. La maman était donc particulièrement attentive et gardait son bébé bien au chaud sous son habit de fourrure, au contact de sa peau. Elle le nourrissait au sein dès qu'il réclamait à manger. L'allaitement pouvait se poursuivre pendant trois ou quatre ans. À sa naissance, une coutume voulait que l'enfant soit massé par un(e) proche ami(e) des parents. Ce massage rituel, censé donner de la force au bébé, créait des liens puissants entre l'enfant et son « masseur ».

Bien au chaud sur le dos de sa mère, le bébé dort en toute sécurité.

Une simple planche est un véritable trésor pour les jeunes Inuit. Et leurs sauts sont très impressionnants !

L'enfant roi

Les enfants inuit étaient très vite libres d'aller et venir dans le campement. Ils devaient se débrouiller le plus rapidement possible. Leur éducation s'appuyait sur l'observation des adultes plus que sur un enseignement. La transmission des savoirs était uniquement orale. En regardant travailler sa mère, une fille apprenait le travail des peaux, la couture et la préparation des repas ; le garçon utilisait des armes-jouets et écoutait les récits des hommes pour connaître les secrets de la chasse. La plupart des jeux avaient un but utile et les parents les encourageaient. Jamais violents avec leurs enfants, ils exerçaient sur eux une autorité naturelle.

Le nom d'un ancêtre

Chez les Inuit, le nom et l'âme sont étroitement liés. En donnant le nom d'un ancêtre à un enfant, on pensait qu'il hériterait de toutes ses qualités. Avant d'adopter définitivement ce nom, il devait être « essayé » pendant plusieurs jours pour voir s'il convenait. On considérait que l'esprit du mort « habitait » l'enfant jusqu'à l'âge de 12 ou 13 ans.

Pratique de l'adoption

Les Inuit attachaient peu d'importance aux liens du sang. Il était fréquent qu'un enfant soit adopté ou donné en adoption, parfois même avant qu'il soit né. Considéré à l'égal de tous les autres enfants de sa nouvelle famille, il recevait tout autant d'attention. Il avait les mêmes obligations. Les raisons de ces adoptions étaient diverses. Parfois, un couple qui n'avait pas eu de garçon en adoptait un en prévision des vieux jours.

Jeux, fêtes et distractions

Chant inuit

« Ma chanson était prête
Je l'avais sur le bout de la langue
Elle était prête ma chanson
Mais ma chasse est manquée.
La tempête est montée de la mer
Le vent froid du ciel du Nord a soufflé [...] »

Extrait de *Poèmes esquimaux* recueillis par Paul-Émile Victor.

Les Inuit se livraient à différents jeux que partageaient souvent jeunes et adultes. La danse et les chants renforçaient les liens de la communauté et entretenaient la mémoire collective. Mais les défis « sportifs » tournaient parfois au duel tragique.

Avec l'arc et les flèches ou le fouet fabriqués par leurs pères, les garçons s'exerçaient à la chasse et à la pêche.

Apprendre en s'amusant

Durant leur courte enfance privilégiée, les enfants inuit s'amusaient avec des jouets et participaient à des jeux qui avaient tous une utilité pour leur future vie d'adulte. Peu à peu, ces jeux se transformaient en véritables activités. Ils construisaient des maisons ou des igloos miniatures avec des cailloux ou de la neige. Très jeunes, les garçons capturaient des lapins ou des oiseaux ; à 8 ou 10 ans, ils étaient capables d'accompagner leur père à la chasse au phoque, tandis que les filles pouvaient assumer un rôle maternel dès 11 ou 12 ans.

Avec leurs poupées, les fillettes inuit imitaient leur mère et apprenaient leur futur rôle.

De nombreux jeux d'adresse

Certains jeux développaient l'adresse, une des qualités essentielles du chasseur. L'*ajagak* était une sorte de bilboquet fait d'un os fin relié par une lanière à un gros os de phoque (ou un morceau de corne de bœuf musqué) dans lequel étaient creusés plusieurs trous. Le joueur tentait d'enfiler le petit os qu'il tenait à la main dans l'un des trous du gros os après avoir lancé celui-ci en l'air. L'*inukat* consistait à capturer des petits os – de nageoire de phoque ou pattes d'oiseaux – dans un sac en peau à l'aide d'un petit lasso ou à reconstituer le squelette de l'animal. Pratiquer ces jeux était un bon entraînement pour le lancer du harpon, le tir à l'arc ou la pêche à travers un trou de glace.

L'*ajagak* est un jeu d'adresse très apprécié des Inuit.

Lutteurs et acrobates

En certaines occasions (fêtes, arrivée de visiteurs…) ou pour régler des différends, des jeux de force ou des acrobaties avaient lieu. Un étranger pouvait être évalué à travers des épreuves (course de traîneaux, lutte…). Si tout se passait bien, les concurrents devenaient amis. Des duels étaient parfois organisés pour faire cesser des rivalités. Il s'agissait de genres de combat de boxe : chacun frappait à tour de rôle son adversaire d'un coup de poing à la tempe.

COMBAT DE BOUCHE

Une sorte de combat, l'*iqirungniq*, opposait deux adversaires qui s'affrontaient de cette manière : côte à côte, ils passaient un bras derrière le cou de l'adversaire et mettaient un doigt dans sa bouche, puis tiraient sur la commissure de ses lèvres.

Au rythme du tambour

Seul instrument de musique connu par les Inuit, le tambour était constitué d'une peau tendue sur un cercle de bois sur laquelle on frappait. L'instrument donnait le rythme aux chanteurs et aux danseurs (parfois le joueur faisait tout à la fois). Il existait plusieurs types de chants : certains étaient personnels, transmis par les générations précédentes, d'autres composés à l'occasion d'un exploit ou d'une épreuve. D'autres encore étaient des chants de dérision destinés à ridiculiser l'adversaire. Il y avait aussi des chants magiques censés éveiller les esprits et les chants des chamans accompagnant les transes.

Joueur de tambour inuit photographié, par Edward S. Curtis, en 1928.

Le *nugluak* était fait d'un os percé accroché à une corde tendue verticalement. Il fallait passer une aiguille d'os à travers le trou.

FIGURES DE FICELLES

L'*ayarak* se pratique avec un simple anneau de ficelle. C'est pourtant un jeu qui demande beaucoup de mémoire et d'habileté. Passé derrière le pouce et l'auriculaire, et tendu entre les deux mains du joueur, l'anneau est noué de façon savante afin de représenter des objets, des animaux, des scènes, plus ou moins élaborés, comme ici un cygne et un bélouga.

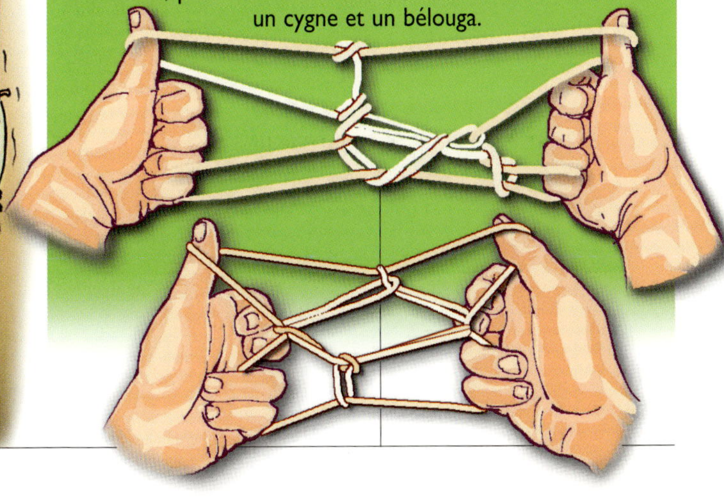

Le monde des esprits

Les Inuit croyaient qu'il existait un monde parallèle, peuplé d'esprits bienveillants ou maléfiques. Selon eux, ces esprits habitaient les éléments naturels, mais aussi les animaux et les hommes.

Seul l'*angakkuq*, le chaman, était capable d'entrer en contact avec les esprits pour les affronter ou s'en faire des alliés.

UNE ÉNERGIE VITALE

La plupart des séances chamaniques étaient mises en scène pour impressionner les spectateurs et obtenir leur complicité. Souvent, le chaman utilisait des ruses pour mieux convaincre : tour de passe-passe, illusions, voix de ventriloque. Mais il y avait peu d'abus de pouvoir : les chamans, par l'énergie qu'ils rassemblaient autour d'eux, contribuaient à l'unité du groupe et au soulagement des angoisses.

Les esprits-maîtres

Pour les Inuit, l'ordre de l'Univers était régi par de grands esprits-maîtres dont le nom varie selon les régions de l'Arctique. Parmi ces esprits-maîtres, les *inua*, il y avait Sila, grand principe cosmique, Taqqiq, frère-lune, sa sœur Siqinniq le soleil, et Sedna déesse du fond des océans. Celle-ci serait à l'origine des poissons et mammifères marins qui proviendraient de ses phalanges coupées et projetées dans la mer. C'était une créature redoutée qu'il fallait savoir séduire pour que la chasse soit bonne.

Le monde invisible

Les Inuit croyaient en l'existence de nombreuses créatures redoutables. Les *tupilait* étaient de dangereux esprits errants qui venaient hanter les vivants et les vider de leur sang. Les *inyuorligat*, minuscules chasseurs utilisant des chiens de la taille d'une souris, se transformaient en terribles géants dès qu'ils se sentaient observés. Tous les événements néfastes auxquels les Inuit étaient confrontés (maladie, tempête, accident, famine…) s'expliquaient par la colère de tel ou tel esprit contrarié par la faute d'un humain. Il fallait donc obéir à toutes les règles pour ne pas subir de catastrophe. Mais il se trouvait toujours quelqu'un pour désobéir.

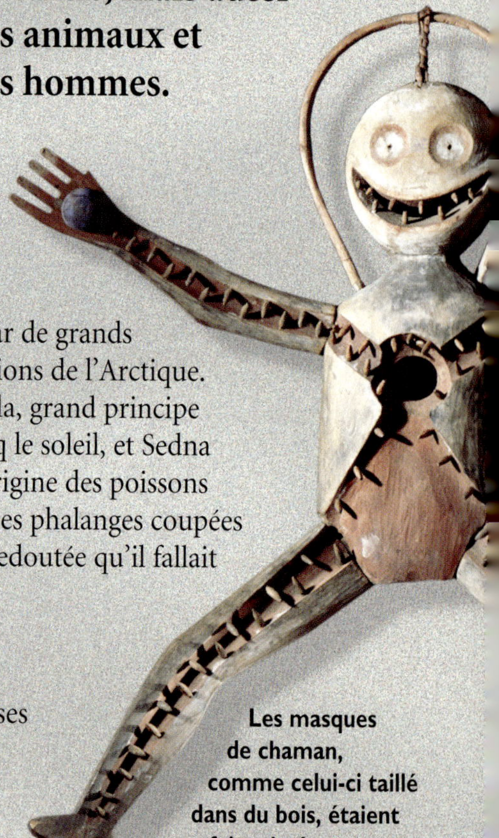

Les masques de chaman, comme celui-ci taillé dans du bois, étaient parfois très étranges.

EXCRÉMENTS ET FORCES DE VIE

Pour les Inuits, l'excrément n'est pas un déchet. Au contraire, il est un précieux élément de la chaîne de la vie qui part de l'animal tué et consommé, passe au travers du corps et se retrouve dans la nature. On lui attribue donc des pouvoirs. Les chamans utilisaient les crottes de chiens pour chasser les *tupilait*. De même, les pets et les rots étaient considérés comme des souffles ayant le pouvoir d'écarter les mauvais esprits.

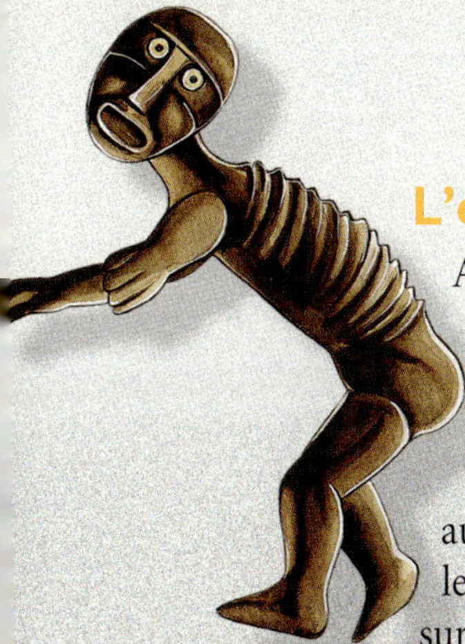

L'esprit des morts

Au décès d'un homme ou d'une femme, son âme mourait. Mais l'esprit qui l'habitait, le *tarniq* ou *anirniq*, restait vivant et rôdait pendant trois à cinq jours autour du corps. Durant cette période, le défunt devait rester à la place où la mort l'avait surpris et il fallait absolument respecter certains tabous pour éviter de contrarier l'esprit – comme l'interdiction de prononcer tout haut le nom du mort. Il en allait de même pour les animaux que l'on avait tués au cours d'une chasse ou d'un sacrifice. Pour éviter que le *tarniq* d'un phoque soit offensé, on lui donnait à boire. On espérait ainsi que l'animal se réincarnerait et continuerait à s'offrir au harpon du chasseur.

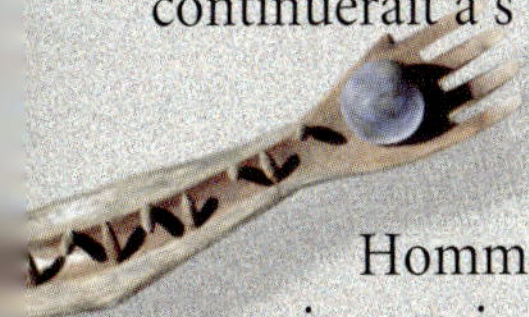

Le pouvoir du chaman

Homme ou femme, le chaman avait acquis de grands pouvoirs magiques à l'issue d'une longue initiation. Il était aussi bien sorcier que magicien, guérisseur que prophète. Pour en arriver là, il avait fait l'expérience de la mort symbolique, de façon à rencontrer les esprits qui l'aidaient dans ses différentes tâches. Il intervenait, entre autres, pour guérir un malade, calmer les tempêtes, convaincre les animaux de venir s'offrir aux chasseurs, lutter contre les désordres, deviner les mauvais comportements des humains.

Présents partout, mais invisibles du commun des mortels, les *tupilait* et autres esprits ne pensaient qu'à faire le mal. Ils libéraient le mauvais temps, retenaient le soleil prisonnier, faisaient disparaître les animaux...

Des transes magiques

Pendant les cérémonies, souvent au rythme du tambour, le chaman entrait en transe : il voyageait alors sous la mer ou dans le ciel, se transformait en animal, etc. À sa ceinture, il portait des amulettes (patte d'ours par exemple) représentant les esprits qui l'aidaient. Il connaissait une langue et des formules secrètes qui lui permettaient de dialoguer avec les esprits.

Statuette d'un chaman en transe.

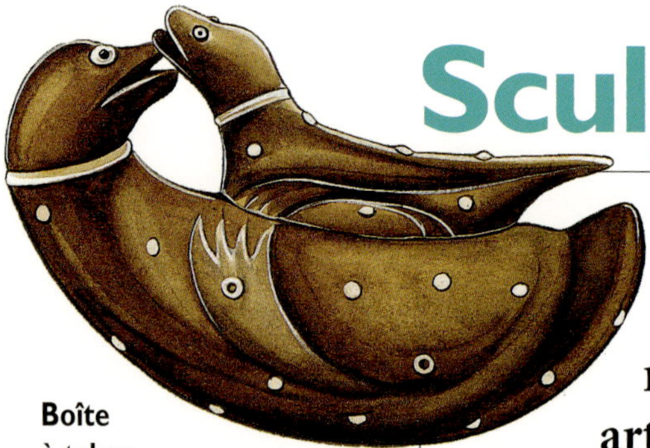

Boîte à tabac sculptée.

Sculpteurs du froid

Les Inuit et leurs ancêtres avaient une remarquable sensibilité artistique. Leurs masques, figurines et autres objets sculptés, taillés dans la pierre, l'ivoire, le bois en témoignent. Cet art était intimement lié à leurs croyances chamaniques.

Sculpteur d'ivoire photographié en 1928 par Edward S. Curtis.

Les sujets appréciés

Les Inuit aimaient représenter les personnages de leur mythologie ou les *tupilait*, ces créatures censées posséder le pouvoir de jeter des mauvais sorts. Le trait commun à toutes ces figurines était d'avoir un visage humain et un corps composé de différentes parties d'animaux. Elles pouvaient être sculptées ou fabriquées avec des bouts d'os et des plumes assemblées avec de la peau.

Un art préhistorique évolué

Les hommes du Dorset ont laissé les traces d'un art figuratif à la fois simple, délicat et très vivant. La plupart sont de petites sculptures taillées dans de l'os, de l'ivoire, du bois ou de la pierre, qui représentent des animaux, des têtes animales ou des visages humains, soit sous forme de masques miniatures, soit en grandeur réelle. Ces visages sont parfois combinés avec des représentations animales, formant des créations en trois dimensions. Ces œuvres furent réalisées par des artistes raffinés, d'autant plus habiles qu'ils utilisaient des pierres taillées comme outils.

Masque de démon.

Des masques protecteurs

Les masques sculptés évoquaient les créatures fantastiques et les esprits provenant du monde invisible. Ainsi masqué, le chaman surgissait de derrière une tenture de peaux, face à une assemblée groupée dans le grand igloo cérémoniel. On imagine qu'il devait faire forte impression. Il l'utilisait surtout pour se rendre méconnaissable auprès des esprits. Les masques étaient aussi destinés à protéger ceux qui les portaient, de la maladie, des mauvais sorts ou de la sorcellerie.

Manche d'arc sculpté.

Au contact des étrangers

Les Inuit avaient un sens artistique naturel qui impressionna les Occidentaux. Ils l'exprimaient non seulement à travers les sculptures, mais aussi les objets du quotidien, les habits ou les jouets. Au début du XVIIIe siècle, la plupart de ces réalisations demeuraient à usage personnel. Mais bien vite, les hommes du Grand Nord augmentèrent leurs productions pour répondre à la demande des Occidentaux désireux de rapporter des souvenirs de leur séjour en Arctique. Et peu à peu, ils prirent conscience de la valeur de ces objets. Il fallut tout de même attendre 1948 et le voyage dans le grand Nord canadien de l'artiste James Houston pour que l'art inuit soit reconnu internationalement.

GARDIENS DU PASSÉ

D'une grande créativité, les artistes inuit d'aujourd'hui s'inspirent de l'art ancien et tirent leurs sujets de la vie quotidienne ou bien mettent en scène un monde imaginaire où apparaissent les mythes et les croyances du passé. Sculptant des matériaux traditionnels comme l'os de baleine, l'ivoire de morse, le bois de caribou, la stéatite (pierre de couleur verte), ils rencontrent un succès international qui leur permet de rester dans leur région d'origine et de faire vivre parfois des villages entiers.

Masque de corbeau.

Cet artiste inuit sculpte de la stéatite.

De mystérieuses poupées

L'île Saint-Laurent, dans le détroit de Béring, a livré de multiples objets d'art au cours des années 1930. Animaux en ivoire, pointes de harpons, objets aux formes fantastiques sont gravés de lignes caractéristiques. Ils datent d'une période ancienne qui va de 300 av. J.-C. à 500 apr. J.-C. De nombreuses poupées ont été retrouvées, dont la Madone okvik est la plus connue. Beaucoup sont cassées au niveau du cou, comme si elles avaient servi lors de cérémonies chamaniques. Mais il se pourrait qu'il s'agisse de jouets volontairement détruits à la mort de l'enfant qui les possédait.

LES FIGURINES DE THULÉ

Les objets d'art les plus connus de l'époque de Thulé sont des figurines représentant des silhouettes humaines au visage sans traits. Mais le plus souvent, les artistes se sont exprimés à travers des décorations d'objets utilitaires, comme les peignes, lunettes de protection, arcs… représentant des scènes de chasse.

Les mystérieuses poupées de l'île Saint-Laurent ont toutes un long nez, un menton et un front étroits.

La conquête du pôle Nord

Pendant des siècles, le pôle Nord a nourri les légendes. Puis les hommes ont appris à naviguer toujours plus loin. Alors, ils ont voulu percer le mystère de l'océan Arctique et y tracer des voies navigables. Mais, pendant l'hiver et la nuit polaires, ils se sont heurtés à des barrières de glace et enfoncés dans des labyrinthes de mer sans issue. Beaucoup de navires et d'équipages ont ainsi disparu à la recherche de ces passages.

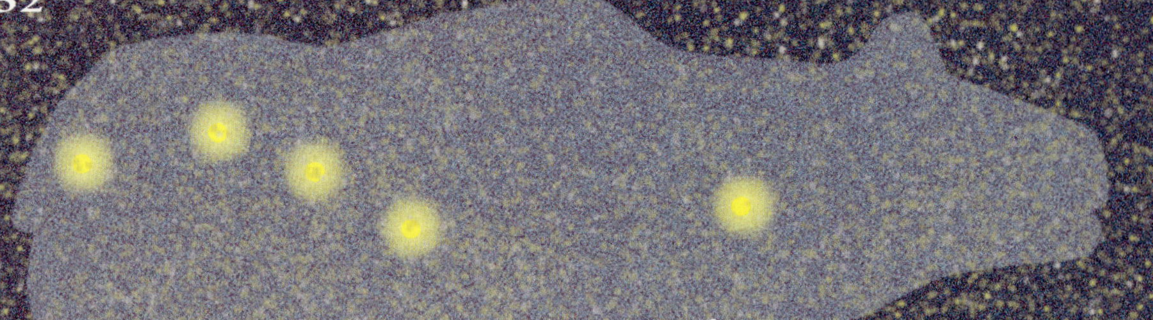

Les premiers contacts

De la Grèce antique jusqu'à la fin du Moyen Âge, les régions polaires restent inexplorées par l'homme occidental. Seuls quelques intrépides voyageurs ou de rudes navigateurs nordiques approchent ces lieux de glaces où une civilisation venue de l'est est pourtant déjà installée.

Pour aller de Marseille jusqu'au nord de l'Angleterre, Pythéas a suivi les côtes au plus près, puis il s'est élancé dans l'inconnu, jusqu'à la mer gelée.

Aux limites du monde connu

En 330 avant J.-C., le Grec Pythéas entreprend un voyage vers le nord. Parti du port de sa cité natale, Massalia (Marseille), il franchit les colonnes d'Hercule (Gibraltar), le cap Calbium (pointe du Finistère) et rejoint les îles d'Albion (Grande-Bretagne), qu'il contourne par l'est. Puis il atteint les îles Shetland et les Orcades, avant de passer le cercle arctique et de s'approcher d'une terre qu'il baptise Thulé. Il la situe à six jours de navigation de la Grande-Bretagne et décrit une « mer engourdie par la froidure ». Aujourd'hui encore, personne ne sait quelle est cette terre. Peut-être la côte ouest de la Norvège, les îles Féroé ou l'Islande.

Étonnants savants grecs !

Plusieurs savants grecs ont deviné que la Terre est ronde et qu'il existe des pôles. Au IVe siècle avant J.-C., le mathématicien Eudoxe de Cnide, dont Pythéas a été l'élève, décrit la Terre comme une sphère sur laquelle il trace des cercles correspondant à l'équateur, aux tropiques et aux latitudes. Complétant cette description, Pythagore évoque des terres situées aux extrêmes. Celles du nord, placées sous la constellation d'Arktos, la Grande Ourse, reçoivent le nom d'Arktikos. Les terres opposées, que le philosophe Aristote juge indispensables pour maintenir le monde en équilibre, se dénomment Antarktikos.

Pythagore observant la Grande Ourse.

LE PAYS DES GÉANTS PACIFIQUES

Pendant l'Antiquité, la connaissance géographique se limite au monde connu dont le centre est la mer Méditerranée. Au-delà, ce sont des terres mystérieuses que l'on trouve évoquées par certaines légendes. Celle de l'Hyperborée dépeint l'Arctique comme un paradis où des géants pacifiques cohabitent avec les dieux. Au Ve siècle avant J.-C., l'historien Hérodote parle d'une région où « règne pendant huit mois un froid absolument insupportable ».

Les exilés de la Terre verte

Le Groenland (Terre verte) doit son nom à Erik le Rouge qui, chassé de l'Islande, s'installe sur la côte sud-ouest en 986, avec 3 000 compagnons. Des 25 bateaux vikings partis à l'aventure sur l'océan, il n'en reste que 14 ; les autres ont fait demi-tour ou ont été victimes de la tempête. Pendant plusieurs siècles, les guerriers nordiques profiteront d'un réchauffement du climat. Ils subsisteront dans de difficiles conditions, faisant commerce des ours polaires vivants ou de leurs fourrures, des gerfauts et des « cornes de licorne » (dents de narval). Jamais ils ne cesseront de mener des expéditions à l'est, en terre nord-américaine, et beaucoup plus au nord, en pays inuit.

Le drakkar des Vikings était un bateau maniable et très résistant.

UN VIKING CHEZ LES INUIT

Des restes vikings (objets, figurines, clous), retrouvés en 1977 dans l'île Skraeling, en terre d'Ellesmere, témoignent de la présence des Vikings au cœur de l'Arctique. Un groupe de chasseurs, venu du sud du Groenland, en drakkars, y aurait passé l'hiver vers 1100-1200. Une statuette inuit représentant un de ces Scandinaves, vêtu comme un évêque, semble indiquer qu'un contact entre les deux peuples a eu lieu.

La fin de l'aventure scandinave

Partout où ils s'implantent au Labrador appelé Markland (terres des forêts), à Terre-Neuve, baptisée Vinland car il y pousse des vignes, ou au Groenland, les Vikings se maintiennent avec difficulté. Ils se heurtent régulièrement et avec violence aux peuples locaux (Inuit ou Amérindiens) plus nombreux qu'eux. À partir de l'an 1200, le froid s'intensifie et leur agriculture mal adaptée décline. Comble de malchance, la chute du prix de l'ivoire cause le déclin du commerce avec une Europe où sévissent la guerre et la peste noire. À la fin du Moyen Âge, c'en est fini de l'épopée viking en Arctique.

PLUS PERSONNE !

Lorsqu'ils arrivent au Groenland, les Vikings croient découvrir un pays inhabité. En fait, les Inuit qui s'y trouvaient ont migré vers le nord, sur les traces des phoques indispensables à leur survie. Le réchauffement a contraint ces animaux eux-mêmes à remonter vers le froid et les glaces qui constituent leur milieu naturel.

On a retrouvé des vestiges de camps vikings comme celui-ci au Groenland.

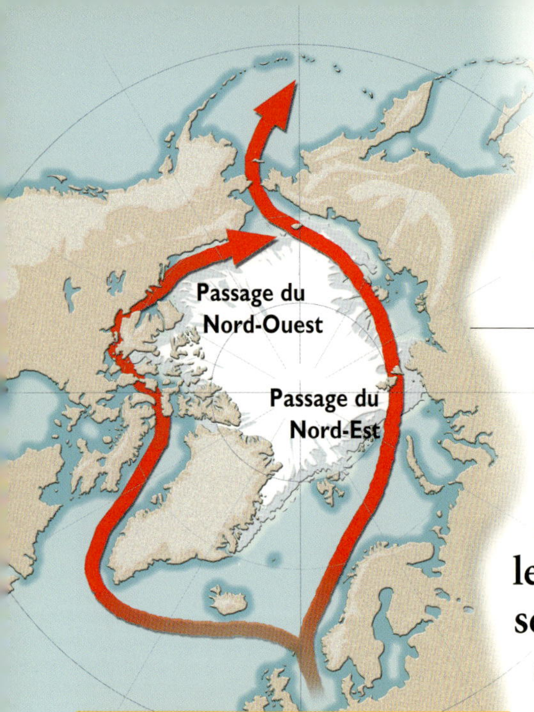

Un passage vers l'Orient

Au XVIe siècle, épices, ivoire et pierres précieuses sont acheminés d'Orient jusqu'en Europe par les routes du Sud. Mais ces itinéraires sont contrôlés par l'Espagne et le Portugal. Anglais et Hollandais se lancent alors à la conquête d'un passage en Arctique, espérant atteindre la Chine par cette voie.

Tout près du but

Navigateur expérimenté, William Baffin a fait ses preuves comme pilote de plusieurs navires dans l'Arctique. En 1616, il effectue un périple qui le mène jusqu'au détroit de Lancaster. Ce détroit, il ne s'en doute pas alors, correspond à l'entrée du passage du Nord-Ouest. À son retour en Angleterre, lui qui est passé si près du but déclare que le passage par cette voie n'existe pas ! Il faudra encore attendre près de 200 ans avant sa découverte.

Nord-ouest ou nord-est ?

À partir de l'océan Atlantique, deux itinéraires s'offrent aux navigateurs espérant contourner l'obstacle du pôle. Le passage du Nord-Ouest se situe entre les rivages du Groenland et ceux de l'Amérique du Nord. C'est un labyrinthe de baies sans issue et de détroits difficiles à franchir. Celui du Nord-Est s'ouvre entre le Groenland et les côtes de Scandinavie, puis de Sibérie avant d'atteindre le détroit de Béring, passage obligé et commun aux deux itinéraires. L'un et l'autre verront plusieurs tentatives d'expéditions se dérouler sans succès pendant des siècles.

John Cabot foulant le sol américain en 1497.

Toujours plus loin

Parti à l'assaut du passage du Nord-Ouest, Giovanni Caboto, un Vénitien (vivant en Angleterre) connu sous le nom de John Cabot, atteint probablement Terre-Neuve en 1497. Il repart l'année suivante, mais l'on perd trace de son expédition. En 1576, Martin Frobisher atteint la terre de Baffin où il croit trouver de l'or. Il rencontre des Inuit, en capture un qu'il ramène en Angleterre, où il ne survivra pas. Au cours de trois expéditions en 1585, 1586 et 1587, l'Anglais John Davis explore les côtes du Groenland et de la terre de Baffin, observant des baleines et des phoques en abondance.

Une nouvelle voie marchande

En 1553, la *Bona Esperanza* de Hugh Willoughby et Richard Chancellor se retrouve prisonnière des glaces au large de la Laponie. Chancellor, seul survivant des deux, atteint la mer Blanche et se rend à Moscou en traîneau. De son contact avec le tsar Ivan IV, naît la Compagnie de Moscovie. Désormais, l'itinéraire par la mer Blanche sera suivi par les navires marchands qui viendront, sur les côtes lapones, prendre chargement de marchandises (lanières de cuir de morse, huile de phoque, de bélouga ou de morse). Cependant, les explorations se poursuivent.

Le pôle Nord fait l'objet de diverses représentations imaginaires. L'une d'elles figure un rocher noir et élevé, entouré d'une mer d'où partent 4 fleuves en croix. Son auteur est le cartographe français, Antoine Lafrery, émigré à Rome vers 1540.

Des glaces mortelles

Bien décidés à découvrir le passage avant leurs rivaux anglais, les Hollandais soutiennent l'expédition de Willem Barents. En 1594, le navigateur atteint la mer de Kara et la côte de la Nouvelle-Zemble, libres de glaces. Il revient annoncer la bonne nouvelle. Mais l'année suivante, face à la mer gelée, il doit renoncer. En 1596, la chance semble de nouveau lui sourire. Monté très au nord, il découvre l'île aux Ours et le Spitzberg (Svalbard). Mais, surpris par les glaces, son navire est broyé. Grâce à un abri construit avec les planches du navire, les hommes espèrent vaincre le froid et les ours. Barents, hélas, ne survit pas. Seuls quelques membres de l'équipage réussissent à rejoindre les côtes lapones.

Fausse bonne nouvelle

La pierre brillante que Martin Frobisher rapporte d'une première expédition déclenche une fièvre de l'or. En 1578, sa nouvelle expédition compte 15 navires. Appâtés par le gain, les aventuriers remplissent les cales de ce qu'ils croient être du minerai aurifère. Une analyse révélera à leur retour qu'il s'agit en fait d'une roche contenant de la pyrite et du mica.

Dans ce paysage couvert de neige, des hommes de l'expédition de Willem Barents tirent des luges pleines de bois vers leur navire. Cette gravure date de la fin du XVIe siècle.

Trahi par les siens

À bord du *Discovery*, Henry Hudson pénètre dans la baie qui porte son nom, en 1610. Après un long hivernage sur la côte arctique, il veut poursuivre, mais la majeure partie de son équipage se mutine et l'abandonne dans une simple embarcation, ne lui laissant aucune chance de survie.

Une porte par l'est

Détroit de Béring vu du cap Dejnev, en Tchoukotka (Sibérie).

Adaptés aux glaces

Alors que les Européens affrontent les glaces à bord de vaisseaux difficiles à manœuvrer, les Russes disposent d'embarcations adaptées. Avec leur coque renforcée et arrondie et leur faible tirant d'eau, les *kotchis* peuvent naviguer dans des eaux peu profondes et être hissés sur la banquise, puis tirés.

Alors que les Européens, bloqués par la banquise, échouent dans leur recherche d'un passage vers la Chine, les Russes naviguent parmi les glaces de l'Arctique. C'est au XVIIe siècle, en poussant toujours plus à l'est, qu'ils finissent par trouver un passage.

Pour la fourrure…

La pêche et surtout le commerce des peaux et des fourrures (phoque, loutre, vison, zibeline ou ours polaire) ont conduit les Russes à naviguer depuis longtemps le long des côtes sibériennes. Allant d'embouchure en embouchure de grands fleuves, ils cherchent à étendre leurs territoires de chasse et de prospection. Mais ils se heurtent aux habitants de ces régions sauvages.

Les *kotchis* russes conviennent parfaitement aux régions arctiques.

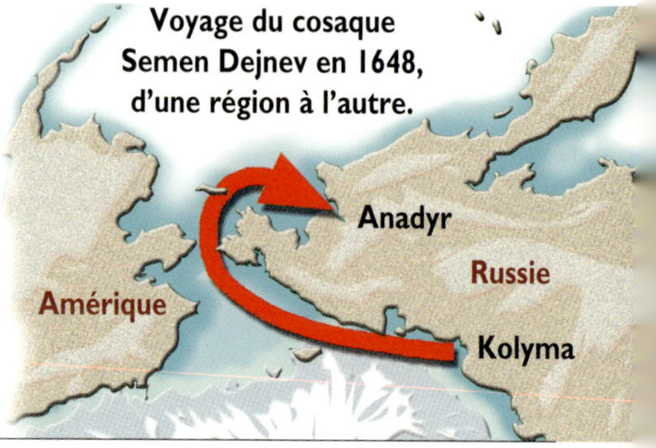

Voyage du cosaque Semen Dejnev en 1648, d'une région à l'autre.

… et pour l'Empire

Les riches marchands russes engagent alors des guerriers cosaques. Leurs expéditions, qui feront de nombreuses victimes, reçoivent le soutien du tsar, satisfait de voir ainsi s'étendre son Empire et son autorité. En 1648, le cosaque Semen Dejnev se lance dans un périple maritime de 2 000 km. Il ira de la Kolyma jusqu'à l'Anadyr, à l'est de la Tchoukotka, sans s'apercevoir qu'il a franchi le détroit séparant l'Asie de l'Amérique.

Vitus Béring (1680-1741).

À la recherche de l'Amérique

En 1724, le Danois Vitus Béring, au service du tsar, reçoit pour mission de trouver la route vers l'Alaska. Après 8 000 km à travers la Sibérie jusqu'au Kamtchatka, sa première expédition se poursuit à bord d'un bateau construit sur place. En 1730, il revient sans avoir vu les côtes américaines. Dix ans plus tard, deux navires repartent sous ses ordres. Rapidement séparés par la tempête, ils ne se retrouveront jamais.

La « Grande Terre »

En juillet 1741, le *Saint-Pierre* commandé par Béring aborde l'Alaska, la « Grande Terre » dominée par les 5 500 mètres du mont Saint-Elias. Il n'y reste que six heures. Le retour est désastreux. Échoués sur une île inconnue, les hommes s'abritent dans des huttes. Le 8 décembre, Béring meurt, vaincu par l'épuisement. Les survivants rejoindront le continent russe en 1742, rapportant notamment des peaux de loutres de mer. La grande valeur de ces fourrures poussera les Russes à s'installer en Alaska.

Durant l'été 1741, Béring et ses hommes découvrent quelques-unes des îles Aléoutiennes et leurs habitants.

Baleines blessées

Aux XVIIe et XVIIIe siècles, aucun navigateur n'est allé de l'Atlantique jusqu'au Pacifique en passant par l'Arctique. Pourtant, le passage est possible. La preuve : des morceaux de harpons retrouvés sur des baleines dans le Pacifique portent la marque de chasseurs du Spitzberg. Les cétacés ont donc bel et bien suivi cette voie !

Un secret bien gardé

Pendant des siècles, l'ambre de la mer Baltique, les fourrures d'ours blanc, l'ivoire des défenses de mammouth, de narval ou de dents de morse parviennent jusque sur les marchés méridionaux. Pourtant les connaissances sur le Nord ne progressent pas. En effet, les marchands ont tout intérêt à garder secrète l'origine de ces richesses dont ils font commerce.

La découverte des Aléoutes

Au fil d'une navigation difficile dans le brouillard et les tempêtes, l'expédition de Béring est entrée en contact avec les habitants des îles Aléoutiennes. Le naturaliste Georg Willem Steller a décrit les embarcations, les vêtements, le comportement de ces Aléoutes, jusqu'alors inconnus.

Le temps des rivalités

PREMIÈRE RENCONTRE

Le 9 août 1818, les marins de l'*Isabella* aperçoivent des silhouettes sur la banquise près de Savissivik. Qui sont ces hommes ? Il s'agit d'un groupe d'Inuit. Méfiants, ils refusent d'abord de se laisser approcher. Puis le contact se noue. Impressionné par ces humains si bien adaptés à l'environnement hostile, John Ross s'accorde une semaine à les observer et à échanger des objets ou des informations.

COMPÉTENT MAIS SOUS-PAYÉ !

Originaire du Groenland du Sud, John Saccheus a vécu en Écosse et acquis une bonne culture occidentale. Engagé comme interprète par John Ross, il est envoyé au-devant des Inuit. Grâce à son habileté, il parvient à se faire comprendre de ces hommes farouches. Mais malgré son rôle essentiel, il n'est pas mieux considéré qu'un homme d'équipage et ne touche que 3 livres par mois.

Au début du XIXe siècle, l'Angleterre relance la conquête de l'Arctique. Les candidats ne manquent pas parmi les officiers de la Royal Navy qui rêvent d'associer leur nom à ces territoires lointains. Mais ces ambitions et la promesse de grosses primes créent des rivalités.

John Ross (1777-1856).

Un double échec

En 1815, l'Angleterre domine les océans et se trouve à la tête d'un immense empire colonial qu'elle souhaite étendre aux régions polaires. Persuadé qu'une voie au milieu des glaces serait bénéfique pour l'économie du royaume, le secrétaire de l'Amirauté, John Barrow, joue un rôle de premier plan dans l'organisation de ces expéditions. Deux sont montées en 1818. L'une, en direction du Spitzberg, se soldera par un échec complet. L'autre, commandée par John Ross, à la tête de deux vaisseaux de Sa Majesté, l'*Isabella* et l'*Alexandre*, longe la côte ouest du Groenland, puis redescend le long de la terre de Baffin sans avoir trouvé le passage.

Aucun droit à l'erreur

À son retour en Angleterre, John Ross subit des attaques en règle. L'un de ses adversaires les plus acharnés est son second, William Parry. Celui-ci pense, à juste raison, que le détroit de Lancaster devant lequel le bateau a rebroussé chemin correspond au passage tant recherché. John Ross, qui s'est trompé en prenant des icebergs pour une montagne, est accusé d'incompétence. Il lui est également reproché d'avoir perdu trop de temps à établir des relations avec les Inuit. L'explorateur sera écarté sans ménagement par John Barrow au profit de l'ambitieux Parry.

Première rencontre avec les hommes du froid.

William Parry (1790-1855).

Une obstination mal récompensée

Devenu le protégé de John Barrow, William Parry obtient le commandement de deux navires, l'*Hecla* et le *Griper*. Parti en septembre 1819, il franchit le détroit de Lancaster et atteint le 110e méridien à l'ouest de Greenwich, par 74°40' de latitude nord. Jamais personne ne s'était aventuré si loin. C'est une première victoire. Mais Parry veut faire encore mieux. Il décide de passer l'hiver sur place, afin d'attendre le prochain dégel et de continuer. Après avoir passé la longue nuit polaire sans encombre, l'expédition poursuit jusqu'à 113° de longitude ouest. Mais la banquise ne s'ouvre pas et il faut se résoudre à faire demi-tour. Le passage du Nord-Ouest reste invaincu.

Collection dispersée

En plus des observations écrites et des dessins, toute une collection d'objets esquimaux obtenus grâce au troc a été rapportée en Angleterre à bord de l'*Isabella*. Parmi ceux-ci : des lances en dent de narval, des couteaux en ivoire, une pointe de harpon en fer de météorite, un traîneau constitué d'os, de cuir et d'ivoire. Négligée, cette collection a été en partie perdue.

Ce tableau, peint en 1824 par Edward Finden, montre les hommes du capitaine William Parry en train de couper la banquise pour permettre à leurs bateaux d'avancer.

La revanche de John Ross

Sans commandement pendant 10 ans, John Ross n'abandonne pourtant pas la partie. Il embarque, en mai 1829, à bord du *Victory*, un bateau futuriste pourvu d'une machine à vapeur. L'équipage est réduit à 23 membres. Durant plus de 4 ans, l'expédition accumulera des informations scientifiques sur des terres inconnues. Et le pôle Nord magnétique sera atteint le 1er juin 1831 par John Clark Ross, (neveu et second de John Ross). Mais le bateau est bloqué par les glaces. Pour s'échapper, les hommes utilisent des chaloupes, tantôt en naviguant, tantôt en les tirant sur la glace. Par chance, ils sont récupérés, en baie de Baffin, *in extremis* par l'*Isabella*, conduit alors par un autre capitaine. À son retour en Angleterre, John Ross sera promu amiral et anobli.

L'expédition disparue

La fin tragique de l'expédition Franklin a beaucoup inspiré les peintres.

En 1845, John Franklin part à l'assaut du légendaire passage du Nord-Ouest. Cet officier de marine britannique qui, deux fois déjà, a exploré les côtes du Canada arctique par voie terrestre, se dit certain de réussir. On ne reverra pourtant jamais plus aucun membre de son expédition.

Des méthodes militaires

Entre 1819 et 1826, John Franklin dirige deux expéditions à travers la toundra puis le long des côtes canadiennes arctiques. Une partie du passage du Nord-Ouest est ainsi cartographiée. Mais c'est au prix de nombreux morts. John Franklin ne tire pourtant aucune leçon de ces pertes humaines. Il ne conçoit pas l'exploration polaire autrement que par des méthodes militaires. C'est ainsi que le 19 mai 1845, il quitte l'estuaire de la Tamise à la tête d'une véritable petite armée de 134 officiers et hommes d'équipage. Le 26 juin 1845, un baleinier rencontre cette « armada » au large de l'île de Disco. Il sera le dernier témoin.

Des moyens inadaptés

Franklin et ses marins naviguent à bord de l'*Erebus* et du *Terror*. Déjà utilisés en Antarctique, les deux navires ont été améliorés pour résister aux glaces. Ils sont néanmoins difficiles à manœuvrer parmi les icebergs. La nourriture n'apparaît pas mieux appropriée. Contaminée par le plomb qui sert à fermer des boîtes de conserve, elle provoque l'affaiblissement des hommes souffrant déjà du scorbut. Les uniformes en laine et coton protègent mal du froid et les soldats se montrent incapables d'adopter les habitudes des « sauvages » : manger de la viande crue et s'habiller de fourrure.

Un corps momifié

Il a fallu attendre les années 1980 pour que l'on découvre le corps de John Torrington Petty, l'un des marins de Franklin. Ce mécanicien, âgé de 20 ans, a été momifié par le froid. L'analyse biologique de son corps a déterminé une dose de plomb (provenant des boîtes de conserves) si importante qu'elle a dû provoquer le saturnisme. Cette grave maladie pourrait expliquer pourquoi aucun marin de l'*Erebus* et du *Terror* n'a survécu.

Du recyclage

Broyés par les glaces, l'*Erebus* et le *Terror* ont pu servir de « mine » où les Inuit ont prélevé du métal afin de fabriquer des lames de couteaux. De tels outils à manches d'os ont été retrouvés. Mais rien ne prouve que le fer utilisé provient bel et bien de l'un ou l'autre de ces bateaux.

Lorsqu'il embarque sur l'*Erebus* en 1845, John Franklin a 59 ans.

L'aventure continue

Pas moins d'une trentaine d'expéditions, dont quatre financées par lady Franklin, la fidèle épouse de l'explorateur, ont essayé de retrouver les traces de sir John Franklin, dès 1848. L'histoire de cette quête est marquée par des drames, comme la disparition du Français René Bellot, qui périt en dérivant sur un îlot de glace, mais aussi par des réussites, comme celle de Robert McClure. D'abord en bateau puis en traîneau à chiens, cet Irlandais réussit à joindre le détroit de Lancaster à partir du détroit de Béring, entre 1850 et 1853. Il est le premier à avoir forcé le passage du Nord-Ouest par voie terrestre.

Sur cette gravure de 1859, des hommes démontent un cairn laissé, sur leur passage, par les marins de l'expédition Franklin.

La vérité sous un cairn

Plus d'une dizaine d'années s'écoulent sans qu'aucun indice soit trouvé. Puis, en 1853, l'Écossais John Rae recueille le témoignage d'un groupe d'Inuit affirmant avoir croisé une quarantaine d'hommes blancs du côté de l'île du Roi-Guillaume, quatre hivers auparavant. La zone n'a pas encore été fouillée. En mai 1859, une boîte en fer-blanc est enfin découverte sous un cairn. À l'intérieur, un document permet de retracer les faits : prisonniers des glaces depuis septembre 1846, l'*Erebus* et le *Terror* ont été abandonnés en avril 1847. Sir John Franklin est décédé le 11 juin 1847. Puis les 105 survivants ont poursuivi vers le sud. Des restes humains seront découverts plus tard le long de ce trajet.

VICTIME DE L'OCCIDENT

En août 1850, le bateau *Assistance* est à la recherche de Franklin quand il croise un groupe d'Inuit. L'un d'eux, le jeune Qalasirssuaq, 17 ans, accepte de servir de guide. Mais au lieu de le ramener chez lui, le capitaine Ommanney le garde à son bord. Arrivé en Angleterre contre son gré, il est éduqué à l'occidentale, baptisé du nom de Erasmus York, puis envoyé à Terre-Neuve. En 1856, il meurt de la tuberculose, sans jamais avoir revu les siens. Il avait 24 ans.

Les marins du baleinier *Prince of Wales* sont les derniers à avoir vu l'*Erebus* et le *Terror*.

Une soif de découvertes

Le Petit Journal

TOUS LES JOURS Le Petit Journal 5 Centimes

SUPPLÉMENT ILLUSTRÉ

Huit pages : CINQ centimes

TOUS LES DIMANCHES Le Supplément illustré 5 Centimes

Cinquième année — LUNDI 27 AOUT 1894 — Numéro 197

Au XIXe siècle, les expéditions polaires font régulièrement la une des journaux.

À la fin du XIXe siècle, le nombre des expéditions augmente considérablement en Arctique et les fameux passages du Nord-Est et du Nord-Ouest sont enfin franchis. Mais ces succès ne suffisent pas à étancher la soif de découvertes. Désormais, la course au pôle Nord est ouverte…

Les Américains entrent en jeu

Le jeune médecin Elisha Kent Kane dirige la première expédition américaine en 1853. Lui et ses hommes passent trois hivers au nord du Groenland à bord de l'*Advance*, effectuant plusieurs raids aux alentours. L'énorme glacier de Humboldt est ainsi découvert, et la terre d'Ellesmere explorée jusqu'au cap Frazier. En 1860, Hayes, qui a déjà accompagné Kane en 1853, est à son tour chef d'expédition. En avril 1861, avec 12 hommes, il s'élance vers le nord en traîneaux. Le 18 mai, une immense étendue d'eau sans glace leur barre la route. Hayes, comme Kane l'avait affirmé avant lui, est persuadé d'avoir atteint la mer polaire « libre » de glace.

Elisha Kent Kane a été le premier à signer un traité de coopération avec les Inuit.

L'aventure en images

À la fin du XIXe siècle, les journaux ne manquent pas de raconter les aventures héroïques ou les drames hallucinants qui se déroulent en Arctique. Certains magazines, comme *Le Tour du monde*, choisissent d'illustrer leurs récits par des gravures. De futurs explorateurs, tel Paul-Émile Victor, avouent que ces revues ont fait naître leurs rêves et leur vocation d'aventurier.

À travers le Groenland

De juillet à septembre 1887, Fridtjof Nansen a réussi la traversée intégrale du Groenland, d'est en ouest, soit 500 km. Pour cela, lui et ses trois compagnons ont utilisé des skis et des traîneaux qu'ils ont tirés eux-mêmes sur la neige et parmi les champs de crevasses.

Passage facile à l'est

C'est un Suédois, le baron Nils Nordenskjöld, qui franchit le passage du Nord-Est pour la première fois. Cet aristocrate, qui n'en est pas à sa première expédition, prend la mer en juillet 1878. Ses deux navires, la *Vega* et la *Lena*, ont des coques renforcées de façon à résister à la pression des glaces. Ensemble, ils quittent Göteborg et longent les côtes sibériennes, puis se séparent. La *Vega* n'est qu'à un jour de navigation du détroit de Béring quand la mer se met à geler. Il faut hiverner. La navigation reprend en juillet 1879 et se poursuit dans le Pacifique. Le retour par le Japon, Bornéo et le canal de Suez dure jusqu'en avril 1880. À son arrivée à Stockholm, la *Vega* reçoit un accueil triomphal.

Durant leur hivernage, Amundsen et ses compagnons rencontrent des Inuit avec lesquels ils ont de bonnes relations. Ces derniers échangent, contre des couteaux et des aiguilles, des habits de fourrures que les Occidentaux vont vite adopter.

Le succès de la légèreté

Futur vainqueur du pôle Sud, Roald Amundsen se donne pour objectif de franchir le passage du Nord-Ouest dès 1903. Son expédition légère comprend un équipage de six hommes. Bien organisée, elle se déroule sans heurt. Après deux hivernages occupés à chasser, à effectuer des relevés scientifiques et à observer le mode de vie des Inuit, leur bateau, le *Gjøa*, repart en été 1905. Mais il lui faut encore un an avant d'atteindre son but. Le 27 août 1906, une voile est visible à l'horizon, celle d'un baleinier américain venant du détroit de Béring. À eux deux, ces bateaux ont fait la jonction. Il ne reste plus à Amundsen qu'à poursuivre pour réussir son pari. Le 30 août 1906, 38 mois après son départ d'Oslo, il touche au but. Le passage du Nord-Ouest est enfin vaincu.

Meurtre sur le Polaris

Que s'est-il passé sur *le Polaris* en novembre 1871 ? L'explorateur américain Charles Francis Hall a-t-il été assassiné, comme le laisserait penser l'arsenic trouvé plus tard sur son cadavre ? On ne le saura jamais. Pourtant, dans son dernier souffle, ce grand explorateur polaire aurait accusé un membre de l'expédition, le Dr Bessels, de l'avoir empoisonné. Celui-ci a toujours nié. On sait juste qu'il détestait Hall, lui reprochant de ne pas être scientifique et d'être l'ami des « sauvages ».

Trop généreux !

En été 1854, l'ambiance sur l'*Advance*, commandé par Kane, est exécrable. Pour économiser les vivres, on y mange les rats. Neuf hommes d'équipage décident de s'enfuir à pied. Bientôt, ils s'épuisent. Par chance, ils rencontrent deux chasseurs inuit. Ils vont les traiter d'une façon indigne. Après les avoir endormis avec une soupe pleine de somnifère, ils leur volent leurs habits et leurs chiens ! Mais incapables d'utiliser les attelages, ils sont rattrapés par leurs victimes. Pourtant, au lieu de se venger, celles-ci acceptent de les ramener jusqu'à leur bateau.

Un voyage immobile

En 1889, rien ne prouve encore que le pôle Nord soit occupé par une terre ou par une mer. Mais on sait que la banquise est en mouvement et que le bassin polaire est traversé par un courant. L'explorateur Fridtjof Nansen décide tout simplement d'atteindre le pôle en se laissant dériver.

L'explorateur norvégien Fridtjof Nansen (1861-1930) a déjà acquis une solide réputation lorsqu'il décide d'atteindre le pôle Nord. Sa traversée à skis du Groenland, en 1887, a marqué les esprits.

Un constat intéressant

Les débris de La *Jeannette*, bateau broyé par les glaces en 1880, au nord des îles de la Nouvelle-Sibérie, sont retrouvés en 1883 sur la côte orientale du Groenland. Il existe donc un courant qui traverse le bassin polaire. Ce constat donne à Nansen l'idée de construire un navire, le *Fram*, capable d'être emprisonné par la glace sans se briser. Ainsi, en se laissant dériver, il devrait passer à proximité du pôle qu'il deviendra alors facile d'atteindre à skis.

Une dérive lente et irrégulière

Le départ du *Fram* a lieu, le 24 juin 1893, du port de Bergen avec 12 hommes et 34 chiens samoyèdes. Le bateau se retrouve pris par la banquise fin septembre. Mais la dérive est moins rapide que prévu et très irrégulière. Après deux années, constatant qu'il n'ira pas aussi près du pôle qu'il le croyait, Nansen décide de quitter le navire avec son compagnon, Johanssen. En mars 1895, les voilà en route vers le pôle. Ils ont près de 700 km à parcourir à skis, avec 27 chiens, deux kayaks et trois traîneaux. Ils vont atteindre le point le plus au nord, mais n'iront pas jusqu'au pôle et devront rebrousser chemin.

Héros de légende

Après un hiver passé sur l'île Houen, bloqués dans une hutte, et se nourrissant de viande d'ours, Nansen et son compagnon poursuivent leur voyage de retour en mai 1896. Le 17 juin, ils ont la chance inouïe de rencontrer l'explorateur anglais Frederick Jackson. Ils sont sauvés. Pendant ce temps, le *Fram* a poursuivi sa dérive et s'est dégagé de la banquise. Le 9 septembre 1896, le bateau et son équipage sont de retour en Norvège. À 36 ans, Nansen entre dans la légende.

Le 14 mars 1895, Nansen et Johansen se préparent à quitter le *Fram* pris dans les glaces pour essayer d'atteindre le pôle Nord en traîneau.

Une victoire contestée

VOL DE MÉTÉORITES

Depuis 1818, plusieurs météorites utilisées par les Inuits pour fabriquer des lames de couteaux et des pointes de harpons étaient recherchées par les Occidentaux. Usant de la confiance d'un chasseur, Peary parvient, en l'échange d'un fusil, à se faire indiquer trois sites qu'il va piller. Il revendra son butin au Musée d'histoire naturelle de New York.

Qui de Robert Peary ou Frederick Cook a été le premier à atteindre le pôle Nord ? Ces Américains ont tous les deux prétendu avoir réussi. Mais ils n'ont pas apporté de réelles preuves de leur victoire.

Robert Peary et ses chiens de traîneau photographiés au Canada, en 1909.

Deux rivaux acharnés

Robert Peary et Frederick Cook ont une grande expérience des régions polaires lorsqu'ils partent à l'assaut du pôle. L'ingénieur Peary a séjourné sept fois en Arctique où il a vécu avec les Inuit. En 1892, il a prouvé que le Groenland était une île. Mais son principal objectif a toujours été la conquête du pôle. Quand il s'élance en 1909, il a 53 ans. Frederick Cook aussi est un passionné des pôles. En 1891, il a accompagné Peary en tant que médecin d'expédition, et, en 1897, participé à un hivernage en Antarctique. C'est à 43 ans qu'il s'élance vers le nord. Ils ont l'un et l'autre des chances de réussir.

Faute de preuves, nul ne peut affirmer que Frederick Cook, photographié ici en 1908, a atteint le pôle Nord avant Robert Peary.

La méthode Peary

Soutenu par des banquiers et des industriels, Robert Peary dispose du *Roosevelt*, un bateau conçu pour la navigation polaire. En 1908, neuf hommes l'accompagnent au départ de l'Amérique. Ils embarquent 69 Inuit au cap York (Groenland) et 246 chiens, puis vont hiverner au cap Sheridan. Peary s'élance le 1er mars 1909. À la fin du mois, il se trouve à 133 milles du pôle (environ 250 km), à 87°47' de latitude nord. Ce sera le dernier point vérifié. Ensuite, l'aventurier reste seul avec son fidèle serviteur noir Matt Henson et quatre Inuit. La suite du voyage reste incertaine. À son retour, Peary prétendra avoir planté la bannière étoilée au pôle le 6 avril 1909.

La solution Cook

Pour profiter des courants de glaces dérivantes, Frederick Cook a choisi de partir du cap Svartevoeg. Le 19 février 1908, il quitte Anoatok (Arctique canadien), à 700 milles du pôle (environ 1300 km). Deux jeunes Inuit vont l'accompagner jusqu'au bout. Les trois hommes disposent d'un équipement léger (2 traîneaux et canot en caoutchouc) et de 26 chiens. D'après Cook, le pôle aurait été atteint le 21 avril 1908. Ils y seraient restés trois jours avant de repartir. Contrariés par une forte dérive de la banquise, ils sont contraints d'hiverner dans des conditions très difficiles. Pour survivre, ils mangent les chiens. En avril 1909, au prix d'épreuves incroyables, Cook est de retour à sa base.

La rivalité entre Peary et Cook, symbolisée par cette bagarre, fit la une du *Petit Journal*, le 19 septembre 1909.

Manque de preuves

C'est à quelques jours d'intervalle, début septembre 1909, que les deux aventuriers annoncent leur victoire au pôle. Le débat commence : les rivaux s'accusent de mensonges. Aucun n'est capable de fournir des preuves suffisantes. Peary n'a effectué ni relevé ni observation météorologique et n'a rien consigné dans son journal. Cook, quant à lui, a confié ses notes et ses instruments de mesure à un riche chasseur américain qui les a égarés. Plus influent, et bénéficiant du soutien du Congrès, Peary sera déclaré vainqueur officiel. Mais tout porte les experts à croire que ce titre est contestable.

Un récit qui fait vendre

À son retour, Frederick Cook est le premier à décrire le pôle que personne n'a jamais vu. D'abord dans la presse, puis dans son livre à succès *Ma conquête du pôle*, il relate son aventure dans un style qui laisse parfois penser à des exagérations. Mais Cook est aussi l'un des premiers à porter un œil bienveillant et juste sur le mode de vie et les croyances des Inuit.

Injustement oublié

Matthew Henson est le seul Occidental à avoir suivi Robert Peary lors de son exploit. Il est donc lui aussi conquérant du pôle. Or ce fidèle serviteur noir qui a suivi Peary lors de 7 expéditions polaires et lui a sauvé la vie par 2 fois n'a bénéficié d'aucune reconnaissance de son vivant. Tandis que son chef était couvert de gloire et nommé amiral, lui n'a trouvé qu'un poste d'employé dans l'administration des douanes. Il est mort en 1955 dans une complète indifférence.

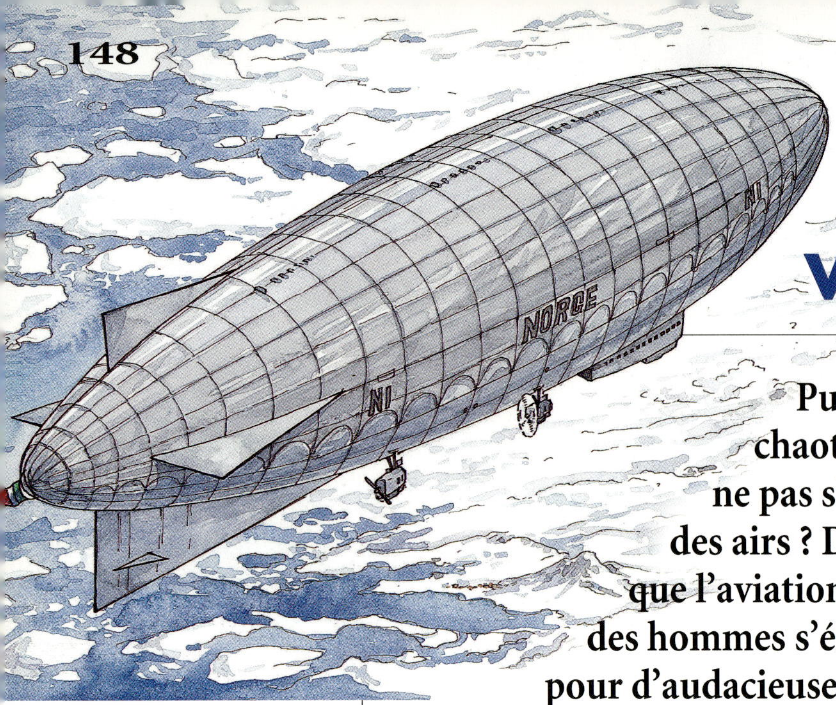

Le pôle vu du ciel

Puisque progresser sur la banquise chaotique est difficile, pourquoi ne pas s'y aventurer par la voie des airs ? Dès la fin du XIXe siècle, alors que l'aviation n'en est qu'à ses balbutiements, des hommes s'élancent dans le ciel pour d'audacieuses tentatives.

Le *Norge* est le premier dirigeable à survoler le pôle Nord en 1926.

Plutôt… « gonflé »

L'ingénieur suédois Salomon Andrée, pionnier du vol en ballon, a déjà traversé la mer Baltique. Grâce au soutien financier du roi de Suède, d'Alfred Nobel et d'autres industriels, il fait construire un ballon en France. Enveloppé de soie vernie sur laquelle la neige ne doit pas coller, mesurant 50 mètres de diamètre, l'engin est baptisé *Oern* (« Aigle », en suédois). Acheminé par bateau vers le Spiztberg, l'Aigle n'offre pas les performances attendues lors d'un premier essai. Modifié, il décolle en juillet 1897, porté par un vent favorable. Dès lors, ses trois passagers ne seront jamais revus.

De la faute du givre

Il faudra attendre 33 ans pour retrouver les traces du ballon de Salomon Andrée. Un bateau débarquant sur l'île Blanche y découvre un campement, des notes et des plaques photographiques. On apprend alors que le ballon, alourdi par le givre, a chuté à plus de 300 km de la terre la plus proche ; ses passagers n'ont jamais pu revenir.

L'homme des exploits

Vainqueur du passage du Nord-Ouest et du pôle Sud, le Norvégien Roald Amundsen a très vite un nouveau rêve, en rapport avec les progrès techniques de l'époque : survoler le pôle. Ses débuts dans l'aviation polaire sont difficiles. Ruiné, cet aventurier insatiable trouve l'appui d'un fils de milliardaire qui lui propose son aide. En 1925, il participe à un vol en hydravion durant lequel il mesure toute la difficulté de l'entreprise. Il décide alors de se mettre en contact avec l'aéronaute italien Umberto Nobile. Avec ce dernier, Amundsen et plusieurs hommes parviendront à survoler le pôle à bord d'un dirigeable, le *Norge*, puis à aller se poser en Alaska, le 14 mai 1926.

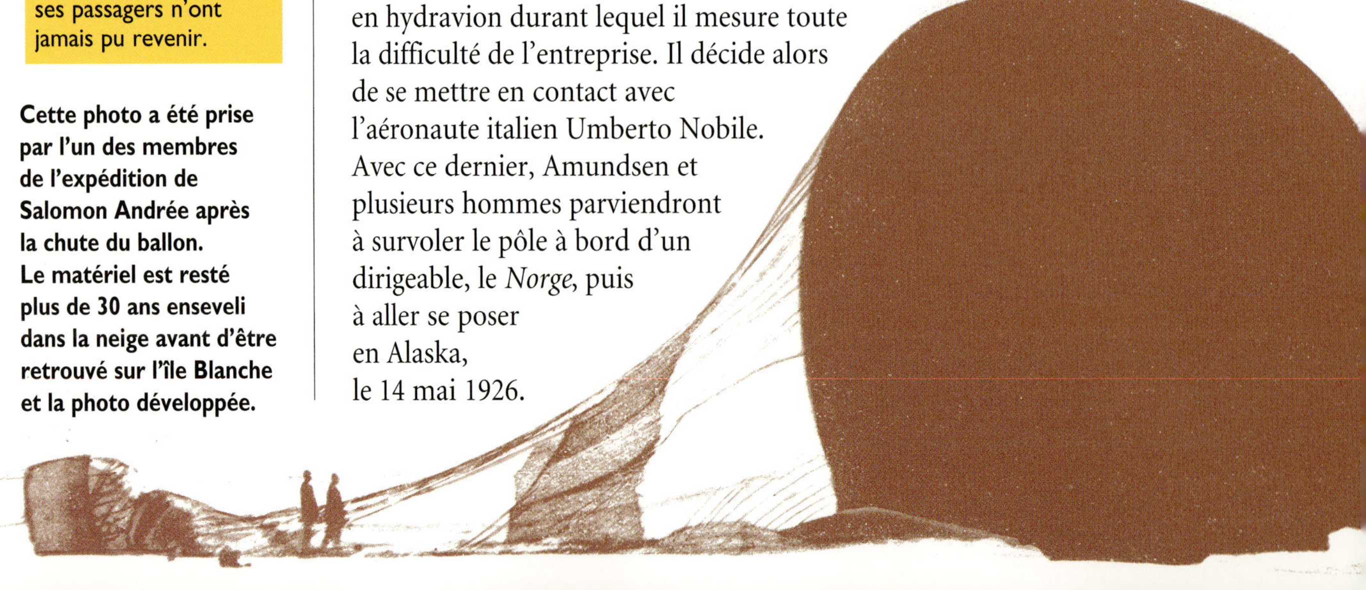

Cette photo a été prise par l'un des membres de l'expédition de Salomon Andrée après la chute du ballon. Le matériel est resté plus de 30 ans enseveli dans la neige avant d'être retrouvé sur l'île Blanche et la photo développée.

Un désastre italien

En 1928, Nobile décide de repartir, mais cette fois, ce sera lui le chef d'expédition. Le dirigeable *Italia* donne entière satisfaction et des drapeaux italiens sont largués le 23 mai au-dessus du pôle. Mais, au retour, vents et brouillard contrarient la progression. Trois jours plus tard, en pleine tempête de neige, l'engin percute la banquise et se brise. Huit hommes disparaissent. Il ne reste que neuf survivants, dont Nobile qui a un bras et une jambe cassés. Par chance, grâce à un poste de radio récupéré, un message de détresse est envoyé. Nobile sera sauvé le 24 juin par un aviateur suédois. Un brise-glace soviétique viendra au secours des derniers survivants le 10 juillet.

Pour voler au-dessus de la banquise, les aviateurs se protégeaient le visage du froid avec un masque en cuir.

Une double réussite

En mai 1926, Richard Byrd, officier de la marine américaine qui s'illustrera plus tard dans l'exploration aérienne de l'Antarctique (premier survol du pôle Sud en 1929), s'envole du Svalbard. Le pilote Floyd Bennett est aux commandes de l'appareil, un Fokker monoplan. Ils sont accompagnés par le millionnaire américain Ellsworth. Les trois moteurs de 200 CV permettent à l'avion d'atteindre la banquise en une heure, puis le pôle quelques heures plus tard. Mesuré au sextant, la position du Soleil confirme l'exploit. Après 15 h 30 min de vol, les hommes sont de retour.

La fin d'un héros

Apprenant l'accident dont Nobile a été victime, Roald Amundsen décide de participer aux recherches. Mais l'Italie, alors gouvernée par Mussolini, refuse son aide. Amundsen s'obstine et accepte une proposition du gouvernement français. C'est donc à bord d'un Latham 47, mal adapté aux vols polaires, qu'il s'envole le 18 juin 1928 en compagnie du capitaine Guilbaud. Le pilote et son illustre passager ne seront jamais revus. Le 1er septembre, un bateau repère un flotteur de l'hydravion probablement tombé en mer.

3 avions, 1 pôle

Le 23 avril 1948, 3 avions soviétiques se posent au pôle Nord et y calculent leur position. Ils sont exactement à 90° de latitude. Autrement dit, au point précis du pôle Nord que rien de concret ne symbolise. En effet, avec la dérive de la banquise, un piquet n'y tient pas en place !

Roald Amundsen félicitant Byrd, Bennett et Ellsworth pour leur vol au-dessus du pôle, en mai 1926.

La découverte du pôle Sud

Cela fait 200 ans à peine que le continent antarctique a été vu pour la première fois, et moins d'un siècle que le pôle Sud a été atteint. Pour cela, il a fallu que des explorateurs bravent l'inconnu, affrontent des tempêtes et des froids extrêmes, naviguent parmi les icebergs. Certains y ont perdu la vie. Mais, qu'ils aient agi au nom de la science ou de leur nation, ils ont écrit une des histoires les plus héroïques de l'exploration de notre planète.

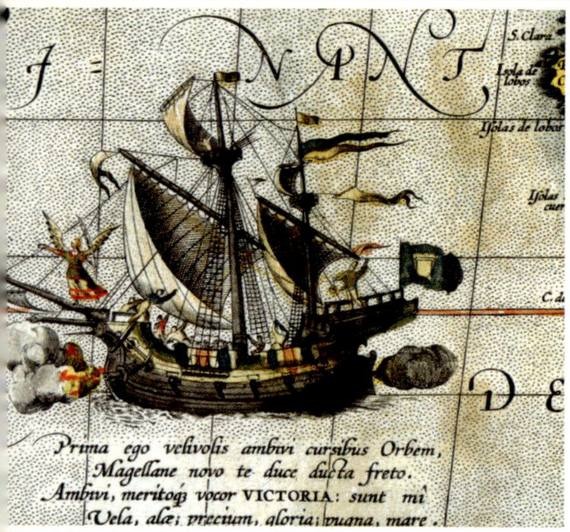

Le *Victoria*, bateau de Magellan, représenté dans un atlas hollandais.

Un Sud introuvable

Jusqu'au XVIe siècle, l'hémisphère Sud reste largement inexploré. Les grands navigateurs se lancent dans de lointaines expéditions. Mais l'Antarctique, dont les géographes grecs ont supposé l'existence au pôle Sud, reste introuvable.

Les pieds en l'air

Certains philosophes de l'Antiquité ont répandu le mythe d'une « *terra australis incognita* » entourée de mers bouillantes, gardée par des monstres et peuplée d'habitants qu'ils appellent les Antipodes – c'est-à-dire « ceux qui marchent les pieds en l'air ». L'historien latin Pline doute qu'un tel peuple puisse exister : comment des hommes marchant la tête en bas ne tomberaient-ils pas ? Il faudra encore bien des siècles, des progrès de la science et des découvertes pour que la vérité éclate.

Juste ou faux ?

Par leurs observations et leurs calculs, les savants grecs de l'Antiquité ont déduit que la Terre était ronde. Ils ont supposé l'existence au pôle Sud d'un continent qui maintenait le globe en équilibre. Au IIe siècle, le géographe Claude Ptolémée admet qu'il existe une terre australe. Mais il la décrit fertile et reliée aux autres continents. Il trace les contours de territoires inconnus qui font des océans Indien et Atlantique des mers intérieures. Redécouvertes à la Renaissance et réimprimées jusqu'à la fin du XVIe siècle, ses cartes induiront les explorateurs en erreur.

La preuve est faite

À la Renaissance, les grands navigateurs mettent cap au sud. En 1488, l'explorateur portugais Bartolomeu Dias contourne la pointe de l'Afrique. À sa suite, Vasco de Gama franchit le cap de Bonne-Espérance et navigue vers les Indes, prouvant ainsi que l'Afrique n'est pas reliée au continent austral. Amerigo Vespucci atteint le continent sud-américain en 1502. Et c'est Magellan qui, étant le premier à faire le tour du monde, démontre que la Terre est bien ronde.

Le cap de Bonne-Espérance, à la pointe de l'Afrique du Sud, découvert par Bartolomeu Dias en 1488.

Une énigme intacte

Parti d'Espagne en septembre 1519 avec cinq navires et plus de 200 hommes, Fernand de Magellan suit la côte sud-américaine et pénètre en octobre 1520 dans le détroit qui porte aujourd'hui son nom. La flotte atteint le Pacifique après avoir parcouru ce bras de mer qui sépare le continent américain d'une terre que le navigateur portugais baptise Terre de Feu. Il croit qu'il s'agit de la côte nord de l'Antarctique. La traversée de l'océan pacifique jusqu'alors inexploré dure 14 semaines. De nombreux marins meurent de faim, des mutineries sont cruellement réprimées et l'un des navires fait naufrage. Magellan ne regagne pas l'Espagne : il est tué aux Philippines. À leur retour en 1522, des marins rescapés du voyage confirment par leur récit que la Terre est ronde. Mais l'énigme du continent antarctique reste intacte.

Portrait de Fernand de Magellan, navigateur portugais (1480-1521).

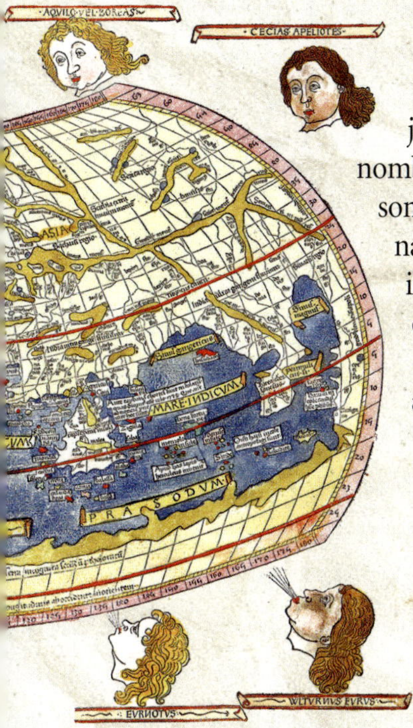

La mappemonde de Ptolémée, entourée de têtes représentant les vents.

Carte de 1652 où l'on voit la Terre de Feu séparée du continent sud-américain par le détroit de Magellan.

Toujours plus au sud

En 1578, le navigateur anglais Francis Drake pousse plus loin et navigue dans le détroit de Magellan jusqu'au point de rencontre entre les eaux de l'Atlantique et celles du Pacifique. Il démontre ainsi que la Terre de Feu est une île. Il faudra attendre 1616 pour que son extrême pointe, le célèbre cap Horn, soit enfin franchie. Un nouveau pas vers le cercle polaire est accompli.

ÉTRANGES OISEAUX

Des oiseaux qui ne savent pas voler et pondent leurs œufs par terre… telle est la découverte que firent les hommes de Francis Drake en débarquant sur une île (probablement la Terre de Feu) en août 1578. Il s'agissait évidemment de manchots, typiques des régions antarctiques.

Des îles en pagaille

Découverte en 1821, l'île Pierre-Ier est la première terre aperçue à l'intérieur du cercle polaire.

Jusqu'en 1820, aucun navigateur n'a vu le continent antarctique. Ils ont pourtant été nombreux, explorateurs ou chasseurs de phoques, à fréquenter l'océan Austral. Et c'est souvent le hasard qui les a conduits à découvrir l'une des îles subantarctiques alors inconnues.

Une exploration hasardeuse

Réparties le long du front polaire comme autant de sentinelles, les îles subantarctiques semblent veiller à la tranquillité de l'Antarctique. L'histoire de leur découverte est émaillée de récits contradictoires ou mensongers, d'observations approximatives. Mais il faut reconnaître que le brouillard, le vent, les tempêtes sont source d'erreurs. La silhouette d'un iceberg peut facilement passer pour une île qu'on ne retrouvera jamais. Il arrive également que les tempêtes poussent malgré eux des navires vers des latitudes extrêmes, et qu'à cette occasion une terre recouverte de glace ou de neige soit aperçue et prise pour le continent, sans qu'il soit possible de le vérifier.

Île ou continent ?

En 1675, Antoine de La Roche signale une terre qu'il considère comme un promontoire du continent antarctique. Un siècle plus tard, au cours de sa navigation dans l'océan Austral, James Cook la revisite et constate qu'il s'agit d'une île. Déçu, il baptise la pointe sud « cap Désappointement » et donne à l'île le nom de Géorgie du Sud. Peu après avoir navigué au sud-est et rencontré des icebergs, il distingue des pics montagneux dans le brouillard. Incapable de déterminer si ce sont des îles ou l'extrémité d'un continent, il décide de les appeler terre Sandwich (du Sud) en l'honneur du premier lord de l'Amirauté.

DÉJÀ CONNUE

L'île Déception dans les Shetland du Sud est une caldeira, c'est-à-dire le cratère d'un volcan rempli d'eau. Celui-ci offre un port naturel. En 1821, lorsque le Russe Bellingshausen y pénètre par l'étroite passe qui en permet l'accès, plusieurs navires de chasseurs de phoques y sont déjà ancrés. L'île n'est pourtant officiellement connue que depuis un an.

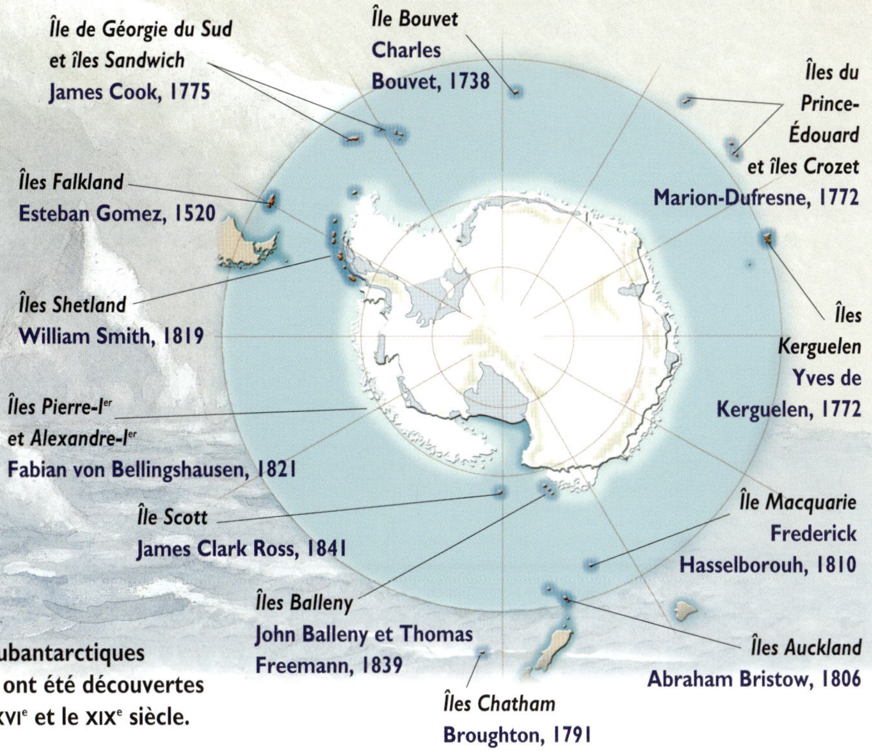

Les îles subantarctiques ci-contre ont été découvertes entre le XVIe et le XIXe siècle.

GRÂCE À LA TEMPÊTE

Une tempête qui fait rage au large du cap Horn, en 1819, oblige William Smith à se dérouter au sud.
Il aperçoit une terre au loin. À son retour, les autorités britanniques ne jugent pas sa déclaration digne de foi. Smith retourne sur les lieux et longe un chapelet d'îles. Il débarque sur l'une d'elles. Les Shetland du Sud viennent d'être découvertes. C'est un archipel regroupant une centaine d'îles au relief déchiqueté par l'érosion glaciaire.

Un « caillou » volcanique

Le Français Jean-Baptiste Charles Bouvet de Lozier, capitaine de frégate mandaté par la Compagnie des Indes, explore les mers du Sud en 1738. Après le Brésil, il fait route au sud-est vers le cap de Bonne-Espérance. Au bout de deux mois de navigation parmi les brumes, les glaces et les icebergs des mers du Sud, il revient en France ayant seulement découvert un « caillou » volcanique, recouvert de glace et perdu au milieu de l'océan. D'une superficie de 60 km², l'île Bouvet est devenue possession norvégienne en 1927.

Pour les manchots de cette île Kerguelen, l'apparition des hommes, en 1772, est une grande première !

Les terres du capitaine de Kerguelen

En 1772, à bord des navires *Fortune* et *Gros-Ventre*, Yves-Joseph de Kerguelen de Trémarec découvre des terres. De retour à Paris, le capitaine de frégate prétend avoir trouvé la cinquième partie du monde, et la décrit comme riche et fertile. Or il ne s'agit que d'îles désertiques. Par ailleurs, il est rentré sans le *Gros-Ventre* parti en repérage et dont il a perdu la trace ; ce qu'on lui reprochera quelques années plus tard. Accusé de conduite indigne d'un officier, le Breton sera finalement condamné à 6 ans de forteresse. Malgré cela, ces îles dont il fut le premier à s'approcher portent aujourd'hui son nom, alors que James Cook, en 1776, les avait baptisées îles de la Désolation.

Tableau du peintre William Hodges, qui accompagna James Cook en 1772-1775.

Dans le cercle polaire

Les trois voyages de Cook entre 1768 et 1779.

Premier voyage
Deuxième voyage
Troisième voyage

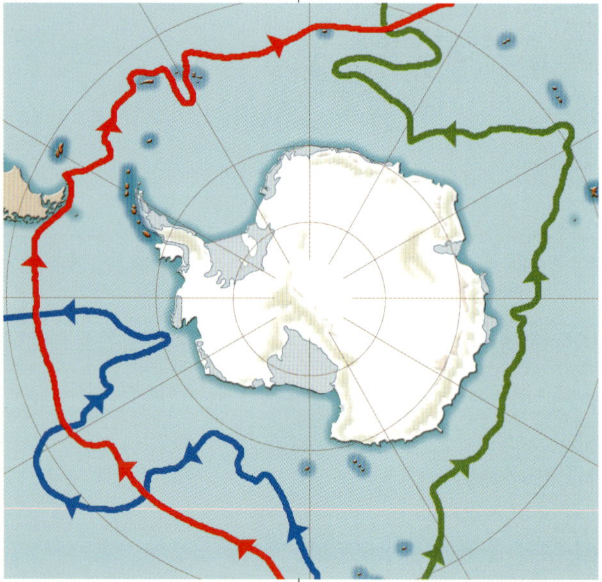

Premier à franchir le cercle polaire, l'Anglais James Cook ne rapporte pas la preuve de l'existence d'un continent antarctique. Il est même persuadé que ce continent est impossible d'accès.

Un record longtemps inégalé

Quand il quitte l'Angleterre en 1768 à bord de l'*Endeavour*, James Cook a pour mission secrète de trouver le continent austral. Son premier voyage, jusqu'en 1771, n'apporte rien de nouveau à ce sujet. Son deuxième périple, entre 1772 et 1775, sera plus fructueux. Naviguant plein sud, le *Resolution* et l'*Adventure*, les bateaux que Cook a sous son commandement, sillonnent l'océan Austral d'est en ouest et franchissent le cercle polaire par deux fois. Le 30 janvier 1774, en se faufilant au milieu des glaces, l'expédition atteint 71° de latitude sud à 106° de longitude ouest. Jamais personne ne s'est tant approché du but. Le record restera inégalé pendant 50 ans.

Né en 1728, James Cook est mort en 1779.

La fin d'un mythe

De ses voyages autour du pôle, James Cook rapporte la description d'un lieu où règnent un froid extrême, des tempêtes redoutables, des brouillards et des glaces qui rendent la navigation périlleuse. Tout le contraire du « paradis » au climat idéal imaginé depuis l'Antiquité. Si le continent existe, il est désormais certain qu'il se situe à l'intérieur du cercle polaire, dans une région hostile et inhabitable. La chute du mythe sera à l'origine d'un demi-siècle d'arrêt dans l'exploration et les désirs de conquête des régions antarctiques.

Le début d'un désastre

À son retour, James Cook se déclare persuadé que personne n'ira plus au sud que lui. Mais se doute-t-il des conséquences que certaines observations consignées dans son carnet de bord auront dans un proche avenir ? En effet, les colonies de phoques et les nombreuses baleines dont l'explorateur anglais a, comme d'autres avant lui, noté l'abondance vont attirer de plus en plus de navires dans ces eaux inhospitalières. Leur but est avant tout commercial. Ils viennent chasser phoques, otaries à fourrure, éléphants de mer et cétacés. Cette traque se soldera par une quasi-extinction de certaines espèces, et peu de nouvelles connaissances géographiques car les lieux de chasse sont jalousement gardés secrets.

Peintre des glaces

De façon à reproduire en images les paysages traversés lors de sa deuxième expédition, James Cook avait pris le peintre William Hodges à son bord. Ses dessins donnent la mesure du décor hostile et grandiose des latitudes australes infestées d'icebergs ou bien des îles montagneuses couvertes de glaces. Certaines de ses gravures illustreront les récits de voyage publiés après ces formidables expéditions au bout du monde.

Des coquilles de noix

Avec leurs 30 m de long et leurs coques en bois, le *Resolution* et l'*Adventure* ne devaient pas sembler bien grands et solides, comparés aux impressionnantes îles de glace qu'ils croisèrent. Ces deux coquilles de noix ont pourtant vaillamment résisté à de nombreux mois de navigation le long des rives de glaces, au milieu des icebergs, tandis que leurs voiles et leurs gréements étaient régulièrement durcis par le froid.

Vue en coupe de l'*Endeavour*, bateau utilisé lors du 1er voyage du capitaine Cook, représenté par le peintre Dennis Adams.

Le premier pas

Sans méfiance, les phoques ne s'enfuient pas à la vue des marins qui vont les tuer à coups de bâton.

Au début du XIXe siècle, les expéditions nationales ou les campagnes de chasse aux phoques dans un but commercial amènent un grand nombre de navires dans les eaux australes. Tant et si bien que le continent est enfin vu, puis abordé.

De plus en plus près

Quarante ans après la mort de James Cook, l'amiral russe Bellingshausen, commandant le *Mirny* et le *Vostok*, reçoit la mission de s'approcher au plus près du pôle Sud. Pendant deux années, il contourne le continent, pénétrant plusieurs fois dans le cercle antarctique. Le 16 janvier 1820, un champ de glace est aperçu. Il s'agit probablement d'une plate-forme glaciaire rattachée au continent. Après une escale en Australie, la flotte repart. Le 21 janvier 1821, elle atteint le point le plus au sud de son voyage et découvre l'île Pierre-Ier.

À 32 KM PRÈS !

Sept jours après avoir découvert l'île Pierre-Ier, à l'ouest de la péninsule Antarctique, la vigie du navire de Bellingshausen signale une montagne. Pensant qu'il s'agit du continent, l'amiral baptise cette découverte « côte Alexandre-Ier ». Mais ce n'est qu'une île... située à seulement 32 km du continent.

À portée de vue

Depuis le voyage de James Cook, les chasseurs de phoques sont nombreux dans les latitudes inhospitalières au sud du cap Horn. Il n'est donc pas étonnant que le premier à avoir vu le continent soit l'un d'eux : William Smith. Poussé par une tempête, en 1819, il a découvert les îles Shetland du Sud. Engagé par l'Amirauté britannique, il repart explorer celles-ci sous le commandement d'Édouard Bransfield. En janvier 1820, ayant contourné les Shetland, il voit une partie de la péninsule Antarctique et fait procéder à des relevés cartographiques de cette terre montagneuse. C'est aujourd'hui la presqu'île Trinity.

Des découvreurs qui s'ignorent

Au cours de l'été 1821, les eaux australes sont sillonnées par plus de 50 navires qui rivalisent pour trouver les lieux propices à la chasse aux phoques. Le commandant de l'un d'eux, John Davis, met cap plein sud de façon à s'isoler de ses concurrents. Le 7 février, son bateau, le *Cecilia*, se trouve en vue d'une masse terrestre importante. Profitant d'un temps calme, Davis fait jeter l'ancre dans une baie et envoie un canot à terre. Cette côte porte aujourd'hui le nom de Davis, mais c'est pourtant aux membres de l'équipage qui ont mis pied à terre que devrait revenir l'honneur du premier pas sur le sol antarctique.

Encore plus au sud

Navigateur intrépide, James Weddell a quitté la marine britannique pour devenir commandant d'un phoquier. Le voyage qu'il entreprend en 1822 a pour but de trouver des phoques et de nouveaux lieux de chasse. Lancés plein sud, la *Jane* et le *Beaufroy* affrontent d'abord des conditions de température et de navigation épouvantables. Puis le temps change. En février 1823, ayant profité d'une mer exceptionnellement libre de glace, Weddell parvient à la latitude 74°15' – soit près de 400 km plus au sud que le point limite atteint par Cook en 1774. Inégalé jusqu'en 1912, cet exploit éveillera des doutes et des membres de l'équipage devront jurer sous serment que les livres de bord n'ont pas été falsifiés.

Une nouvelle espèce

Sur les îles Orcades du Sud, James Weddell découvre une espèce de phoque inconnue. Ces phoques ne ressemblent pas à ceux que le marin chasse habituellement. Leur fourrure, moins épaisse et de moins bonne qualité, est de faible valeur commerciale. Néanmoins, cette découverte contribue à élargir la connaissance scientifique et cette nouvelle espèce sera répertoriée sous le nom de phoque de Weddell.

Les marins du *Cecilia* ne savaient pas qu'ils étaient les premiers à fouler le sol antarctique lorsqu'ils y débarquèrent en février 1821.

Jules Sébastien César Dumont d'Urville (1790-1842) est entré dans la marine à 17 ans.

Le continent résiste

Au milieu du XIXe siècle, des expéditions de différentes nationalités redoublent d'efforts pour débarquer sur le continent. Mais aucune n'y parvient. Pourtant, les côtes gelées sont tout près.

En l'honneur de sa femme

En 1839, l'officier de marine français Dumont d'Urville dirige une expédition dans les eaux australes. Après une escale en Australie, l'*Astrolabe* et la *Zélée*, les deux bateaux qu'il commande, repartent vers leur but. Le 19 janvier 1840, ils sont bloqués par la glace. Deux jours plus tard, des marins débarquent sur un minuscule îlot et y plantent le drapeau tricolore. Dumont d'Urville donne alors à cette terre, effectivement proche de la côte antarctique, le nom de terre Adélie en l'honneur de sa femme Adèle. Des mesures prouveront plus tard que cette expédition s'est trouvée toute proche du pôle magnétique.

Sur ce tableau du XIXe siècle, l'*Astrolabe* de Dumont d'Urville est traîné par les marins entre les icebergs de l'océan Austral.

Un incident révélateur

L'expédition américaine que commande Charles Wilkes compte six navires à son départ, en 1838. Officiellement, la flottille recherche de nouveaux lieux de pêche à la baleine. Fin janvier 1840, elle navigue non loin du secteur où Dumont d'Urville a planté son drapeau. Quand les bateaux se croisent, un matelot américain interprète mal une manœuvre du navire français et chacun croit que l'autre cherche à l'éviter ! On frôle l'incident diplomatique. Cette histoire reflète la tension qui règne à cette époque entre les explorateurs, tous décidés à prendre possession d'une parcelle de l'Antarctique au nom de leur nation.

« Terre Adélie » est aujourd'hui encore le nom de la partie du continent où la base scientifique française Dumont-d'Urville est installée.

Non coupable

Au début de 1840, dans son journal de bord, Charles Wilkes a dessiné une côte qu'il aurait eue à portée de vue et qui, d'après lui, aurait appartenu au continent antarctique. À son retour aux États-Unis, il est accusé de mensonge, y compris par certains de ses officiers, et comparait devant un tribunal militaire. Grâce au soutien de quelques compagnons restés fidèles, Wilkes sera déclaré non coupable. Quelques années plus tard, l'importance de sa découverte sera reconnue. Cette terre porte aujourd'hui son nom.

Au cours de ses 7 voyages au cœur des glaces, sir James Clark Ross a toujours fait preuve d'un grand sang-froid.

Un Anglais expérimenté

L'Anglais James Clark Ross connaît bien les régions polaires quand il part explorer l'Antarctique en 1839. Avec son oncle, John Ross, il a participé à la recherche du passage du Nord-Ouest et localisé le pôle Nord magnétique. Pour cette nouvelle expédition, le marin britannique dispose de deux navires, l'*Erebus* et le *Terror*, renforcés pour affronter la banquise.

Un rempart de glace

En novembre 1840, les deux bateaux, l'*Érébus* et le *Terror*, de James Clark Ross s'enfoncent dans le dédale des glaces australes et se retrouvent en eau libre : l'Anglais vient de découvrir la mer intérieure qui porte aujourd'hui son nom. Le 28 janvier 1841, un volcan dégageant de la fumée se profile à l'horizon. Ross le baptise mont Erebus. Poussant plus loin, l'explorateur vient buter contre une falaise de glace plus haute que les mâts de ses bateaux. En atteignant cet obstacle infranchissable, la fameuse « barrière de Ross », James Clark Ross vient de battre un record : jamais on ne s'était approché si près du pôle Sud.

À deux doigts de la catastrophe

Au début du XIXe siècle, naviguer dans l'océan Austral reste très dangereux. Dans son livre de bord, James Clark Ross raconte comment, pour éviter un iceberg apparu soudainement pendant une forte tempête, l'*Erebus* change brusquement de direction et coupe la route du *Terror*. Les deux bateaux entrent alors en collision. Le choc est si fort que les hommes perdent l'équilibre. Heureusement, la coque des deux navires est renforcée. On est passé à deux doigts de la catastrophe.

Des calculs vérifiés

L'une des missions de James Clark Ross est scientifique. Il s'agit de localiser le pôle Sud magnétique. À cette époque, le physicien allemand Friedrich Gauss a justement découvert une formule qui permet un calcul théorique de sa position. L'expédition de James Clark Ross va vérifier cette théorie en procédant à des mesures sur le terrain. Ses résultats indiquent que le pôle Sud magnétique se trouve alors à l'intérieur du continent.

Au nom de la science

Après l'expédition de James Clark Ross, la conquête du pôle Sud est délaissée pendant une cinquantaine d'années. En 1895, le VIe Congrès de géographie relance l'exploration, d'abord pour des raisons scientifiques.

Prisonniers des glaces

Adrien de Gerlache a 29 ans quand débute son expédition en août 1897. Son bateau, un ancien baleinier rebaptisé *Belgica*, possède une coque renforcée pour résister à l'étau de la banquise. À son bord ont embarqué des scientifiques (géologue, météorologue, zoologue, botaniste…). Frederick Cook et Roald Amundsen en font partie. Le 20 janvier 1898, la péninsule Antarctique est atteinte. Mais peu après, la *Belgica* se fait piéger par les glaces. Pendant treize mois, le bateau « immobile » dérive avec la banquise et parcourt 2 700 km vers l'ouest. C'est le premier hivernage en Antarctique.

Pour servir les scientifiques

En janvier 1899, les hommes de la *Belgica* entreprennent de tailler un chenal afin d'atteindre l'eau libre. Le 14 mars 1899, le bateau vogue enfin en pleine mer, puis rejoint la Belgique en novembre. Adrien de Gerlache rapporte de précieuses données scientifiques qui serviront aux expéditions à venir : sur la banquise, la faune, la flore (lichens, mousses, algues…), sur les fonds océaniques (des sondages ont déterminé l'existence d'une fosse profonde de 4 000 mètres entre l'Amérique du Sud et la péninsule Antarctique) et sur la météorologie (pour la première fois, des relevés ont été notés d'heure en heure durant une année entière).

Une fois la glace entaillée, le bateau peut s'engager dans la brèche et fendre la banquise pour s'échapper vers l'eau libre.

GUÉRIS PAR DE LA VIANDE CRUE

Jour après jour, tandis que la nuit polaire s'installe et que la température diminue, les navigateurs de la *Belgica* montrent des signes de dépression et de maladie. Le médecin du bord, l'Américain Frederick Cook, connaît les risques du scorbut. La seule façon d'en guérir est de procurer à l'organisme de la vitamine C. Or cette vitamine se trouve dans la viande crue, il l'a appris en observant les Inuit lors d'un précédent voyage au Groenland. Il ordonne donc à tous de manger de la chair de phoque et de manchot sans la cuire. Ainsi, tous seront guéris.

Un hivernage fructueux

En 1903, après avoir connu des difficultés pour réunir l'argent nécessaire à la construction de son navire, *Le Français*, et au financement de son expédition, Jean-Baptiste Charcot appareille en direction du pôle Sud. Il s'est donné pour mission d'effectuer une ample moisson d'observations océanographiques, géographiques et en tous domaines d'histoire naturelle. Le bateau a été conçu pour procurer de bonnes conditions de navigation et de vie à bord. L'île Wandel est choisie comme lieu d'hivernage. C'est là, durant neuf mois, dans d'effroyables conditions climatiques, que l'expédition recueillera une masse d'informations colossale.

Un des *Pourquoi pas ?* du commandant Charcot.

DES RÉSULTATS CONSIDÉRABLES

La mission de Charcot se traduit par 2 000 km de côtes nouvelles reconnues et cartographiées, 75 caisses d'observations, de notes, de mesures et de collections destinées au Muséum d'histoire naturelle de Paris et pas moins de 18 volumes de rapports scientifiques.

Une carrière exemplaire

Reparti fin 1904, *Le Français* heurte un rocher, le 15 janvier 1905, et se trouve contraint à regagner l'Argentine plus vite que prévu. À leur retour en France, Charcot et ses compagnons d'expédition recevront un accueil triomphal. Par la suite, le commandant, à bord de son célèbre *Pourquoi pas ?*, accomplira de nombreuses autres missions. Sa vie sera vouée principalement à l'exploration polaire, dont il demeure l'une des personnalités françaises les plus marquantes.

LEURS NOMS EN HOMMAGE

À leur retour d'expédition, Adrien de Gerlache et ses collaborateurs donnèrent des noms aux terres qu'ils avaient découvertes. Leur choix se porta en premier sur les deux hommes ayant perdu la vie pendant l'aventure : l'île Wiencke doit son nom au matelot Auguste-Karl Wiencke, tombé par-dessus bord pendant une tempête ; la terre de Danco, à Émile Danco, membre de l'état-major ayant succombé à une maladie cardiaque.

Le commandant Charcot entouré de son « état-major ».

La course au pôle

Assis sur un traîneau, Scott, Shackleton et Wilson font une pause au cours de l'expédition Discovery.

S'ÉLEVER DANS L'AIR GLACÉ

Jamais un homme n'a observé l'Antarctique à partir d'un aéronef quand Scott et Shackleton s'élèvent dans les airs, en 1902, à bord de la nacelle d'un ballon à hydrogène. Ils ont cependant pris la précaution de rester reliés au sol par une corde et ne dépassent pas l'altitude de 244 m. De cette ascension, il reste des photos aériennes.

L'histoire de l'Antarctique, dans les premières décennies du XXe siècle, est marquée par la victoire de l'homme au pôle Sud. Mais elle a aussi connu des tragédies et des combats surhumains pour la survie.

Une première tentative

En novembre 1902, Robert Falcon Scott, chef d'expédition britannique, accompagné de Ernest Shackleton et Edward Wilson (peintre et naturaliste), quitte l'île de Ross où ils sont basés depuis un an. Utilisant des chiens et des traîneaux, ils veulent aller au plus près du pôle. Ils dépassent vite la latitude la plus au sud jamais atteinte. Mais les conditions se dégradent ; la faim, la maladie, puis le doute s'installent. Sur le chemin du retour, les chiens meurent. Malade du scorbut, Shackleton est sans force, Wilson et Scott sont presque aveugles lorsque leurs compagnons les retrouvent en février 1903. Un mois plus tard, leur bateau, le *Discovery*, reste pris par les glaces. Ils devront passer un autre hiver sur place à l'exception de Shackleton qui est rapatrié en Angleterre.

L'expédition Discovery établit son camp de base à Hut Point, sur l'île de Ross.

L'Irlandais Shackleton est un des grands explorateurs de l'Antarctique.

Vainqueur en puissance

Ernest Shackleton retourne en Antarctique en janvier 1908. Son but ? Le pôle Sud. Cette fois, il est chef d'expédition et dispose d'un petit phoquier, le *Nimrod*. Tirant leçon de son expérience du scorbut, il a fait attention aux rations alimentaires. En revanche, il a choisi, à tort, d'utiliser des poneys, peu résistants au froid, plutôt que des chiens. Les hommes devront tirer les traîneaux. L'ascension du volcan Erebus est leur premier succès. Ensuite, Shackleton et trois compagnons accomplissent un périple qui les conduit à 97 miles (180 km) du pôle (88°23' sud). Aucun homme n'était allé si près ! Accueilli en héros à son retour en Angleterre, Shackleton sera anobli.

La tentative japonaise

Nobu Shirase quitte Tokyo en direction de l'Antarctique le 1er décembre 1910. En mars 1911, les côtes du continent glacé sont en vue, mais le mauvais temps contraint l'expédition à se replier. Shirase repart au Japon chercher l'argent nécessaire à la poursuite de son voyage. En janvier 1912, la baie des Baleines est atteinte. L'équipe japonaise s'élance à l'assaut de la plate-forme glaciaire de Ross après avoir taillé un chemin dans la falaise de glace, 60 heures durant. Après 300 km difficilement accomplis, elle fait demi-tour et renonce au pôle Sud.

Unique rescapé

En 1908, l'Australien Douglas Mawson, qui fait partie de l'expédition de Shackleton, atteint le pôle Sud magnétique. En 1913, il sera le seul rescapé d'une expédition tragique, le premier de ses compagnons ayant été englouti par une crevasse avec son traîneau, le second étant mort du scorbut et d'épuisement. Pour survivre, il a dû manger quelques-uns de ses chiens et s'extraire seul de plusieurs crevasses dans lesquelles il a chuté.

Une automobile inutile

La première voiture débarquée au pôle Sud, une Arrol Johnston, a des aménagements censés convenir à son utilisation par grand froid et sur un sol neigeux. Malgré l'huile spéciale ou les patins, elle reste inefficace. Mais cette expérience menée par l'équipe de Shackleton marque le début de l'utilisation d'engins mécaniques dans les régions polaires.

L'intérieur de la cabane de Shackleton, au cap Royds, a été restauré en respectant son aspect original de 1909. Elle était chauffée grâce à une cuisinière à charbon.

Lutte à distance

Le Britannique Robert Falcon Scott a toujours pensé qu'il serait le premier à atteindre le pôle Sud. Le Norvégien Amundsen, quant à lui, a toujours rêvé d'être le conquérant du pôle Nord. Les événements vont en décider autrement. En 1911, les deux explorateurs se retrouvent confrontés dans la course au pôle Sud. Tous deux y parviendront, mais un seul en reviendra.

Avant de vaincre le pôle Sud en 1911, Roald Amundsen a déjà traversé, 5 ans auparavant, le passage Nord-Ouest en Arctique.

Un mode de déplacement efficace

Explorateur polaire d'expérience, Roald Amundsen quitte la Norvège en 1910, à bord du *Fram*. Secrètement décidé à s'attaquer au pôle Sud, Amundsen met le cap vers l'Antarctique avec l'intention de devancer Scott déjà lancé dans l'aventure. Le 14 janvier 1911, le *Fram* atteint la baie des Baleines. Une cabane est construite. L'hiver est consacré aux dépôts de vivres et à la préparation du matériel de façon à l'alléger au maximum. Le 20 octobre, l'assaut commence. Amundsen, qui mise sur la rapidité, a réduit le nombre de traîneaux à quatre. Les chiens sont 12 par traîneau. Les cinq hommes se déplacent à skis.

Une victoire foudroyante

Trois semaines après le départ, ils ont gagné le plateau continental. Au sommet, 24 chiens sont sacrifiés. Le 8 décembre, le record de Shackleton (88°23' sud) est égalé ; le 14 décembre 1911, le but est atteint. Aucune marque du passage de Scott n'est visible. Après avoir effectué des relevés pour s'assurer qu'ils sont bien au pôle, l'expédition regagne sa base sans difficulté en suivant les cairns de neige laissés à l'aller. Le raid a duré 97 jours. En mars 1912, la nouvelle se répand dans le monde : les Norvégiens ont vaincu le pôle Sud !

Un courage inouï

Robert Falcon Scott dispose de moyens plus importants que ceux d'Amundsen lorsqu'il établit son camp au cap Evans, sur l'île de Ross. En effet, le *Terra Nova* a acheminé, outre 233 chiens, des poneys et des traîneaux à moteur. Ces modes de déplacement, inadaptés et peu fiables, vont handicaper l'expédition au lieu de la faciliter. Le 3 janvier 1912, 65 jours après leur départ, Scott et ses compagnons, Wilson, Evans, Oates et Bowers, se trouvent à 273 km du but et prennent un coup au moral en voyant les traces montrant qu'ils ont été devancés. Le 17 janvier 1912, leur doute se confirme quand ils découvrent la tente laissée au pôle par Amundsen : ils sont effondrés.

Les hommes de Scott utilisent des véhicules à chenilles pour établir leur camp de base. Mais ces engins de fabrication médiocre ne peuvent servir durant l'expédition.

Fin tragique

Scott et ses compagnons ne retourneront jamais à leur base. L'épuisement viendra à bout de leur courage. Huit mois plus tard, trois corps seront retrouvés. Scott a sur lui son journal où il a écrit jusqu'au dernier instant. C'est ainsi que l'on a pu reconstituer les terribles moments vécus par ces aventuriers hors du commun.

C'est l'abattement pour Scott et ses amis lorqu'ils découvrent qu'ils ne sont pas les premiers à avoir atteint le pôle Sud.

Un des membres de l'expédition d'Amundsen pose avec ses chiens devant le drapeau norvégien planté au pôle Sud.

Des passions mortelles

Après son exploit, Amundsen n'est jamais revenu en Antarctique. C'est des États-Unis, où il donne des conférences et apprend à piloter, qu'il apprend la mort de Scott. Il montera encore 4 expéditions en Arctique et disparaîtra tragiquement lui aussi, en 1928, au pôle Nord avec son avion, alors qu'il est parti secourir son ami Nobile.

Ce timbre américain rend hommage à la seconde expédition de Byrd au pôle Sud.

Par la voie des airs

Avec les progrès de l'aviation, de nouveaux explorateurs intrépides se lancent à l'assaut de l'Antarctique. Le survol du continent glacé est d'abord accompli pour l'exploit et par curiosité. Mais certaines nations y voient un moyen rapide de prendre possession de régions jusqu'alors inconnues.

Vols dangereux

Avec ses vents violents et permanents, ses blizzards, ses turbulences qui empêchent les avions de s'élever au-dessus des 4 000 mètres des monts Transantarctiques, le ciel austral n'offre pas aux pionniers de l'aviation polaire des conditions de sécurité maximales. Si l'on ajoute à cela l'isolement des déserts de glace survolés et les énormes distances entre le continent et les points de ravitaillement possibles, on aura compris qu'il fallait une bonne dose de courage pour tenter l'aventure.

Sir Hubert Wilkins et les membres de son expédition en Antarctique.

Des pionniers téméraires

C'est à partir d'une piste sommaire, tracée sur une plage de sable noir de l'île Déception, que l'Australien Hubert Wilkins et son chef pilote, l'Américain Carl Ben Eielson, se risquent à voler en Antarctique. Le premier vol à bord d'un des deux Lockheed Vega ne dure que 20 minutes, le 16 novembre 1928. Onze jours plus tard, un atterrissage sur la glace se termine… dans l'eau. Le 20 décembre, les conditions favorables décident les aviateurs à tenter un raid plus long. Ils effectueront 2 100 km au-dessus de la péninsule Antarctique puis au-delà, survolant des étendues encore jamais vues par l'homme.

Les atterrissages sur la glace étaient toujours très risqués.

Au cœur de la cible

Trois ans après avoir été le premier à survoler le pôle Nord en 1926, l'Américain Richard Evelyn Byrd dirige une expédition en Antarctique. Sa base, Little America, est en partie creusée dans la plate-forme glaciaire de Ross. Les hommes y passent l'hiver à préparer une expédition pour survoler le pôle Sud. La tentative a lieu le 28 novembre 1929. Trop lourd, l'avion n'arrive d'abord pas à s'élever pour franchir les montagnes. Les aviateurs se débarrassent des vivres. Le vol peut alors se poursuivre jusqu'au pôle. Il s'est écoulé à peine sept heures depuis le décollage. De 1933 à 1935, une autre expédition permet à Byrd d'effectuer un relevé de 400 000 km^2 du continent.

Le commandant Byrd entouré des différents membres de son expédition au pôle Sud.

Des escales appropriées

Pour atteindre le pôle Sud, Richard Byrd décide de suivre dans les airs l'itinéraire parcouru au sol par Amundsen. Des dépôts de carburant sont effectués sur le plateau continental. Ils permettront de faire escale pour remplir les réservoirs du trimoteur Ford.

Ambitions territoriales

Dans les années 1920 et 1930, en l'absence d'accord international, différentes nations essaient de renforcer leur présence en Antarctique. Entre 1929 et 1931, les Anglais, les Néo-Zélandais et les Australiens joignent leurs forces et se lancent dans une grande campagne d'exploration. Officiellement, il s'agit de missions scientifiques. De fait, beaucoup de relevés et d'observations seront effectués. Mais les avions qui survolent les côtes jamais atteintes par l'homme atterrissent là où ils le peuvent et y plantent le drapeau britannique. C'est ainsi que la souveraineté du roi pourra être proclamée sur les terres découvertes. La région autour de la baie du Commonwealth compte parmi ces territoires revendiqués.

Un rêve fou

Il faudra trois tentatives au milliardaire américain Lincoln Ellsworth pour réaliser son rêve : survoler le continent antarctique de part en part. Le premier essai aurait pu se terminer tragiquement, car la banquise où le camp est installé se disloque, ce qui endommage l'avion. C'est finalement le 23 novembre 1935 que l'exploit a lieu. Piloté par Herbert Hollick-Kenyon, le *Polar Star* parcourt, en une vingtaine d'heures, les 2 200 miles (3 500 km) qui séparent l'extrémité de la péninsule Antarctique de la plate-forme de Ross où le monoplan se pose.

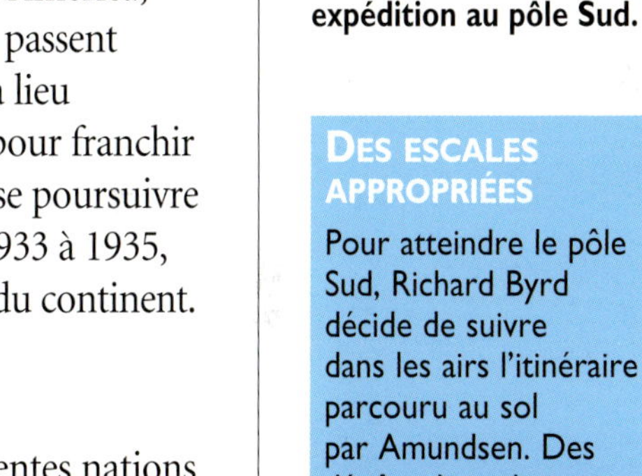

Figures des pôles

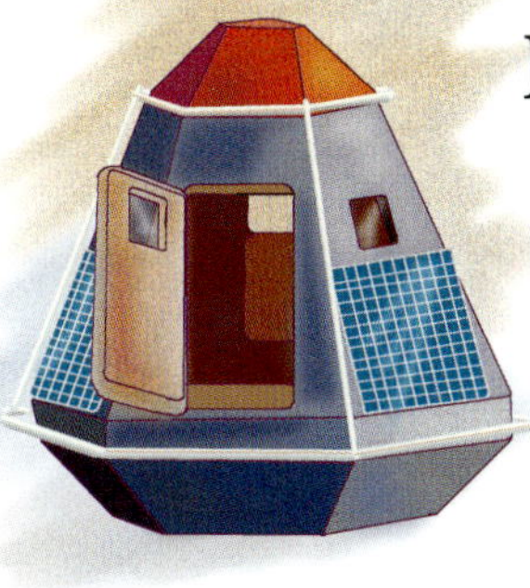

Plusieurs hommes d'exception ont marqué l'histoire polaire au XXe siècle. Parmi eux, les Français Jean-Baptiste Charcot, Paul-Émile Victor, Jean Malaurie, Jean-Louis Étienne se distinguent particulièrement. Ils ont contribué à une meilleure connaissance des pôles et de leurs habitants, éveillant la conscience de l'humanité à la réalité de ces régions. Mais il aura fallu attendre la fin de ce XXe siècle pour que des femmes trouvent enfin leur place dans cette lignée d'aventuriers.

Le gentleman des pôles

Le commandant Charcot a profondément marqué l'histoire de l'exploration polaire française du début du XXe siècle. Marin téméraire, apprécié pour sa gentillesse et son respect des hommes et de la nature, cet infatigable navigateur doit son surnom de « gentleman des pôles » à son ami, l'explorateur britannique Robert Falcon Scott.

Né dans une famille bourgeoise en 1867, Jean-Baptiste Charcot a choisi de devenir explorateur par goût de la navigation et de l'aventure.

L'Antarctique et la gloire

Fils d'un célèbre médecin neurologue, médecin lui-même, Jean-Baptiste Charcot navigue pour le plaisir pendant plusieurs années. En 1902, il franchit le cercle polaire arctique. Il décide alors de se consacrer à l'exploration des pôles. En 1903 et en 1909, il organise et dirige deux expéditions en Antarctique. La navigation dans les eaux de la péninsule Antarctique et les deux hivernages sont fructueux. À son retour, le commandant Charcot connaît une gloire internationale. Et la France, qui n'avait pas été à pareil rang depuis la découverte de la terre Adélie en 1840 par Dumont d'Urville, redevient une nation de premier plan dans l'exploration polaire.

À LA POINTE DU PROGRÈS

Comment mettre les progrès de la mécanique au service de l'exploration polaire ? Le commandant Charcot prend contact avec les constructeurs de Dion et Bouton. Un modèle de traîneau à moteur est fabriqué. Pesant 200 kg à vide, il comporte des patins à spatules et une roue centrale munie de palettes métalliques, actionnée par un moteur. Des essais ont lieu au col du Lautaret dans les Alpes. Puis trois traîneaux automobiles sont embarqués sur le *Pourquoi pas ?* Ils ne s'avèrent malheureusement pas au point et ne sont pas utilisables.

Les *Pourquoi pas ?*

Au cours de son existence, le commandant Charcot fait construire plusieurs navires qu'il baptise tous du même nom, le *Pourquoi pas ?* – excepté *Le Français* qu'il nomme ainsi pour remercier les Français d'avoir participé à son financement. Son quatrième et dernier *Pourquoi pas ?* est un robuste trois-mâts de 40 mètres, doté de trois laboratoires et d'une bibliothèque. C'est à son bord qu'ont lieu la seconde campagne d'exploration et l'hivernage dans les parages de l'île Petermann. Malgré sa quille endommagée, le bateau navigue vers le sud, en mer de Bellingshausen. Puis, après une escale au Chili, il rentre en France en juin 1910. Jamais plus il ne verra les côtes de l'Antarctique.

Sur le pont jusqu'au bout

Après la Première Guerre mondiale, le commandant Charcot ne retourne en Arctique qu'en 1925. Désormais frappé par la limite d'âge qu'impose la marine marchande, il perd le commandement du *Pourquoi pas ?* à bord duquel il demeure tout de même chef de mission. Il participe ainsi à diverses opérations de sauvetage ou collabore à des missions scientifiques. En 1934, il rencontre Paul-Émile Victor, alors jeune ethnologue en partance pour le Groenland. Deux ans plus tard, le *Pourquoi pas ?* fait naufrage au large de l'Islande, causant sa mort et celle de l'équipage, hormis un rescapé. Ainsi périt en mer ce gentleman des pôles. Il avait 69 ans.

1936 : le commandant Charcot ainsi que Paul-Émile Victor et ses compagnons, font route vers le Groenland à bord du *Pourquoi pas* ?

Le *Pourquoi pas* ? au pôle Sud entre 1908 et 1910.

UNE ÉTRANGE ATTIRANCE

Jean-Baptiste Charcot se sentait chez lui au cœur des paysages polaires. Il a écrit : « D'où vient cette étrange attirance pour ces régions polaires, si puissante, si tenace qu'après en être revenu, on oublie les fatigues morales et physiques pour ne songer qu'à retourner vers elles ? » Cette attirance était si forte qu'entre 1925 et 1936, le commandant fit presque chaque été le voyage jusqu'au Groenland.

Gardien des extrêmes

Paul-Émile Victor, qui vécut de 1907 à 1995, a consacré toute sa vie aux pôles.

Compagnon des Inuit, chef d'expéditions, écrivain et dessinateur, Paul-Émile Victor a ressenti l'appel des pôles dès son adolescence. Il leur consacrera sa vie, qu'il finira sur… une île de Polynésie. En effet, ce grand connaisseur des régions polaires prétendait avoir « horreur de la glace et du froid » !

Parmi les Inuit

Paul-Émile Victor quitte le Jura en 1933, renonçant à prendre la succession de son père à la tête de l'usine familiale. Depuis sa jeunesse, il est attiré par le Grand Nord. En 1934, il rencontre le commandant Charcot qui le prend à bord du *Pourquoi pas ?* et le dépose, avec trois compagnons, à Ammassalik sur la côte est du Groenland. Là, il entame une étude des Inuit qu'il poursuivra en 1936-1937, en vivant dans une famille d'adoption, en compagnie de la jeune Doumidia. Doué en langue et en dessin, il note, crayonne et photographie tout ce qu'il voit.

Une grande perte

De la traversée du Groenland, expérience extrême, l'équipe de Paul-Émile Victor rapporta des observations géologiques, météorologiques et glaciologiques. Malheureusement, la majeure partie de ces documents et des collections embarqués sur le *Pourquoi pas ?* du commandant Charcot disparut lors de son naufrage.

À travers le Groenland

En 1936, Paul-Émile Victor, Michel Perez, Robert Gessain et Eigul Knuth, parcourent la calotte glaciaire groenlandaise d'ouest en est. Souvent à plus de 3 000 mètres d'altitude, ils effectuent 800 km en traîneaux à chiens, affrontant les crevasses, le vent violent, le froid persistant. Après un mois, seul un quart du trajet est accompli. Il faut se rationner, abandonner du matériel, éliminer des chiens. Cinquante jours plus tard, le 5 juillet, les quatre aventuriers atteignent un dépôt de vivres. La traversée est réussie.

« Homme-orchestre »

Engagé dans l'armée américaine pendant la Seconde Guerre mondiale, Paul-Émile Victor organise des secours dans les régions arctiques (Groenland, Canada, Alaska). Cette expérience le conforte dans l'idée que les progrès techniques rendent possible un vaste programme d'exploration et d'étude des pôles. Après guerre, il obtient le soutien du gouvernement français pour créer, en 1947, les Expéditions polaires françaises (EPF) qu'il dirigera jusqu'en 1976. Sous sa responsabilité, plusieurs missions se dérouleront au Groenland, mettant en œuvre des moyens importants.

D'un pôle à l'autre

Parallèlement aux missions en Arctique, les EPF mènent des programmes en Terre Adélie (Antarctique) et y implantent une base permanente à la fin des années 1950. Lors de la première expédition en 1948-1949, le bateau ne pourra pas accoster, il faudra attendre les campagnes suivantes pour commencer à s'y installer. Nommé président du comité antarctique en 1957, Paul-Émile Victor ne participera pas toujours directement à ces programmes, mais il continuera de jouer un rôle important d'organisateur et de porte-parole, essentiel pour trouver des subventions. Jusqu'à la fin de sa vie, il sera très impliqué dans la défense de l'homme et de son environnement.

Durant son séjour au Groenland, Paul-Émile Victor a pu observer et dessiner des scènes de la vie quotidienne, comme cette cuisine en plein air.

La technique au service de l'exploration

Des véhicules à chenilles (les weasels), un téléphérique, une piste tracée à coups d'explosifs, des parachutages, une station construite sur le plateau glaciaire... les moyens techniques mis en œuvre par les Expéditions polaires françaises sous la direction de Paul-Émile Victor permettent d'importants résultats. Les données obtenues placent la France au tout premier plan dans le monde scientifique et polaire.

Ces hommes chargent une remorque à chenilles qui sera attelée à un véhicule tracteur pour former un convoi.

Une sensibilité d'artiste

À côté de livres comme *La Civilisation du phoque*, *Boréal et Banquise*, *L'Iglou*, qui font partager au lecteur son expérience et sa connaissance des Inuit, Paul-Émile Victor a également publié *Apoutsiak, le petit flocon de neige*, un album illustré de sa main qui dresse un portrait poétique du mode de vie inuit : ce livre a fait rêver des générations d'enfants.

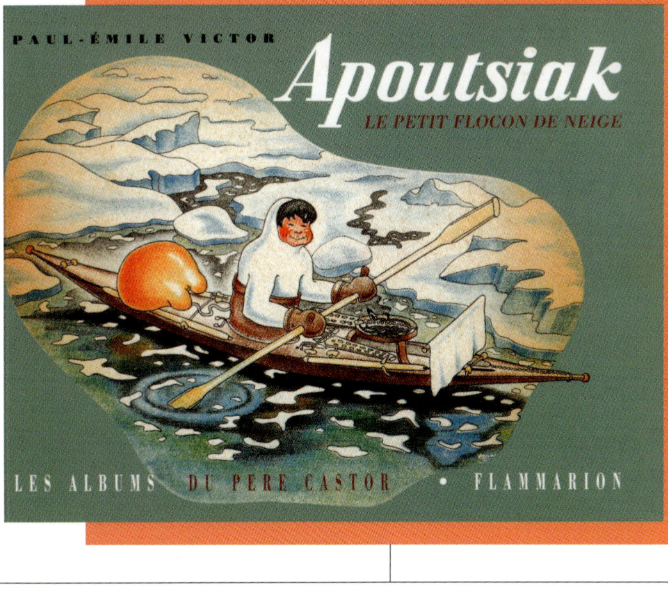

L'avocat des Inuit

À son retour de mission en terre d'Inglefield, Jean Malaurie a été pris en photo par Sakaeunnguaq, l'un de ses compagnons inuit.

De la pierre aux hommes

En 1950, Jean Malaurie séjourne pendant un an dans le nord-ouest du Groenland, à Thulé. Il mène alors des recherches sur les pierres. Là, partageant la vie d'un groupe d'Inuit, il devient chasseur, conducteur de traîneau, apprend leur langue, recueille leurs récits et établit la généalogie des familles de Thulé. Il est impressionné par l'étroite relation que ces hommes entretiennent avec leur milieu naturel. Par la suite, il devient à la fois l'historien de leur civilisation développée à l'écart du monde occidental et l'avocat de leur cause.

Jean Malaurie a effectué 32 missions qui l'ont conduit du Groenland à la Sibérie. Grand spécialiste français de l'Arctique, reconnu dans le monde entier, il s'est engagé plusieurs fois en faveur des peuples du froid dont il a partagé l'existence.

Un homme d'exception

Jean Malaurie (né en 1922) a séjourné en plusieurs secteurs des régions polaires : Groenland, Arctique canadien, Alaska, Tchoukotka... où il a effectué 31 missions. Géographe de formation, mais historien de cœur, il est devenu le familier des peuples du froid en voie d'extinction. Il les a « étudiés », s'intéressant à leur environnement, leur mode de vie, leur spiritualité, leur art et leur passé. Il a joué un rôle de conseiller auprès des gouvernements canadien, russe ou danois au moment de donner à ces peuples une certaine autonomie sur leurs terres. Professeur, il a participé à la création d'une Académie polaire en Russie. Cette école forme un millier d'élèves, principalement nord-sibériens, destinés à prendre l'avenir de leurs peuples en main.

Un voyage initiatique

En mars 1951, Jean Malaurie, accompagné par deux couples d'Inuit, part pour les terres désertiques d'Inglefield, de Washington et d'Ellesmere. Vêtu de pantalons en peau d'ours et d'une veste en peau de caribou, il conduit un traîneau. Pour se nourrir, ils ont prévu de chasser, puis de se ravitailler à Etah. Hélas, ce village subit une famine. Jean Malaurie prend alors une grave décision : pendant que ses compagnons iront chasser, il restera dans un igloo et commencera seul ses relevés de terrain pour cartographier la terre d'Inglefield. Par cette décision, il remet son destin entre les mains des Inuit. Finalement, ceux-ci reviennent et la suite de l'expédition est un succès.

Précieux compagnon

Fils d'Uutaq, un des Inuit qui accompagnèrent Peary au pôle Nord, Kutsikitsoq participe activement aux expéditions de Jean Malaurie dans les années 1950. Avec sa femme Natuk, il forme un des couples qui suivirent l'explorateur français pendant 1500 km en terre d'Inglefield. Son visage illustre la première édition des *Derniers Rois de Thulé*. Pour lui faire honneur, Jean Malaurie a transmis le nom de Kutsikitsoq à son propre fils.

Une grande clairvoyance

En juin 1951, après un raid au pôle géomagnétique, Jean Malaurie revient à Thulé en compagnie de deux Inuit. Lors d'une halte, l'un d'eux, Sakaeunnguaq, improvise un chant chamanique et prévoit un immense malheur pour son peuple. Peu après, les trois hommes découvrent un spectacle hallucinant : sur une plaine encore déserte trois mois plus tôt, une base militaire américaine et une piste d'atterrissage pour avions porteurs de charges nucléaires sont en cours de construction. C'est le choc.

Un livre témoignage

Révolté par ce mépris d'une grande puissance occidentale envers les Inuit, Jean Malaurie décide d'alerter l'opinion internationale. Son témoignage, *Les Derniers Rois de Thulé*, paru en 1955, connaîtra le succès, mais n'empêchera pas la catastrophe prévisible. Le 21 janvier 1968, un bombardier B52 s'écrase non loin de la base, répandant des matières radioactives qui provoquent la contamination de la région et une très forte augmentation de la mortalité des hommes.

Le Fonds polaire

En 1957, Jean Malaurie fonde à l'EHESS le centre d'études arctiques qui formera de nombreux chercheurs. La bibliothèque du centre, ou « Fonds polaire Jean Malaurie », hébergée au sein du Muséum d'histoire naturelle de Paris, est la seule bibliothèque polaire française avec plus de 30 000 ouvrages. Elle s'est enrichie en 2000 de toute la documentation des Expéditions polaires françaises.

Pour improviser son chant, le chaman Sakaeunnguaq utilise un carton et un couteau en guise de tambour.

L'homme que son rire précédait

Dans son livre *Ultima Thulé*, qui retrace les relations entre les Occidentaux et les Inuit, Jean Malaurie rend hommage au Danois Knud Rasmussen, le premier à se soucier des intérêts inuit. Il a accompli 7 expéditions scientifiques dans l'extrême nord du Groenland. Respectueux des hommes polaires, il a collecté leurs légendes. Réputé pour son charme, Knud Rasmussen était surnommé « l'homme que son rire précédait ».

Resté seul sur les lointaines et désertiques terres d'Inglefield, Jean Malaurie est rejoint par les Inuit partis chercher du ravitaillement.

Marcheur au long cours

Né dans le Tarn en 1946, Jean-Louis Étienne prend part à plusieurs expéditions en montagne et sur mer avant de se consacrer à l'aventure polaire. Ses exploits, à but sportif, scientifique et humain, en font l'un des grands aventuriers des pôles.

Seul au pôle Nord

En mars 1986, Jean-Louis Étienne s'élance pour une marche que jamais personne n'a réussie. Son but ? Atteindre le pôle Nord seul et à pied. Tirant lui-même son traîneau, suivi à distance par à une balise de repérage Argos, il doit accomplir 1 200 km à skis, à raison de 8 à 13 heures par jour. Soixante-trois jours après son départ, il atteint le toit du monde. Celui que ses amis surnomment « Papi » vient d'accomplir une grande première. C'est avant tout une victoire de la volonté, dans une nature toute-puissante, où « le marcheur des pôles » a déjoué le blizzard, le froid, la glace et la banquise.

Jean-Louis Étienne en route pour le pôle Nord en février 1986.

Une rencontre inattendue

Le 8 avril 1986, à 18 heures, alors qu'il prend son repas sous sa tente, au beau milieu de l'océan Arctique, Jean-Louis Étienne entend des chiens aboyer. Il croit halluciner. En fait, il vient de croiser une expédition américaine dirigée par Will Steger, elle aussi en marche vers le pôle. En plein milieu de la banquise déserte à perte de vue, cette rencontre est incroyable. Les deux hommes uniront leurs énergies quelques années plus tard, lors de la *Transantarctica*.

Une aventure à six

Jean-Louis Étienne, avec l'Américain Will Steger, le Russe Viktor Boyarsky, le Chinois Tchin Daho, le Britannique Geoff Sumer et le Japonais Keizo Funatsu, partent en juillet 1989 de la pointe de la péninsule Antarctique. L'aventure qu'ils tentent, la *Transantarctica*, doit les conduire de l'autre côté du continent blanc, soit près de 6 500 km de désert glacial à parcourir à skis, avec des attelages de chiens tirant trois traîneaux chargés de vivres et de matériel. Le 11 décembre 1989, l'équipe atteint le pôle Sud et la base américaine Amundsen-Scott ; le 3 mars 1990, elle arrive à la base russe de Mirny, sur la côte est, au terme de 218 jours de marche.

Voilier des glaces

Long de 36 mètres et large de 10 mètres, pourvu d'une coque renforcée et arrondie pour résister à la compression des glaces, le voilier *Antarctica* a été construit en s'inspirant du *Fram* de Nansen. C'est d'ailleurs pour renouveler l'aventure de l'explorateur norvégien – se laisser prendre par la banquise et dériver avec elle à travers l'océan Arctique – que Jean-Louis Étienne a fait construire ce bateau. Faute de financement, il n'a pu accomplir ce rêve. Mais il a tout de même navigué à bord de l'*Antarctica* sur les mers polaires.

Aujourd'hui rebaptisé *Tara*, l'*Antarctica* a effectué un hivernage au Spitzberg et une expédition jusqu'en mer de Ross.

Mission banquise

En avril 2002, un hélicoptère dépose Jean-Louis Étienne et son *Polar Observer* au pôle Nord. À bord de cette sorte de capsule spatiale, conçue pour affronter les conditions climatiques extrêmes et capable de surnager en cas de fracture de la glace, l'aventurier français va se laisser dériver au gré du déplacement de la banquise. Pendant quatre mois, il parcourt 420 km, puis est récupéré par le *Yamal*, un brise-glace russe venu du Spitzberg. Durant cette mission, il a transmis aux chercheurs de nombreuses observations et mesures sur la glace, la météo, le rayonnement solaire et la salinité de l'océan. Son aventure a été suivie par de nombreux écoliers dans le cadre d'un programme éducatif, grâce à Internet.

Traversée de l'Arctique en ballon

En avril 2010, Jean-Louis Étienne a réussi, en 5 jours et 1 h 30, la première traversée en solitaire du pôle Nord en ballon entre le Spitzberg et la Sibérie, sur une distance de 3130 km. Cette expédition avait aussi pour but d'effectuer des mesures scientifiques (CO_2, champ magnétique, particules en suspension, ozone troposphérique).

Par leur exemple d'une coopération internationale réussie, les six hommes participant à l'expédition *Transantarctica* ont plaidé pour que l'Antarctique demeure un continent partagé.

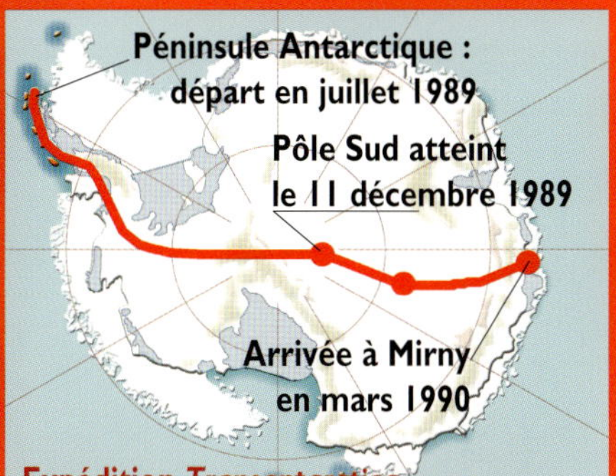

Expédition *Transantarctica*

Acheminé en morceaux, le *Polar Observer* a été assemblé sous une tente gonflable à 130 km du pôle jusqu'où il a été transporté par hélicoptère. Il pesait 1,2 tonne.

Les pôles au féminin

Il faut attendre 1935 pour qu'une femme, l'épouse d'un capitaine baleinier norvégien, débarque pour la première fois sur le continent antarctique. Depuis, les femmes se sont lancées dans l'aventure polaire et ont prouvé qu'elles y ont autant leur place que les hommes.

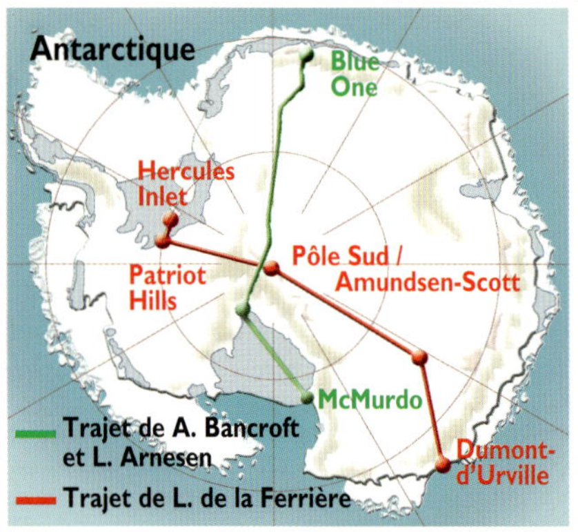

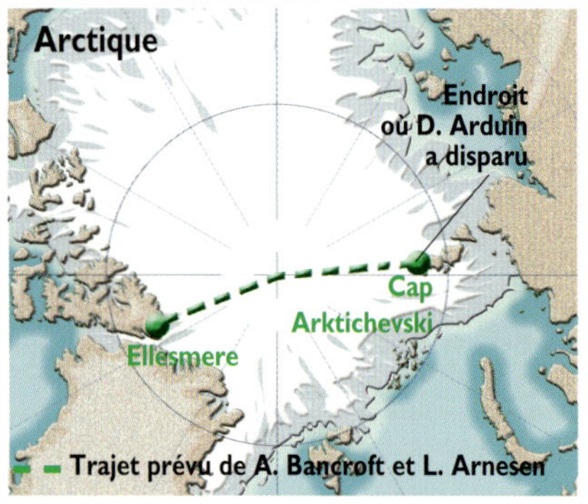

Si la traversée de l'Antarctique a été réussie de part en part, celle de l'Arctique semble une entreprise plus périlleuse encore.

Conquérante des déserts blancs

Née en 1957 à Casablanca, Laurence de la Ferrière a 20 ans quand elle découvre la montagne. Pendant une dizaine d'années, de 1984 à 1994, elle se consacre à l'ascension des hauts sommets dans les Alpes puis dans l'Himalaya. En 1992, elle atteint 8 700 mètres d'altitude sans oxygène, record mondial pour une femme. Son goût de la solitude et son attirance pour les grands espaces de neige et de glace la poussent alors vers les régions polaires. En 1995, elle enchaîne la traversée du Spitzberg, puis celle du Groenland en complète autonomie. Mais elle ne s'arrête pas à ces deux exploits. Pour elle, ce n'est qu'un entraînement avant de s'élancer seule à travers le continent antarctique.

Laurence de la Ferrière

Le soleil est au rendez-vous lorsque Laurence de la Ferrière parvient au pôle Sud (symbolisé par un piquet surmonté d'une boule).

Exploit en solo

Le 6 février 2000, Laurence de la Ferrière atteint la base Dumont-d'Urville. Partie du pôle Sud, elle vient de parcourir près de 3 000 km, après avoir fait escale à la station scientifique Concordia. Sur cette distance, elle a tiré un traîneau de 140 kg, à la force de ses muscles ou grâce à des voiles de traction. Par ailleurs, elle avait déjà relié Hercules Inlet au pôle Sud (1 400 km) entre novembre 1996 et janvier 1997. Ainsi, elle devient, en deux expéditions complémentaires, la première femme à avoir traversé la calotte glaciaire en solo. Pour cela, il lui aura fallu défier des températures de – 50 °C, des vagues de glace, des vents extrêmes, en n'étant reliée à la civilisation que par une balise Argos et une radio.

La balise Argos

Cet appareil émet des signaux à intervalles réguliers et les envoie par l'intermédiaire de satellites à un centre situé à Toulouse. Les aventuriers peuvent donc être suivis pendant leur progression et localisés avec précision. En cas de besoin, un interrupteur spécial peut être actionné pour envoyer un signal de détresse. Ainsi les secours sont aussitôt organisés.

Ann Bancroft et Liv Arnesen

Disparue

Sportive de haut niveau, Dominick Arduin, Finlandaise d'origine française, voulait être la première femme à atteindre le pôle Nord en solitaire. Partie du cap Arktichevski, le 4 mars 2003, elle échoue dans cette première tentative, victime d'un accident qui ne la décourage pourtant pas. Elle repart seule le 5 mars 2004. Peu après son départ, on perd sa trace. En dépit de toutes les recherches, elle n'a pu être retrouvée.

Exploits en duo

En 2001, l'Américaine Ann Bancroft (45 ans) et la Norvégienne Liv Arnesen (47 ans) sont devenues les premières femmes de l'histoire à avoir traversé l'Antarctique d'une seule traite par voie « terrestre ». Il leur a fallu 94 jours pour réussir cette entreprise de plus de 2 700 km. Avant cela, ces deux enseignantes avaient déjà accompli une liste impressionnante d'exploits. En 1986, Ann Bancroft avait été la première femme au pôle Nord ; en 1994, Liv Arnesen la première au pôle Sud. En 2005, ces deux aventurières se sont lancées dans une traversée de l'Arctique qui devait les mener de la Russie au Canada. Mais elles ont dû renoncer à cause d'un problème technique. Ce n'est que partie remise. Elles espèrent réussir en 2007.

Dominick Arduin

Les nouveaux aventuriers

Vu du haut de son mât, *Vagabond* se fraye un chemin à travers les blocs de banquise.

Dernières régions inhabitées de la planète, les pôles attirent de nouvelles générations d'aventuriers et de sportifs en quête d'exploits ou bien cherchant à renouer avec la vie sauvage. Pour tous, ces aventures sur mer, sur terre ou dans les airs constituent l'occasion d'accomplir un rêve… dans l'enfer blanc.

À la force des vents

À la fin des années 1960, Jérôme Poncet et Gérard Janichon entament un périple maritime qui les conduit d'abord dans l'Arctique, puis dans l'Antarctique. Leur voilier de plaisance, le *Damien*, est le premier de ce type à voguer à de si hautes latitudes. À bord d'un autre voilier, le *Damien II*, Jérôme Poncet et sa femme Sally poursuivent leur rêve polaire dès 1979, explorant la péninsule Antarctique pendant plus de vingt ans.

En aile volante

En 1982, Hubert de Chevigny parvient au pôle Nord magnétique en ULM après une audacieuse expédition solitaire de quatre semaines. Toujours avec une aile volante motorisée, il décolle pour le pôle Nord géographique en 1986. Mais le brouillard et un crash l'obligent à abandonner à 800 km du but. Il repart l'année suivante, accompagné de Nicolas Hulot, pour cette destination. Après une odyssée de 14 jours au-dessus de 2 400 km de glace, les deux hommes atterrissent au pôle Nord avec leur petit monoplace.

Parmi les différents moyens de déplacement utilisés par les membres de l'expédition Transglobe, les motoneiges posaient le problème du ravitaillement en carburant. Celui-ci était livré en avion. Mais il y avait aussi d'autres dangers comme les chutes dans les crevasses, par exemple.

Voilier de choc

À partir de mai 2002, *Vagabond*, un voilier de 15 m, conçu pour la navigation polaire, part de France pour le tour de l'Arctique. À l'aller, il franchit le passage du Nord-Est sans l'aide d'un brise-glace ; au retour, en octobre 2003, il rentre par le passage du Nord-Ouest, où il échappe de justesse à l'emprise du pack qui bloque le détroit de Franklin. Éric Brossier, Gérard Guérin et France Pincson du Sel ont réussi un exploit. Depuis, ils mettent leur bateau à la disposition de scientifiques, de sportifs ou d'artistes passionnés par les régions polaires.

Sur la trace des nomades et des pionniers

Depuis plus de vingt ans, Nicolas Vanier sillonne le Grand Nord à cheval, en traîneau à chiens, en radeau et en canoë. En 1986-1987, il parcourt 7 000 km à travers les Montagnes Rocheuses jusqu'à la mer de Béring. En 1990-1991, il va de la Mongolie à l'océan Arctique. En hiver 2005-2006, il s'élance en traîneau pour une odyssée sibérienne de 8 000 km du lac Baïkal jusqu'à Moscou. En mai 2000, Gilles Elkaim s'engage en solitaire sur un itinéraire de 10 000 km au nord du Cercle polaire. Alternant kayak et traîneau, en trois étés et trois hivers, il va du cap Nord au détroit de Béring. Plus que sur l'exploit, ces deux aventuriers veulent attirer l'attention sur la nature menacée et les peuples oubliés.

Franchir les obstacles est toujours délicat avec un traîneau très chargé. Nicolas Vannier, ici sur la rivière Stikine, le sait depuis longtemps.

Pari tenu !

Un tour du monde par les pôles : tel est le pari fou qu'a réussi l'aventurier britannique Ranulph Fiennes après sept ans de préparation et trois ans de voyage de 1980 à 1982. Parti de Greenwich, il a successivement traversé l'Europe, l'Afrique, l'Antarctique, l'Australie, l'Amérique du Nord et l'Arctique, et parcouru 65 000 km. À l'occasion de ce voyage hors du commun, il a effectué la première traversée du continent antarctique par le pôle Sud avec des motoneiges et celle de l'Arctique par le pôle Nord, en utilisant plusieurs moyens de locomotion : bateau, skis et traîneau, motoneige, kayak… Cet exploit a été réalisé au prix d'une importante organisation, avec le soutien d'une équipe de base arrière et de plusieurs solides compagnons d'aventure, réunis au sein de l'expédition Transglobe.

Exploit solitaire

Le Norvégien Børge Ousland est le premier homme à avoir atteint le pôle Nord, seul et sans assistance, le 23 avril 1994. Il était parti de cap Arktichevsky, en Sibérie. Il est également l'auteur de la première traversée intégrale de l'Antarctique en solitaire sans ravitaillement, en 1996-1997. Depuis l'île Berkner jusqu'à la mer de Ross, il a accompli un trajet de 2 845 km, en 64 jours.

Pour une bonne cause

Aller au pôle Sud peut servir une bonne cause. C'est ainsi qu'en 1999-2000 le Britannique Miles Hilton-Barber, devenu aveugle à 30 ans, a tenté l'aventure afin de récolter de l'argent en faveur de l'Institut royal national pour les aveugles. En 2002-2003, un groupe de six personnes diabétiques ont fait de même pour alerter l'opinion sur les problèmes causés par leur maladie.

Pôles, sciences et techniques

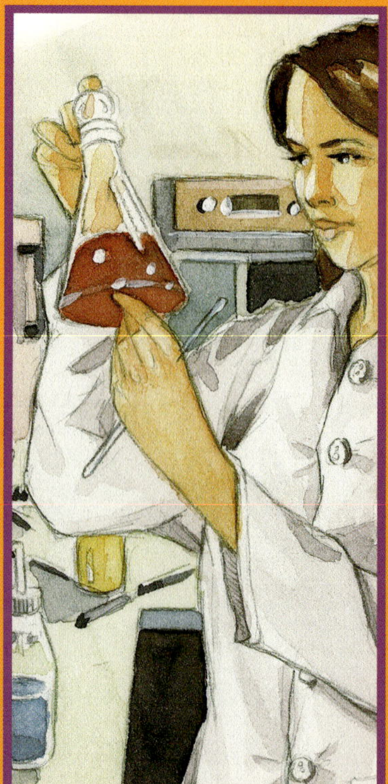

L'exploration des régions polaires a toujours été dépendante des techniques et motivée par les découvertes scientifiques. Aujourd'hui, de puissants brise-glace tracent leur route à travers la banquise et les chercheurs bénéficient de bases bien équipées. Dans ce laboratoire naturel, avec des technologies de pointe, ils poursuivent des recherches qui concernent la Terre entière. Mais les pôles sont aussi une fenêtre ouverte sur le cosmos d'où viendront peut-être des révélations sur la matière et l'énergie en provenance des étoiles.

Labboureurs de banquise

Avec sa gueule d'orque peinte sur sa proue, le *Yamal*, brise-glace nucléaire russe, « avale » la glace en avançant à 10 nœuds (18 km/h).

Pour naviguer sur les mers gelées, un seul moyen : les brise-glace. Au pôle Nord, ces géants d'acier permettent de maintenir les routes maritimes tout au long de l'année. Mais au pôle Sud, aucun ne s'aventure à franchir 2 000 km d'océan gelé en hiver, la navigation des bateaux adaptés à la glace n'y reprend qu'au début du printemps.

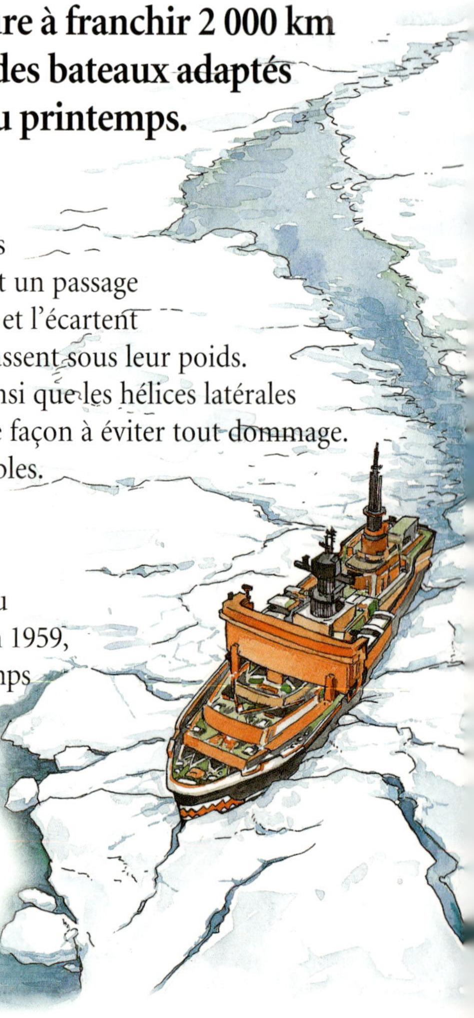

Renforcés et puissants

Dotés d'une coque ultrarenforcée et de moteurs extrêmement puissants, les brise-glace se fraient un passage dans la glace de deux façons : soit ils la fendent et l'écartent avec leur étrave ; soit ils montent dessus et la cassent sous leur poids. Leurs hélices de propulsion, avant et arrière, ainsi que les hélices latérales utilisées pour les manœuvres, sont protégées de façon à éviter tout dommage. Les plus modernes ont des propulseurs orientables.

De la vapeur au nucléaire

D'abord à vapeur, les brise-glace ont été peu à peu équipés de moteurs diesel ou de turbines. Puis, en 1959, avec le brise-glace soviétique *Lenin* est venu le temps de la propulsion nucléaire. C'est un brise-glace russe utilisant cette énergie, l'*Arktika*, qui fut le premier bâtiment de surface à atteindre le pôle Nord le 17 août 1977. Avec ses deux réacteurs nucléaires, il a pu fendre la banquise épaisse de 3 à 4 mètres à certains endroits tout en avançant à environ 4 km/h. Depuis 1958, les Soviétiques ont construit huit brise-glace à propulsion nucléaire.

Vibrations et roulis

La navigation à bord de brise-glace présente deux inconvénients : d'inconfortables vibrations dues aux chocs avec la glace et, à cause de leur forme arrondie, un important roulis pendant la navigation classique en mer libre. Afin d'atténuer ces vibrations, leurs superstructures comportant, entre autres, les cabines et la passerelle sont isolées de la coque. Un système de réservoirs d'eau, les ballasts, permet d'atténuer le roulis en faisant contrepoids.

Aujourd'hui, un brise-glace nucléaire comme le *Yamal* pose la question de son entretien.

Techniciens à l'œuvre sur l'hélice du *Manhattan*, navire polaire américain.

Plusieurs rôles

La Russie, les États-Unis et le Canada possèdent la plus belle flotte de brise-glace au monde. Leurs principales missions consistent à tracer la route pour les convois de navires commerciaux ou bien à libérer les fleuves et les ports de l'emprise glaciaire. Ils jouent un rôle essentiel dans le commerce et l'acheminement des matières premières (gaz, charbon...), ainsi que dans le ravitaillement des villages, des camps ou des bases isolés. Ils contribuent également à la prévention des inondations en brisant les barrages de glace lors de la débâcle. Certains remplissent une mission de repérage et d'information sur l'état des mers et de la banquise.

Interventions d'urgence

En mars 1985, le *Somov*, navire ravitailleur de la base russe de Mirny en Antarctique, a été libéré du pack qui l'emprisonnait depuis 33 jours grâce à l'intervention d'un brise-glace nucléaire envoyé de Vladivostok, port de Sibérie. De même, en octobre 1983, il a fallu que trois brise-glace travaillent pendant un mois pour libérer 51 navires immobilisés par la banquise à l'ouest du détroit de Béring.

La tourelle du sous-marin nucléaire américain *Whale* vient de briser la banquise pour faire surface.

VINGT MILLE LIEUES SOUS LA GLACE

Puisqu'il est difficile de naviguer en surface à cause de la glace, pourquoi ne pas se déplacer sous les eaux de l'océan arctique ? L'Australien Hubert Wilkins tente l'expérience en 1931 avec son *Nautilus*, baptisé ainsi en hommage à Jules Verne. Il échoue. En 1958, un autre *Nautilus*, sous-marin à moteur atomique américain, parvient à traverser l'océan Arctique du Pacifique à l'Atlantique. Six mois plus tard, le 17 mars 1959, le *Skate*, utilisant lui aussi l'énergie nucléaire, fait surface au pôle Nord.

Des bateaux laboratoires

Classés parmi les brise-glace ou parmi les bateaux polaires à « capacité glace », quelques navires possèdent l'équipement nécessaire à la recherche scientifique dans les régions arctique et antarctique. Ce sont de véritables laboratoires flottants.

- A - PC scientifique
- B - Plate-forme de carottage
- C - Treuil océanographique
- D - Laboratoire
- E - Grue hydraulique
- F - Salle des microscopes
- G - Treuil d'hydrologie
- H - Conteneurs-laboratoires
- I - Plate-forme hélico
- J - Passerelle
- K - Antenne-satellite
- L - Propulseurs latéraux

Bateau scientifique, le *Marion Dufresne* est aussi un bareau ravitailleur. Parti de l'île de la Réunion, il parvient ici aux Kerguelen où il va déposer des vivres, du matériel et des hommes.

Beaucoup de brise-glace possèdent une piste d'atterrissage pour hélicoptères qui servent à les relier à la terre ferme.

Un navire polyvalent

Construit en 1995, long de 120,50 m, pouvant embarquer 110 passagers, le *Marion-Dufresne* assure le transport du matériel et du personnel en direction des îles australes françaises : Crozet, Kerguelen, Amsterdam, durant la période estivale. Opérationnel dans tous les domaines de l'océanographie, pourvu d'un carottier géant capable d'extraire des longueurs de sédiments de 60 mètres, il parcourt les océans le reste de l'année afin d'y effectuer des travaux scientifiques.

Tous les bateaux polaires fonctionnent aujourd'hui avec des technique de pointe.

Un projet européen

En août 2004, lors de l'Arctic Coring Expedition (ACEX), une carotte de sédiments de 400 m (permettant de remonter à 55 millions d'années) a été extraite du plancher de l'océan Arctique dans le but de mieux connaître l'histoire du climat terrestre. Cette mission a nécessité trois puissants brise-glace : le Norvégien *Vidar Viking* pour le forage, le Suédois *Oden* et le Russe *Sovetskyi Soyuz* chargé de la protection de la plate-forme de forage contre les glaces mouvantes. Afin de poursuivre ce programme de recherche, un projet de brise-glace européen a été conçu. Appelé *Aurora Borealis*, il sera à mi-chemin entre un navire à la coque arrondie et une plate-forme de forage.

La science à bord

Appartenant à l'Institut Alfred-Wegener, le brise-glace allemand *Polarstern* est le navire de recherche polaire le plus sophistiqué au monde. Depuis son lancement en 1982, il a effectué 32 missions en Arctique et en Antarctique. Il navigue 320 jours par an. Long de 118 m, conçu pour affronter des températures de – 50 °C, il possède une puissance suffisante pour rompre les glaces de 1,50 m d'épaisseur en avançant à une vitesse approximative de 5 nœuds (moins de 10 km/h). Équipé de deux hélicoptères, de neuf laboratoires de recherche et d'instruments de mesures destinés aux eaux et aux fonds marins, il constitue une plate-forme de travail pour de nombreux scientifiques.

Stations du bout du monde

Les bases polaires sont, selon les cas, utilisées uniquement en été, ou tout au long de l'année. Sur le continent antarctique, ces stations demeurent les seuls lieux habités, à la différence de l'Arctique où la présence humaine est plus répandue.

Base française de Dumont-d'Urville (Antarctique).

De toutes tailles

Simple cabane, bâtiments enfouis sous la neige, constructions étudiées pour résister aux déformations de la glace en mouvement sur laquelle elles sont bâties ou véritable « petite ville » avec tout le confort moderne, telles sont les bases scientifiques aujourd'hui. Elles diffèrent en fonction de leur budget de construction et de fonctionnement, de leur utilisation temporaire ou permanente, de l'endroit où elles sont implantées. Les plus inaccessibles sont évidemment les plus coûteuses.

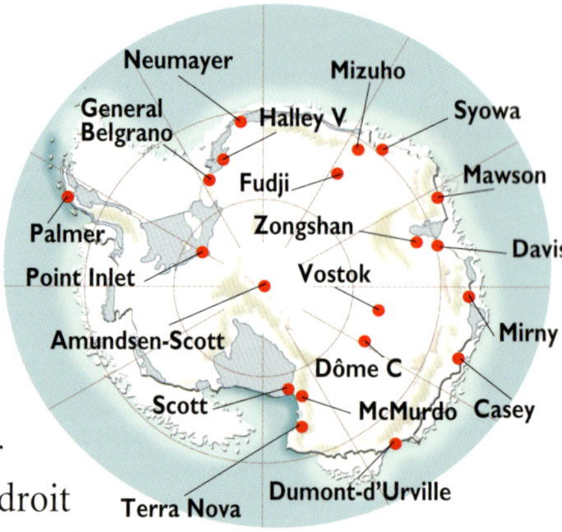

Bases polaires en Antarctique.

Les bases du pôle Sud

En Antarctique, les Américains, leaders de la recherche polaire mondiale, gèrent entre autres les stations Amundsen-Scott, implantée au pôle Sud, et celle de McMurdo sur l'île de Ross, où la population peut avoisiner 1 200 personnes en été. Dans la péninsule Antarctique et les îles environnantes se concentre un grand nombre de bases : le Chili et l'Argentine en comptent plus de 20. L'Australie possède les 3 bases de Casey, Davis et Mawson ; la Nouvelle-Zélande, celle de Scott. La Russie est bien implantée avec 7 stations, dont celle de Vostok, la plus isolée de toutes. Le dôme Fudji est japonais, Zongshan est chinoise.

Bases dérivantes

En 1937, au pôle Nord, une équipe russe construit un camp sur la banquise en mouvement. Cette expérience dure 274 jours. Marquant la présence russe dans l'Arctique, ce type de base à but scientifique existe encore aujourd'hui malgré les dangers. En mars 2004, une de ces stations a coulé à cause d'une fracture de glace ; ce qui n'a pas empêché l'installation d'une nouvelle, 6 mois après, sur un morceau de banquise de 4 km sur 3.

Plusieurs fois reconstruites

Situées sur des plates-formes glaciaires, au pôle Sud, les stations de Neumayer et de Halley V se déplacent en même temps que la glace sur laquelle elles sont arrimées. Un jour viendra où, parvenues à l'extrémité, elles partiront à la dérive avec l'iceberg qui se sera détaché. Pour cette raison, ces deux bases allemande et britannique ont déjà été plusieurs fois abandonnées et reconstruites.

Base britannique de Halley V (Antarctique).

Les bases du pôle Nord

Le site de Ny-Alesund sur l'archipel du Svalbard, sous autorité norvégienne, regroupe plusieurs stations en Arctique. Ce lieu est devenu l'un des principaux postes de surveillance du climat et de l'environnement de toute la région arctique : on y étudie l'épaisseur de la banquise et la salinité des courants océaniques. La Russie entretient plus de 50 stations du cap Nord à la péninsule du Kamtchatka, dont la base Krankel, la plus au nord de la planète, sur l'archipel François-Joseph. À l'extrémité nord d'Ellesmere se situe la base d'Alert, spécialisée dans les observations du climat et de la haute atmosphère.

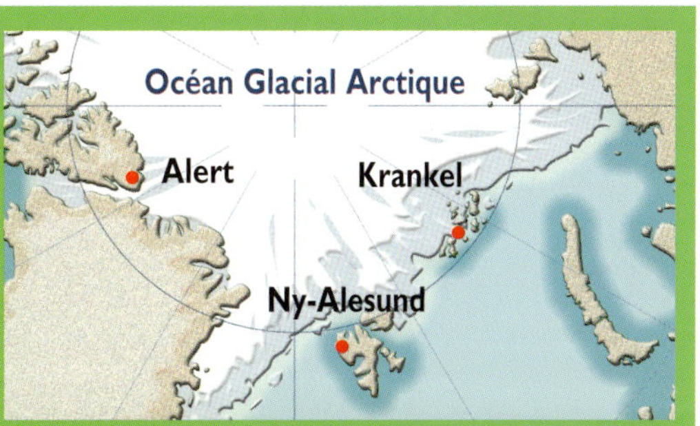

UN POSTE DE SURVEILLANCE AVANCÉ

La Norvège, la Suède, le Royaume-Uni, la Pologne et l'Italie sont représentés, à Ny-Alesund, de même que la Chine, le Japon et la Corée. La France et l'Allemagne, aussi, y ont rassemblé leurs moyens pour créer un centre de recherche commun.

L'Europe polaire en Antarctique

Avec 12 bases permanentes et 10 bases d'été réparties entre le continent et les îles subantarctiques, l'Europe est bien représentée sur le continent blanc. Le Royaume-Uni et la France y détiennent le plus grand nombre de stations. La Britannique Halley V, installée sur la plate-forme de Brunt en mer de Weddell, est bien placée pour les observations de la haute atmosphère et de l'espace. Outre la station Dumont-d'Urville située dans l'archipel de Pointe-Géologie, les Français sont présents à la base Concordia, qu'ils partagent avec les Italiens.

Station américaine de McMurdo (Antarctique).

LES FRANÇAIS SUR LE CONTINENT BLANC

La France possède plusieurs bases dans les îles subantarctiques. Celle des îles Kerguelen date de 1951 ; Port-aux-Français peut héberger plus de 100 personnes en été et 60 en période d'hivernage. À Crozet se trouve la base scientifique Alfred-Faure d'une capacité de 60 personnes en été. La station franco-italienne de Concordia est construite à 3 200 m d'altitude sur le plateau continental, au Dôme C distant de 1 100 km de la base Dumont-d'Urville et de 1 200 km de Terra Nova Bay (base italienne). Ce site a été choisi en fonction de nombreux critères scientifiques. Le premier hivernage a eu lieu en 2005, après 10 ans de construction.

Une vie saisonnière

Après le travail, chacun peut se détendre dans la bibliothèque, la vidéothèque ou devant des spectacles donnés par des volontaires.

Le nombre de personnes en Antarctique passe d'environ 5 000 en été, période d'intense activité, à 1 000 pendant les neuf mois d'hiver. Répartis en communautés, ces hivernants demeurent isolés du monde jusqu'à la reprise des liaisons aériennes ou maritimes au printemps.

Un relatif confort

En Antarctique, la plupart des bases permanentes offrent un confort relatif. Les bâtiments chauffés sont conçus pour protéger des froids extrêmes et des violentes intempéries. De puissants moteurs à fioul et des éoliennes produisent l'électricité indispensable ; l'eau potable est obtenue par traitement de l'eau de mer ou bien par fonte de la neige. En général, les bâtiments de travail et de stockage sont séparés des lieux d'habitation avec chambres individuelles, de façon à préserver le calme nécessaire au repos. Un peu comme sur un bateau, la vie dans une base est collective. Les repas se prennent dans une salle commune.

Flammes destructrices

L'incendie est un danger à prendre très au sérieux dans les bases. En 1952, les chercheurs français installés dans l'ancien site de Port-Martin en ont fait la triste expérience. Attisées par le vent, les flammes ont ravagé la base sans qu'il soit possible de les maîtriser. Heureusement, aucun homme n'a été blessé. Depuis, les stations sont composées de plusieurs bâtiments distincts, de façon à éviter de tout perdre si le feu se déclare.

Isolés du monde extérieur

Les habitants des bases se divisent entre scientifiques et personnel technique (conducteurs d'engins, plombiers, électriciens, informaticiens, cuisiniers…), auxquels s'ajoutent un ou plusieurs médecins. Parmi les difficultés se présentant au cours d'un hivernage, la plus déroutante est sans doute le manque de repères temporels dus à l'absence d'ensoleillement pendant longtemps. Un rythme de vie strict est donc observé. Il est également indispensable de bien supporter la vie en groupe dans un espace limité, d'avoir une bonne santé et un moral solide. Coupés de leur famille, les hivernants peuvent connaître des périodes de blues. Et pas question d'avoir un animal de compagnie : chiens et chats sont strictement interdits sur le continent blanc !

À McMurdo, en Antarctique, on arrive à faire pousser des tomates grâce à la lumière artificielle !

À McMurdo, des géologues attellent leurs traîneaux à leurs motoneiges avant de partir en mission.

Raids sur la calotte glaciaire

Pour effectuer leurs campagnes d'observations ou de mesures, les chercheurs sont amenés à s'éloigner des bases. Les longs déplacements s'effectuent à bord d'engins semblables à de gros tracteurs équipés de chenilles et tirant des remorques. Certains comportent des couchettes et une cuisine. La plupart fonctionnent au diesel et possèdent un système de préchauffage du moteur. Les courtes distances peuvent être effectuées en scooters des neiges tirant des traîneaux ou bien à ski. Les tentes et les duvets employés dans les campements sont prévus pour les climats polaires, de même que l'équipement vestimentaire et l'alimentation.

APPROVISIONNÉS PAR AVION

Certains pays acheminent hommes et matériels par avion. C'est notamment le cas des États-Unis dont les Hercules relient la Nouvelle-Zélande à l'Antarctique en 3 heures. La piste d'atterrissage de Williams à 16 km de McMurdo à l'intérieur du continent reçoit les avions équipés de skis. Une autre piste tracée sur la glace de mer est opérationnelle pour gros avions-cargos tant que la glace reste solide. Les avions plus légers ou les hélicoptères servent pour les trajets plus courts.

Questions de santé

Avant leur départ, les personnes qui séjournent en Antarctique sont soumises à un examen médical rigoureux, de façon à détecter une éventuelle maladie qui ne pourrait être soignée sur place. Certains règlements exigent même qu'elles se soient fait enlever l'appendice. De plus, loin des pollutions urbaines et des épidémies, les hommes et les femmes sont moins exposés aux microbes. Les médecins soignent donc principalement des blessures, des gelures, des brûlures dues au soleil. En cas de maladie grave, si l'évacuation est impossible, il arrive que des interventions chirurgicales aient lieu sur place avec le secours de la télémédecine.

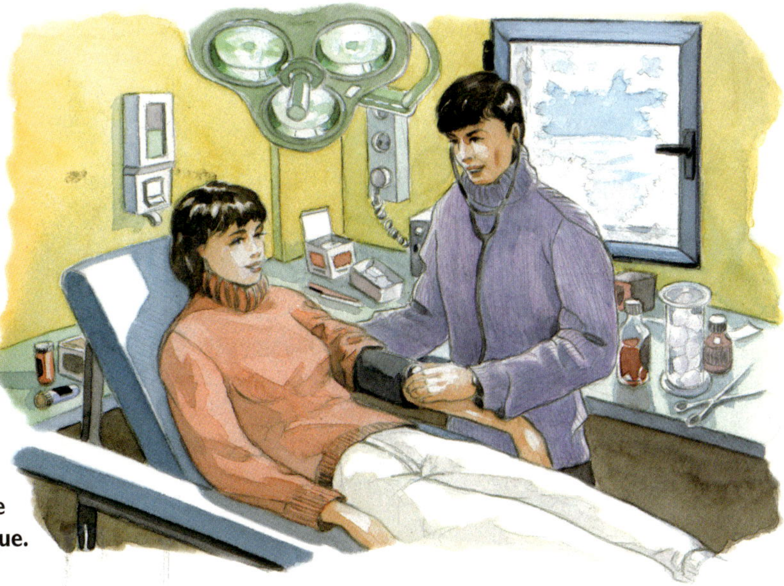

Cette patiente participe à un programme d'observations médicales en Antarctique.

Terres de science

Organismes internationaux

La recherche polaire est supervisée par deux organisations non gouvernementales, le SCAR (Comité scientifique pour la recherche antarctique) et l'IASC (Comité arctique international de la science). Leur rôle est d'organiser la coopération entre les différents instituts et organismes nationaux, de leur apporter des conseils et de coordonner leurs travaux.

Les pôles jouent un rôle clé dans le fonctionnement de la planète ; d'où l'importance de bien les connaître. Mais la recherche dans ces régions inaccessibles coûte très cher et rend nécessaire la coopération internationale.

150 ans de collaboration

Dès la fin du XIXe siècle, les scientifiques de tous pays comprennent l'intérêt de s'unir pour étudier les phénomènes à l'échelle de la planète et de l'Univers. Cette coopération débute avec les années polaires de 1882-1883 et 1932-1933 durant lesquelles sont menés des travaux en météorologie, magnétisme, océanographie. Elle reprend avec l'AGI (Année géophysique internationale) de 1957-1958. L'effort se concentre sur l'Antarctique : 12 pays dont la France, le Japon, le Royaume-Uni, l'URSS et les États-Unis y installent près de 50 stations. De cette collaboration découle, en 1959, la signature du traité de l'Antarctique, déclaré « terre de science et de paix ». L'expédition glaciologique internationale au Groenland, en 1959-1960, est un exemple de cette collaboration au pôle Nord.

Laboratoire de spectrométrie permettant d'observer la couche d'ozone.

Les Français et l'AGI

En 1953, le gouvernement français vote un budget pour sept années de recherche polaire. La moitié va à la terre Adélie où trois campagnes s'y succèdent, à l'occasion de l'AGI. La première (1955-1957) permet la construction des deux observatoires : Dumont-d'Urville sur l'île des Pétrels, et Charcot, à 320 km au sud du précédent. Dès mai 1957, commencent des relevés en météorologie et biologie, et des observations de la ionosphère. La seconde campagne (1956-1958) bénéficie de l'apport de deux weasels, d'un hélicoptère, d'appareils de mesure du magnétisme terrestre, de l'intensité lumineuse (photomètres) et de spectrographes. La troisième campagne (1957-1959) poursuit les observations entreprises et effectue les premières mesures d'ozone.

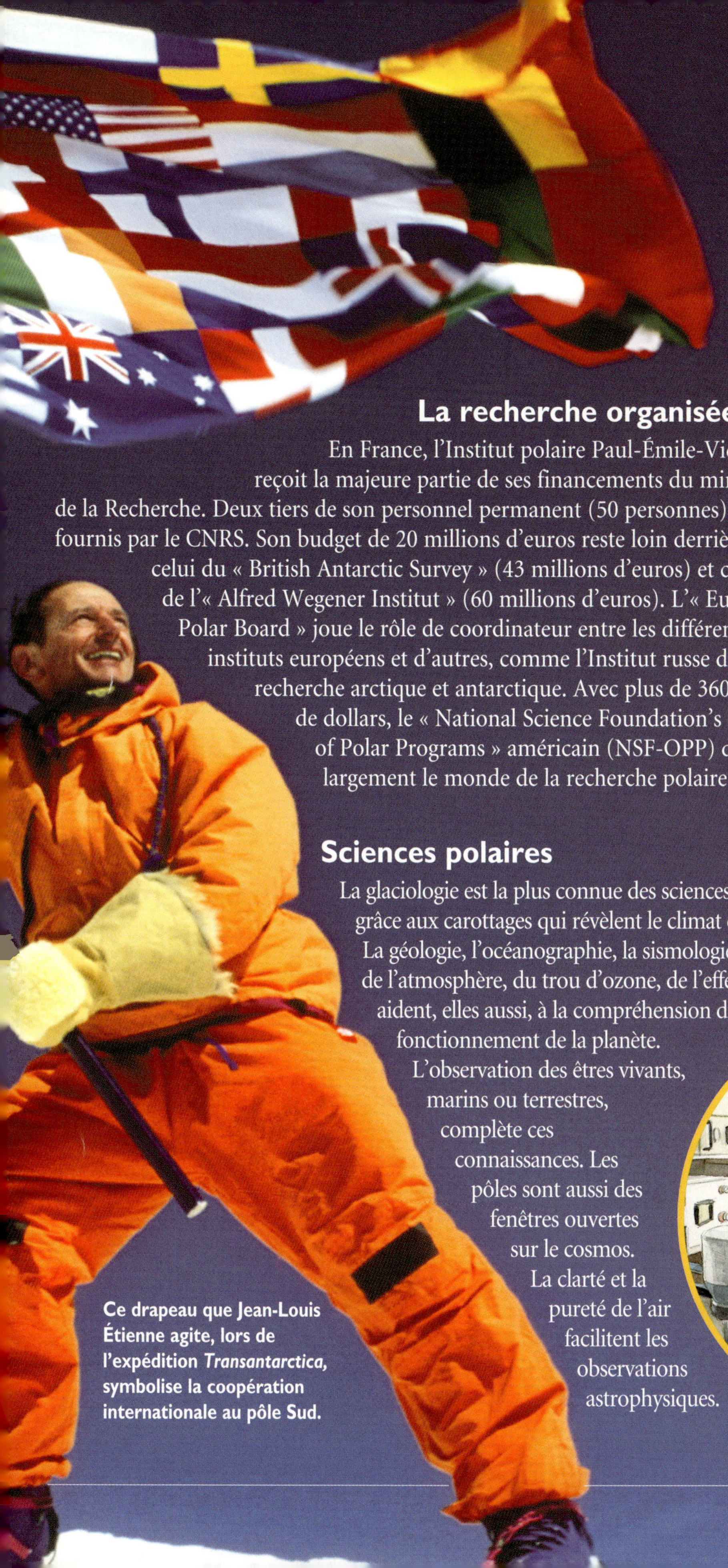

Claude Lorius, éminent glaciologue

Né en 1932, le glaciologue Claude Lorius est reconnu pour les études qu'il a menées sur les glaces polaires, plus particulièrement sur les bulles d'air incluses dans les carottes de glace obtenues par forage à grande profondeur. Ayant pris part à plus de vingt expéditions polaires entre 1960 et 1980, il a pu montrer le lien direct entre les taux de gaz à effet de serre dans ces bulles et l'évolution climatique pendant des périodes de 150 000 à 800 000 ans.

La recherche organisée

En France, l'Institut polaire Paul-Émile-Victor reçoit la majeure partie de ses financements du ministère de la Recherche. Deux tiers de son personnel permanent (50 personnes) sont fournis par le CNRS. Son budget de 20 millions d'euros reste loin derrière celui du « British Antarctic Survey » (43 millions d'euros) et celui de l'« Alfred Wegener Institut » (60 millions d'euros). L'« European Polar Board » joue le rôle de coordinateur entre les différents instituts européens et d'autres, comme l'Institut russe de recherche arctique et antarctique. Avec plus de 360 millions de dollars, le « National Science Foundation's Office of Polar Programs » américain (NSF-OPP) domine largement le monde de la recherche polaire.

Hommes et sociétés

Parent pauvre de la recherche en comparaison des sciences naturelles, la recherche arctique en sciences sociales et humaines prend de l'essor. S'intéressant aux peuples du froid du point de vue de la psychologie, l'archéologie, la linguistique, l'histoire, la santé, l'éducation…, le programme international BOREAS doit redonner sa juste valeur à leurs connaissances et étudier leur façon de s'adapter à leur environnement.

Sciences polaires

La glaciologie est la plus connue des sciences polaires, grâce aux carottages qui révèlent le climat du passé. La géologie, l'océanographie, la sismologie, l'étude de l'atmosphère, du trou d'ozone, de l'effet de serre aident, elles aussi, à la compréhension du fonctionnement de la planète.

L'observation des êtres vivants, marins ou terrestres, complète ces connaissances. Les pôles sont aussi des fenêtres ouvertes sur le cosmos. La clarté et la pureté de l'air facilitent les observations astrophysiques.

Ce drapeau que Jean-Louis Étienne agite, lors de l'expédition *Transantarctica*, symbolise la coopération internationale au pôle Sud.

Biologiste observant des micro-organismes.

Pour les pôles et au-delà

La connaissance du climat passé et de son évolution est une des priorités de la science polaire qui, pour cela, utilise des techniques de pointe. Mais elle peut s'étendre à d'autres domaines et employer des collaborateurs inattendus.

Comme les éoliennes, les panneaux solaires permettent de fournir de l'électricité « propre », mais ils ne fonctionnent que durant les mois où l'ensoleillement est suffisant.

De l'extraction au laboratoire

L'épaisseur et la stabilité des glaces déterminent l'emplacement des sites de forage glaciaire sur les inlandsis. Les carottes de 2 mètres de long et de 10 cm de diamètre sont extraites à l'aide des carottiers thermiques (munis d'une résistance chauffante) ou électromécaniques (dotés d'une tête à couteaux rotatifs). Une fois remontée en surface, la carotte est échantillonnée, stockée puis acheminée jusqu'au laboratoire. Certaines observations, comme celle des couches ou des cristaux, se font à partir de la glace non transformée ; pour des analyses telles que celle de la composition chimique, la glace est fondue et évaporée.

Télédétection spatiale

Depuis près de 30 ans, des satellites survolent les pôles et renvoient de multiples informations. Les images qu'ils captent permettent de surveiller au plus près l'évolution des calottes glaciaires et des banquises, ou bien celle du trou d'ozone. Les signaux qu'ils reçoivent des balises Argos miniatures installées sur des animaux, puis transmettent sur Terre, permettent de mieux déterminer les comportements de nombreuses espèces.

Calculs difficiles

Pour simuler le climat planétaire à venir, les chercheurs doivent prendre en compte un grand nombre de facteurs. Les données climatiques et la concentration des gaz à effet de serre, les particules en suspension dans l'air, leur sont fournies par les capteurs des stations de surveillance atmosphérique. Les satellites enregistrent la fonte des glaciers, de la banquise et du permafrost. Mais ces prévisions sont compliquées par l'analyse de certains facteurs : on ne sait pas déterminer la quantité de dioxyde de carbone et de méthane que la fonte du permafrost libérera dans l'atmosphère, ni prévoir les conséquences de la diminution des surfaces blanches responsables de l'albédo élevé. Difficile aussi de mesurer l'évolution du phytoplancton qui, grâce à la photosynthèse, absorbe une grosse quantité de dioxyde de carbone.

Lancé en 1991, le satellite européen ERS1 a permis d'observer l'ensemble du Groenland et 80 % de l'Antarctique.

Des scientifiques prélèvent des échantillons d'algues en Antarctique.

Auxiliaires de la science

Si les animaux sont observés avec attention par les biologistes qui s'intéressent à leur comportement face aux changements climatiques, ils peuvent aussi servir la science. Équipés de capteurs, des dauphins, des baleines, des phoques ou des éléphants de mer participent ainsi à des mesures effectuées aux grandes profondeurs où ils sont capables de plonger. Par ailleurs, des études de la physiologie des animaux du froid sont conduites dans le but de trouver des applications biomédicales. Par exemple, l'étude des bactéricides (produits qui tuent les bactéries) contenus dans l'estomac des manchots pourrait aboutir à leur utilisation dans la conservation des aliments.

Des igloos géants

Un chercheur allemand a imaginé des constructions de grande dimension, bâtis selon l'exemple des igloos inuit. La méthode consiste à recouvrir un dôme gonflable d'une couche de neige. Lorsque celle-ci est assez épaisse et compacte, le dôme d'air est dégonflé et retiré. Solidifiée par les froids extrêmes, la construction peut alors servir de hangar.

L'extraction manuelle des carottes de glace a été abandonnée au profit de méthodes mécaniques inspirées du forage pétrolier.

Pollutions industrielles

Des glaces vieilles de 2 000 ans, extraites au Groenland, ont révélé la présence de plomb correspondant aux activités minières et sidérurgiques gréco-romaines. Mais cette pollution atmosphérique est moindre par rapport à celle que l'on a détectée dans les bulles d'air des carottes glaciaires groenlandaise et antarctique pour la période industrielle. De plus, depuis 150 ans, la teneur en gaz à effet de serre dus à l'activité humaine (industries, transports…) augmente régulièrement.

Trou d'ozone en 2005.

Trou d'ozone

Gaz polluant au niveau du sol, l'ozone forme dans la haute atmosphère une couche, comprise entre 20 et 25 km d'altitude, qui filtre des rayonnements ultraviolets du Soleil. La découverte, en 1985, d'un « trou » dans cette couche au-dessus de l'Antarctique a suscité craintes et débats. Ce trou, qui est un appauvrissement de la concentration en ozone, apparaît de façon saisonnière. En 2000, il mesurait 29,2 millions de km^2 ; en 2004, 24,2 millions de km^2. Il existe également un trou d'ozone, moins vaste, au-dessus de l'Arctique. À la fin des années 1980, le rôle des CFC (chlorofluorocarbures) dans ce processus a été reconnu et un accord international a été signé à Montréal pour en interdire l'utilisation. Depuis que cet accord a été appliqué, il semblerait que le trou d'ozone diminue.

Un tremplin vers l'espace

Par sa position au cœur des phénomènes magnétiques provoqués par les vents solaires, offrant des conditions idéales pour l'observation des étoiles et du cosmos, l'Antarctique sert de tremplin vers l'espace. Désertique et hostile, c'est aussi un champ d'expérimentation pour les technologies spatiales et la psychologie des futurs explorateurs de l'espace.

Vue d'une aurore polaire au-dessus de l'Antarctique prise à partir de la navette spatiale *Atlantis*.

Même recouverts de givre, les câbles aériens de la base de Halley servent aux expériences spatiales.

« Cobayes » de laboratoire

La vie dans les bases présente de nombreuses similitudes avec celle des stations spatiales : lieu de vie étroit, isolement, contrainte de la vie en groupe, routine, absence de nourriture fraîche, manque de repères visuels et temporels. Toutes ces contraintes provoquent des troubles du sommeil, des dépressions, de l'agressivité… Des médecins étudient ces troubles sur les cobayes que sont les habitants des bases. Ils s'intéressent notamment aux hormones comme la mélatonine qui joue un rôle important dans le sommeil et les rythmes biologiques. Les résultats de leurs observations entrent dans le cadre de la préparation aux voyages spatiaux du futur.

Un puits d'énergie

La Terre agit comme un gigantesque aimant dont l'action se manifeste aux pôles. À ces points, les lignes de force du champ magnétique presque vertical forment une sorte de puits par où des particules électriquement chargées de plus ou moins haute énergie pénètrent. Les aurores polaires et les *black-out* (interruption des communications de haute fréquence qui, avant les satellites, empêchaient les liaisons radio) sont des manifestations perceptibles de ces particules. Celles-ci proviennent soit des vents ou des éruptions solaires, soit de l'explosion d'étoiles lointaines. L'Antarctique offre un terrain favorable pour leur mesure, permettant d'étudier les phénomènes d'accélération qui se produisent dans le cosmos.

Observations astronomiques

Plusieurs facteurs favorables à l'observation du ciel et des astres sont réunis dans les régions polaires, et plus particulièrement en Antarctique, loin des pollutions, en altitude élevée. Tout d'abord, le fait de se trouver près de l'axe de rotation de la Terre permet des observations continues, impossibles à d'autres latitudes à cause de la rotation terrestre. Ensuite, les froids extrêmes entraînent la condensation et la disparition de la vapeur d'eau qui, ailleurs sur Terre, forme un écran opaque pour certaines longueurs d'onde. Celles-ci permettent d'étudier des molécules complexes au voisinage des étoiles.

Collecte des météorites

Les glaces de l'Antarctique renferment des météorites en grande quantité. Les plus anciennes sont restées enfouies pendant parfois des centaines de milliers d'années avant de réapparaître en surface. Dans les années 1970, les Japonais et les Américains en ont découvert un nombre inhabituellement élevé dans des champs de glaces « bleues ». Les plus gros spécimens sont aujourd'hui rares, mais un système de fonte de la glace et de filtrage a été mis au point pour récolter des micrométéorites (grains de poussière interplanétaire de taille inférieure à 0,5 mm). L'analyse de ces « cailloux » extraterrestres, issus de la Lune, d'astéroïdes ou de Mars, révèle que 4 % d'entre eux présentent des traces de substances organiques qui seraient peut-être à l'origine de l'apparition de la vie sur la Terre primitive.

Cette météorite trouvée en Antarctique pourrait provenir de Mars.

Voir l'invisible

Les neutrinos sont des particules produites par les réactions nucléaires au cœur du Soleil et d'autres phénomènes cosmiques comme les supernovae et les pulsars. Ces particules traversent la Terre et la matière en immense quantité sans être détectées. On pense pourtant que certaines d'entre elles entrent parfois en collision avec une molécule et se transforment en muon, une autre particule qui, elle, se manifeste par un cône de lumière bleue. Les chances de capter un tel phénomène sont rares et ne peuvent intervenir qu'au cœur d'une matière transparente et obscure, telle la glace du continent antarctique. C'est pourquoi a été imaginé l'Icecube.

L'ICECUBE

Implanté au pôle Sud, à 2000 m de profondeur dans 1 km^3 de glace pure comme du cristal, l'icecube est le plus grand détecteur de neutrinos jamais construit. Sa construction est terminée depuis décembre 2010. Grâce à plus de 5000 systèmes de capteurs, c'est un véritable piège à muons, des particules élémentaires qui apparaissent quand les neutrinos (particules provenant de l'espace et traversant la Terre) interagissent avec les protons (particules présentes dans les atomes de matière terrestre). Il doit permettre de révéler des phénomènes cosmiques encore inconnus.

COMME SUR MARS

Avec son relief et des particularités proches de celles de certaines planètes, l'Antarctique est un formidable terrain d'expérimentation pour les véhicules et autres engins d'exploration. Les robots qui seront utilisés sur Mars ou sur Europa, le satellite de Jupiter, pourront ainsi bénéficier des premiers pas effectués sur ou sous les glaces du continent antarctique par les prototypes bardés de capteurs et d'éléments électroniques rodés aux pires conditions d'utilisation.

Avant d'être utilisé sur la Lune, lors des missions Apollo 16 et 17, cet engin spatial a pu être expérimenté dans les régions polaires.

L'exploitation des pôles

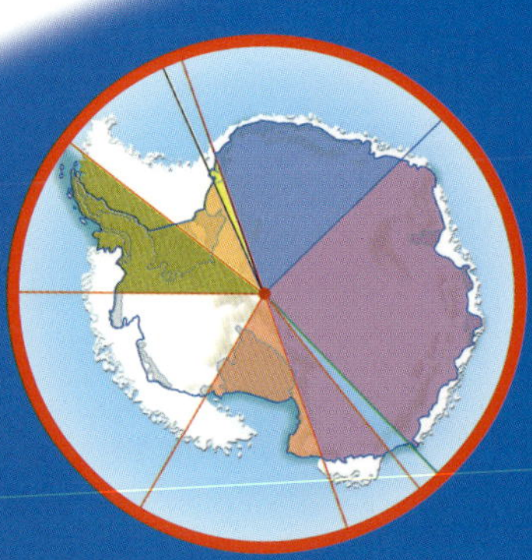

Les régions polaires ont attiré non seulement les scientifiques et les explorateurs, mais aussi les trafiquants, les commerçants, les prospecteurs, les chasseurs à la recherche de produits à exploiter. Au cours des siècles précédents, les fourrures, les baleines ont permis à certains entrepreneurs de faire fortune, souvent au détriment de la nature ou des populations locales. Aujourd'hui, ce sont les richesses du sous-sol, pétrole, gaz, minerai…, qui attisent les convoitises. Mais leur exploitation profite principalement aux sociétés occidentales.

De 12 000 baleines tuées en 1920, on passe à plus de 40 000 en 1931 (dont 30 000 baleines bleues).

Un massacre organisé

Bébés phoques
La chasse aux bébés phoques a toujours cours sur la banquise de la mer Blanche. En une semaine, 70 000 bébés phoques sont sacrifiés. Leur fourrure servira à fabriquer des chapkas. Cet abattage a débuté avant guerre, lorsque leur viande était donnée aux prisonniers employés à la construction du canal entre les mers Blanche et Baltique. Il est présenté comme l'unique source de revenus des villages côtiers.

D'abord modérée, la traque aux mammifères marins est passée au stade industriel au début du XXe siècle. Pratiquée sans limites, cette chasse a conduit à la raréfaction de nombreuses espèces. Aujourd'hui, elle est réglementée.

Industrie baleinière

À partir du XVIIe siècle, les nations européennes rivalisent pour s'accaparer les meilleurs sites de chasse à la baleine, en Arctique, notamment au Spitzberg. À cette époque, les cétacés les plus lents (baleine franche et cachalot) sont harponnés à partir de chaloupes manœuvrées à la rame. Bientôt, les captures passent de quelques centaines à des dizaines de milliers et le nombre de baleines diminue. Les compagnies baleinières vont alors en Antarctique où la première station baleinière est établie en 1904. Avec le canon lance-harpon et les navires-usines, cette chasse devient vraiment industrielle.

Un véritable massacre

Au milieu des années 1930, la chasse intensive provoque l'effondrement des populations de cétacés. En 1938, les baleiniers pulvérisent tous les records. La Commission baleinière internationale est constituée, en 1946, dans le but de protéger toutes les espèces contre la surexploitation. Mais elle ne parvient pas à imposer ses décisions. Aujourd'hui, malgré un accord international, quelques pays comme la Norvège ou le Japon continuent de chasser la baleine sans respecter les quotas imposés.

Pêche à la baleine au XVIIIe siècle.

Avec le canon lance-harpon à tête explosive, les espèces comme le rorqual commun ou la baleine bleue, pourtant rapides, ne peuvent s'échapper.

Les produits de la baleine

Une multitude de produits étaient tirés des cétacés. Le plus connu est l'huile de baleine, utilisée pour l'éclairage, la fabrication de bougies, de savon, de shampooing, de margarine ou de cirage... En faisant bouillir la peau, les tendons et les os, on obtenait une gélatine utile en confiserie et en photographie. La pharmacie tirait des vitamines du foie. Les cachalots fournissaient une huile de qualité supérieure servant à confectionner des cosmétiques ; l'ambre gris, qui entrait dans la composition de parfums, provenait d'une substance odorante contenue dans leurs intestins.

Une manne de mer

Les mers côtières arctiques sont riches en poissons : morues, flétans, églefins, harengs, saumons…, en mollusques et en crustacés. La pêche a redoublé d'activité lorsque les techniques de conserve et de congélation ont favorisés une meilleure rentabilité. Pendant l'ère soviétique, d'immenses quantités de poissons alimentaient le marché intérieur. En Alaska, le saumon rouge a la valeur commerciale la plus élevée. En 1959, on évaluait les prises à environ 25 millions par an ; 40 ans plus tard, elles atteignaient 214 millions.

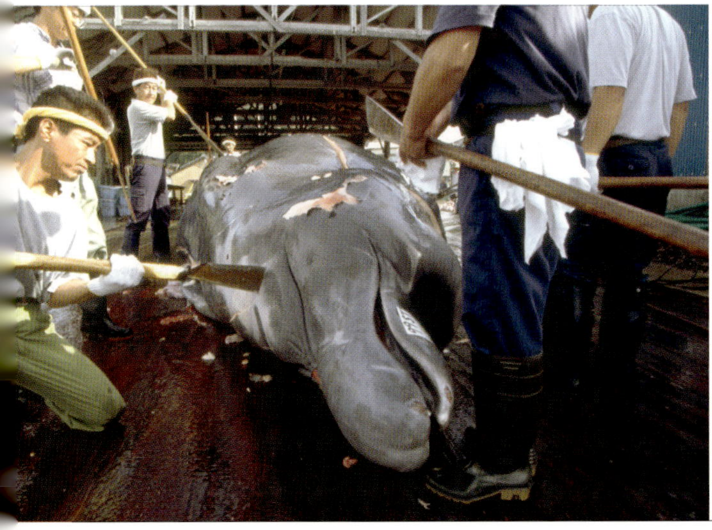

Le Japon prétend chasser pour la science, mais on trouve de la viande de baleine sur ses marchés nationaux.

Un poisson recherché

En Antarctique, les armateurs recherchent la légine, poisson proche de la morue. Son prix de vente au débarquement atteint 9 euros le kilo. Les Japonais et les Américains sont friands de ce poisson dont les zones et les périodes de pêche sont très réglementées. En été austral 2003, un chalutier de l'Uruguay, arrêté après 25 jours et 6 500 km de fuite, avait dans ses soutes 85 tonnes de légines pêchées illégalement.

Pour leur fourrure

Avant la découverte de l'Antarctique, les navires phoquiers fréquentaient les îles subantarctiques riches en otaries à fourrure. Une fois assommées, les bêtes étaient dépecées et leurs peaux étaient rapportées aux bateaux où on les salait pour les conserver jusqu'en Europe ; là, elles fournissaient l'industrie de l'habillement.
En 1825, Weddell évalua à 1,2 million le nombre de ces animaux abattus. De nos jours, cette espèce est protégée.

Chasse et tradition

Aujourd'hui, les Inuits conservent le droit de chasser les phoques, les morses et les baleines comme le faisaient leurs ancêtres. Mais les prises sont limitées et ne servent qu'à la consommation personnelle. Une baleine franche peut nourrir 600 personnes pendant une saison. Pour les espèces protégées, chaque village doit respecter un quota.

Des échanges déséquilibrés

Aujourd'hui, une peau d'ours polaire peut coûter jusqu'à 3 000 dollars.

Ouvrir une route commerciale vers l'Asie fut la principale préoccupation des premiers explorateurs même s'ils se heurtèrent d'abord aux glaces infranchissables. Les régions arctiques offrirent des richesses en fourrures dont des négociants parfois peu scrupuleux firent leur fortune.

À sens unique

Le commerce n'existait pas chez les peuples de l'Arctique qui n'avaient pas de monnaie. Seul le troc était pratiqué entre les tribus. C'est ainsi que les fourrures, les peaux, l'ivoire passèrent de mains en mains et parvinrent en Occident. Les aventuriers qui s'enfonçaient à l'intérieur des régions les plus reculées, se livraient à la prospection commerciale tout en participant à l'exploration des terres inconnues. Aujourd'hui, dans les terres arctiques peu habitées, les échanges commerciaux restent limités et s'effectuent surtout en sens unique : des pays du Sud producteurs de produits manufacturés vers les peuples du froid qui sont maintenant devenus consommateurs de ces produits.

Les débuts de la consommation

Jusqu'à la fin du XIXe siècle, les baleiniers apportaient avec eux de grandes quantités de marchandises qu'ils fournissaient aux Inuits : la farine, les tentes en toile, le café, les carabines, les vêtements devinrent d'un usage commun et contribuèrent aux changements des habitudes. Chez les Inuits qui ne l'avaient jamais connu auparavant, l'alcool eut un effet désastreux.

Trafic de peaux à l'Est comme à l'Ouest

Le bénéfice du commerce des fourrures et des peaux prélevées sur les animaux polaires (ours, renards, zibelines…) ne revint jamais aux peuples chasseurs de l'Arctique. En Sibérie, les Russes contrôlèrent peu à peu cette activité, soumettant les chasseurs locaux au yassak, un impôt sous forme de fourrures. Parvenus en Alaska et dans les îles Aléoutiennes, ils s'y procurèrent des cargaisons de peaux. Dans le Grand Nord canadien, ce commerce fut, lui aussi, lié à l'exploration de terres nouvelles. D'abord limité à la baie d'Hudson, il s'étendit vers l'ouest et le nord.

En 1850, la Compagnie de la baie d'Hudson était en contact avec les Inuits du Mackenzie qui venaient échanger des peaux de renards contre des hameçons, des chaudrons, des couteaux, du tabac…

La Compagnie russo-américaine

Au XVIIIe siècle, le négoce russe des peaux et des fourrures devint l'affaire de nombreuses petites compagnies, pour la plupart réunies lors de la création de la Compagnie russo-américaine en 1799. Le tsar concéda à celle-ci le monopole du commerce sur le territoire de l'Amérique russe (Alaska) et lui en laissa l'administration. De 1799 à 1821, la compagnie prospéra et étendit sa puissance jusqu'en Californie et en Amérique du Sud. Mais à partir de 1830, ses affaires déclinèrent. En 1867, la Russie, ignorant les ressources pétrolières que renfermait l'Alaska, vendit le pays au gouvernement américain pour 6 millions de dollars.

La compagnie de la baie d'Hudson est aujourd'hui devenue une chaîne de magasins de détails au Canada.

La compagnie de la baie d'Hudson

En 1670, Charles II d'Angleterre attribua à la Compagnie de la baie d'Hudson le droit exclusif de faire du commerce sur un territoire correspondant aux 2/3 ouest et nord du Canada actuel. Pendant un siècle, elle poursuivit l'implantation de ses comptoirs autour de la baie d'Hudson et le long des fleuves navigables tout en cherchant plus loin des zones de prospection : en 1771, Samuel Hearne fut chargé d'explorer les côtes de l'océan Arctique. En 1821, la Compagnie de la baie d'Hudson, très prospère, absorba sa dernière rivale, mais perdit son monopole en 1870. En 1923, elle obtint tout de même l'exclusivité de l'achat des fourrures de Sibérie. En 1943, elle importait encore 30 000 peaux de renards arctiques.

L'OR BLANC

Depuis l'interdiction de la chasse à l'éléphant, la majorité de l'ivoire vendu dans le monde provient des défenses de mammouths que renferme le permafrost de Sibérie. Évalués à plusieurs millions, ces mammouths fournissent un « or blanc » revendu plus de 50 dollars le kilo, principalement à Hong-Kong et à Moscou. Chaque été, des expéditions sont organisées au plus profond de la toundra pour alimenter un marché estimé à 2,5 millions de dollars.

Des énergies convoitées

Les sous-sols ou les fonds sous-marins des régions polaires renferment d'importantes quantités de minerais et d'hydrocarbures. Mais les problèmes techniques, l'acheminement, les conflits d'intérêts et les questions écologiques freinent leur exploitation.

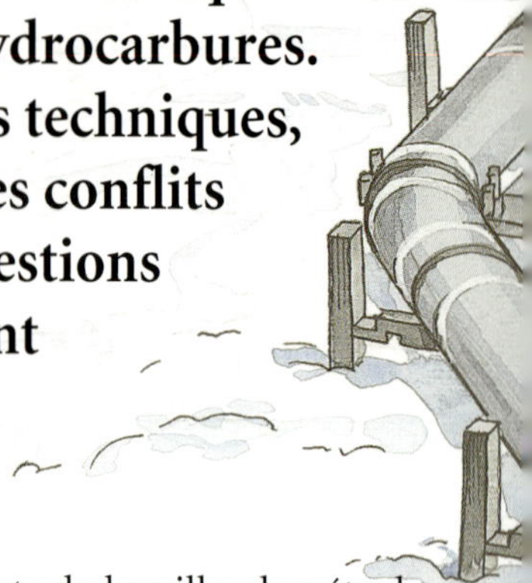

Ces bateaux surmontés de tours de forage pour exploiter le pétrole sont immobilisés, dans la mer de Beaufort, recouverte par la banquise.

Une exploitation coûteuse et risquée

Les prospecteurs ont depuis longtemps repéré des gisements de houille, de pétrole, de gaz, d'or, de cuivre, de fer et de minerai radioactif en Arctique, aussi bien sur terre que sur mer. L'exploitation de ces richesses soulève des problèmes techniques et leur propriété fait l'objet de disputes entre pays limitrophes. Selon une estimation récente, environ un quart des réserves d'hydrocarbures restant à découvrir se situerait en Arctique. Les nouvelles technologies et la diminution des glaces polaires rendraient le pétrole plus facile à extraire, mais l'exploitation à grande profondeur dans ces régions présenterait des risques d'accident et de pollution difficiles à maîtriser.

Les conditions de travail à Prudhoe Bay sont très difficiles, en témoigne la tenue de cet homme qui doit supporter des froids extrêmes.

Pétrole contre caribous

Le gisement pétrolier de Prudhoe Bay, en Alaska, au-delà du cercle polaire, a déjà produit plus de 1,5 milliard de tonnes de pétrole et renfermerait 26 milliards de tonnes de gaz. Grâce à un oléoduc de 1 300 km, la production est acheminée sur la côte pacifique, d'où elle est transportée par pétroliers vers les États-Unis. D'autres réserves restent à exploiter en Alaska. L'une d'elles est située au nord-est, dans une réserve naturelle. L'endroit abrite des espèces animales que l'implantation de derricks et de pipelines risque de perturber. Pourtant, face à la forte pression exercée par des compagnies pétrolières, le Sénat américain a autorisé le forage en 2005.

L'Antarctique menacé ?

Le continent antarctique, où se trouvent du charbon et sans doute d'autres ressources minérales, voire du pétrole, est protégé par son statut interdisant les exploitations à but commercial. Mais les limites d'application de la protection internationale ne sont pas très bien définies. Maintenant que les forages en eaux sont possibles au-delà de 2 000 m de profondeur, il ne serait pas étonnant de voir apparaître des plates-formes pétrolières off-shore au pôle Sud.

Disputes pour du gaz

La mer de Barents renferme 25 % des réserves mondiales d'hydrocarbures. Or les progrès technologiques rendent possible l'exploitation de ces gisements. Mais depuis des années, la Russie et la Norvège se disputent la propriété de la zone qui abriterait 12 milliards de barils, ce qui représente environ 300 milliards d'euros. En attendant un accord, chacun des deux pays a foré dans ses eaux territoriales. Les Russes ont déjà découvert un gisement qui passe pour être le plus important du monde. Un champ de gaz important a aussi été découvert côté norvégien. Et un énorme complexe industriel qui emmagasine le gaz et le liquéfie avant son transport en bateau a été construit à Hammerfest, un ancien port de pêche.

Charbon du Svalbard

Les gisements de charbon du Svalbard sont exploités, depuis le début du XXe siècle, par les Russes et les Norvégiens. La production annuelle russe s'élève à quelque 500 000 tonnes, la norvégienne à 400 000 tonnes. L'importance du charbon est déterminante dans l'économie de cet archipel arctique : ce sont les compagnies minières qui ont fait construire le port et l'aéroport ; en dépit de la logique écologique, c'est au charbon, énergie polluante, que fonctionne la centrale électrique du Svalbard, alors que cet endroit est l'un des plus protégés au monde.

Baleines protégées

Connues depuis les années 1960, les importantes réserves en pétrole et en gaz de la mer de Beaufort ne sont exploitées que depuis 1986, date de mise en service de la première plate-forme pétrolière. Cependant, pour ne pas gêner la reproduction et la migration des baleines, l'exploitation de ces réserves n'est autorisée que pendant les mois d'hiver.

Diamants yakoutes

L'or, l'étain et l'antimoine se trouvent à profusion en Yakoutie. Mais cet État autonome de la fédération de Russie possède mieux encore : 98 % des diamants bruts exploités sur le territoire russe, soit le quart du volume mondial. Auparavant contrôlée par une société yakoute corrompue, l'exploitation de cette richesse est passée sous la coupe du gouvernement russe.

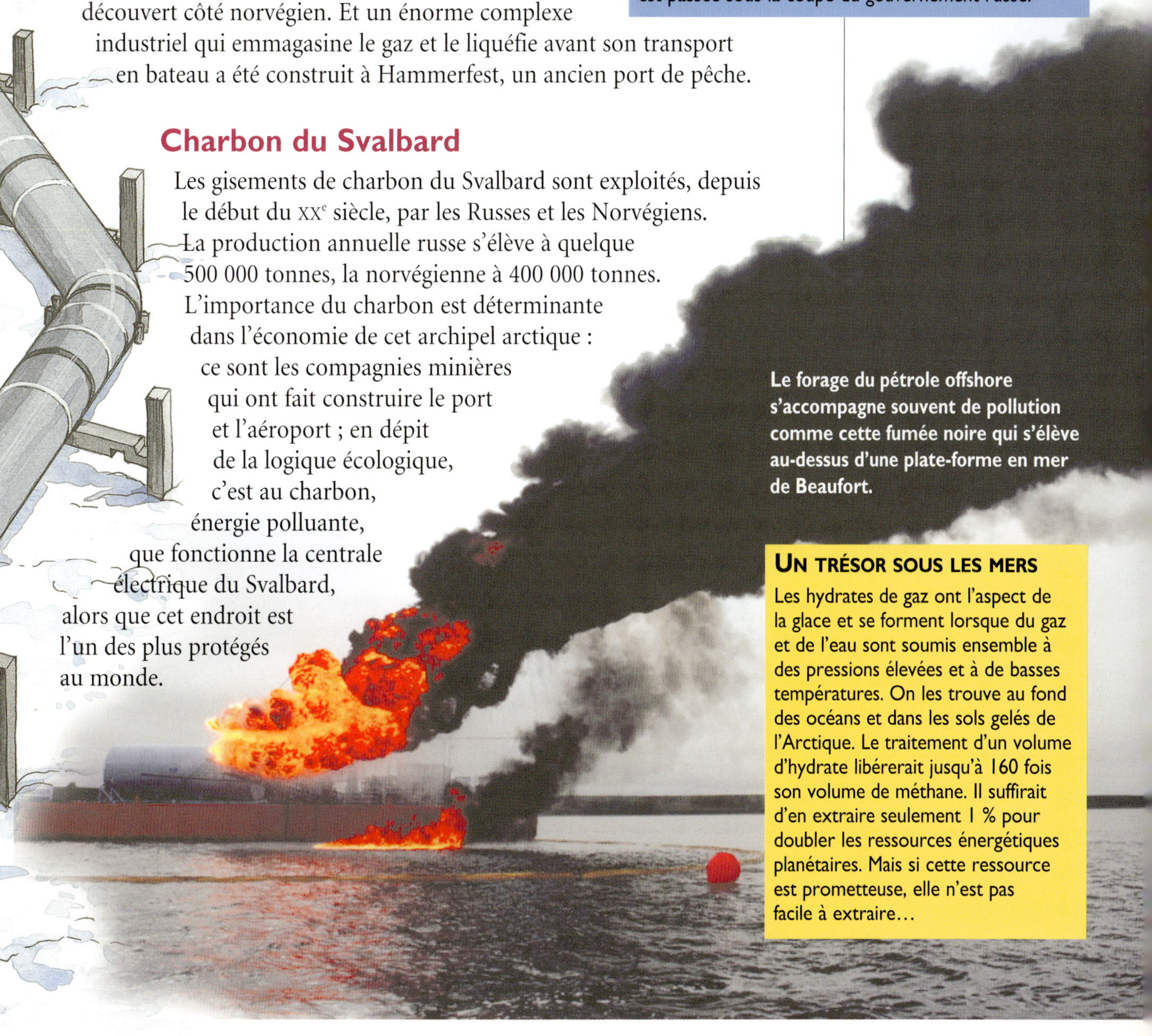

Le forage du pétrole offshore s'accompagne souvent de pollution comme cette fumée noire qui s'élève au-dessus d'une plate-forme en mer de Beaufort.

Un trésor sous les mers

Les hydrates de gaz ont l'aspect de la glace et se forment lorsque du gaz et de l'eau sont soumis ensemble à des pressions élevées et à de basses températures. On les trouve au fond des océans et dans les sols gelés de l'Arctique. Le traitement d'un volume d'hydrate libérerait jusqu'à 160 fois son volume de méthane. Il suffirait d'en extraire seulement 1 % pour doubler les ressources énergétiques planétaires. Mais si cette ressource est prometteuse, elle n'est pas facile à extraire…

Tenue de camouflage « spécial Arctique », portée par les soldats de l'armée américaine.

Des territoires revendiqués

Si les pays de l'Arctique se disputent toujours pour savoir si certaines zones leur appartiennent, la tension n'y est plus aussi vive qu'au temps de la guerre froide entre Russes et Américains. En Antarctique, les revendications territoriales et les activités militaires sont interdites. Mais quelques pays essaient d'y imposer pacifiquement leur présence.

Glaces et guerre froide

En prévision d'une éventuelle attaque de bombardiers russes porteurs de bombes atomiques, le Canada et les États-Unis décident en 1954 de construire un réseau de détection lointaine avancée : 22 postes radar sont établis le long de plus de 8 000 km de côtes entre l'Alaska et l'île de Baffin. Au début des années 1960, ce dispositif devient inefficace, mais la surveillance reste de mise. Les Américains et les Canadiens implantent ensuite de nouveaux systèmes d'alerte en Alaska et au Groenland. Aujourd'hui, ils disposent de stations qui retransmettent leurs renseignements par satellite et de terrains d'aviation, dont ceux d'Inuvik, de Rankin Inlet et d'Iqaluit.

Souveraineté canadienne

Dans les années 1950, le gouvernement canadien a imaginé plusieurs solutions pour que les îles de l'Arctique soient rattachées à son territoire. L'une d'elles a consisté à déplacer des populations inuit de leurs villages natals de la baie d'Hudson jusqu'aux îles d'Ellesmere et de Cornwallis. Par ces actions, le Canada a réussi à acquérir la souveraineté sur cet archipel en plein cœur de l'Arctique. Aujourd'hui, ses droits y sont reconnus. En revanche, ils restent contestés pour les zones maritimes environnantes, plus particulièrement dans le passage du Nord-Ouest.

Rideau de fer

Après 1945, au plus fort de la guerre froide qui opposait les blocs soviétique et américain, le détroit de Béring a été traversé par un véritable « rideau de fer ». Séparés par cette barrière politique et militaire infranchissable, les Inuits et les Aléoutes ne pouvaient plus communiquer. Sur chaque côte, les deux États ennemis déployaient des bases militaires et des stations radar et s'observaient, tandis que les sous-marins indécelables circulaient sous la banquise.

Ces radars font partie du réseau de détection avancée employé par les États-Unis et le Canada pour surveiller leurs côtes. Ici à Point Barrow, au bout de l'Alaska.

Propriétaires du pôle Nord ?

Actuellement situé en zone internationale, le pôle Nord est convoité par plusieurs États. Ce n'est pas la banquise qui attire ces pays, mais les richesses en pétrole et en gaz que pourraient contenir les fonds sous-marins. Pour faire valoir leurs droits, les Danois ont entrepris une étude géologique visant à prouver que le Groenland se prolonge sous l'eau par la chaîne Lomonossov, des montagnes sous-marines qui traversent l'océan Arctique et passent à l'aplomb du pôle. Les Russes se considèrent comme les propriétaires de la moitié de l'océan Arctique qui serait, selon eux, une extension de la Sibérie. En juillet 2007, deux bathyscaphes russes ont plongé à – 4200 m dans les profondeurs de l'océan Arctique afin de trouver des preuves en faveur de cette revendication. Un drapeau russe en titane a été planté à la verticale du pôle Nord.

Réglementation complexe

Le Code du droit international fixe la souveraineté d'un État ou d'un peuple sur des terres ou sur des étendues maritimes. Parmi les critères admis, on trouve la découverte de ces territoires, leur conquête, leur achat, leur administration. Une règle de « zone économique exclusive » protège les pays circumpolaires jusqu'à 370 km de leurs côtes. La circulation maritime est soumise à des règles précises dans les détroits comme celui de Béring. La pollution fait l'objet de divers contrôles ; le Canada a ainsi défini une « zone antipollution », pour contrôler les navires dans le passage du Nord-Ouest, droit non reconnu internationalement.

Des enfants vivent en Antarctique avec leurs parents sur certaines bases, comme ici sur l'île du Roi-George.

Propriétaires en douceur

Le Chili et l'Argentine n'ont jamais fait mystère de leurs désirs de s'implanter sur l'Antarctique. Jusqu'à présent, le statut international du continent blanc a empêché que cette souveraineté devienne réelle. Mais cela pourrait changer en 2041, quand le traité de l'Antarctique devra être rediscuté et de nouveau signé. Les deux pays espèrent obtenir gain de cause en fournissant certains arguments, (par exemple, le fait que des bébés argentins et chiliens soient nés dans leurs bases).

Un droit injuste

Le droit international considère que les peuples d'origine n'ont jamais eu la propriété légale des terres qu'ils habitaient bien avant l'arrivée des Européens. Seuls des droits ancestraux leur sont reconnus, en fonction desquels ils peuvent uniquement utiliser ces terres et profiter des produits qu'elle leur procure.

En Arctique, les militaires et fonctionnaires russes ont renforcé l'organisation d'une société à l'occidentale.

Des villes fabriquées

Nomades, les peuples de l'Arctique ne formaient pas de villages. Les agglomérations se sont constituées vers la fin du XIXe siècle sous l'impulsion des Occidentaux, parfois sur des lieux de campement anciens ou près d'un comptoir de vente, le plus souvent autour d'une exploitation minière.

POPULATION DÉPORTÉE

En Russie soviétique, à l'époque stalinienne, des millions de personnes, dont beaucoup ne survécurent pas, ont été envoyées de force dans les camps de travail du Goulag. Beaucoup de ces camps se trouvaient en Sibérie orientale, plus particulièrement dans la région du fleuve Kolyma, uniquement accessible par mer. Après la mort de Staline (1953), le nombre de déportés diminua considérablement, mais le réel changement ne se produisit qu'à partir de 1986.

Peu à peu occidentalisées

Les lieux de vie sédentaire sont apparus dans l'Arctique avec l'arrivée des pionniers occidentaux. Au XVIIIe siècle, les Russes construisirent des forts en troncs d'arbres flottés au bord des fleuves sibériens. Le même genre de constructions fut implanté dans le Grand Nord canadien. Des agglomérations se formèrent peu à peu autour de ces établissements, souvent liés au commerce des peaux. Le nombre d'habitants s'est brusquement multiplié au début du XXe siècle quand les mines ou le forage du pétrole ont précipité l'arrivée d'une main-d'œuvre qualifiée issue du sud.

Un développement artificiel

Les villes russes de plus de 200 000 habitants situées au-delà du cercle polaire se sont développées autour de l'exploitation des ressources naturelles, des activités portuaires ou militaires. Certaines, comme Norilsk, ont été construites par des populations déportées. Plus tard, les autorités soviétiques accordèrent des conditions intéressantes (primes, logements…) aux travailleurs venus du sud pour les inciter à s'y installer. Mais depuis l'effondrement de ce régime, les avantages sociaux n'existent plus et le mouvement s'est inversé ; beaucoup d'habitants cherchent à quitter ces centres urbains pollués, dégradés et mal desservis.

En Sibérie, le réseau des camps, des prisons et des hôpitaux psychiatriques qui abritaient condamnés de droit commun et prisonniers d'opinion subsista jusqu'à la fin des années 1980.

À Mourmansk comme dans les autres villes sibériennes, les immeubles se dégradent très vite.

Concentration urbaine

La concentration de la population dans des centres urbains est très marquée en Islande : 40 % de la population vit à Reykjavík (184 000 habitants). En Alaska, où la population a doublé entre 1960 et 1980, Anchorage a vécu une rapide expansion (262 200 habitants en 2001). La croissance des villes du Groenland remonte aux années 1970. Aujourd'hui, le quart de la population groenlandaise vit à Nuuk, la capitale (15 000 habitants). Les villes scandinaves restent de taille modeste : en Norvège, la plus grande est Tromsø (60 000 habitants), un port de pêche qui abrite des chantiers de constructions navales, des conserveries et un musée polaire.

Une capitale de 6 500 habitants !

Iqaluit se trouve sur l'île de Baffin. Il n'y a pas de route pour y accéder. Les logements y sont très chers.

Très faiblement peuplé (1 habitant au kilomètre carré), le Nunavut est parsemé de 26 communautés dont le nombre d'habitants va de quelques dizaines à 6 500 pour Iqaluit, la capitale, plus grande ville du territoire. Anciennement appelée Frobisher Bay (du nom de l'explorateur anglais), cette agglomération surgie de nulle part possède une cathédrale en forme d'igloo. Le gouvernement du Nunavut y siège dans un édifice à l'architecture moderne. Son aéroport peut accueillir les plus gros avions du monde.

Un port russe trop célèbre

Situé sur la péninsule de Kola, près de la frontière suédoise, Mourmansk est le seul port russe au nord du cercle polaire qui reste libre de glace tout au long de l'année. Relié par voie ferrée à Saint-Pétersbourg, il fut le point de passage des ravitaillements transmis par les Alliés à l'URSS pendant la Seconde Guerre mondiale. Sa base navale, où sont stockés des navires et des sous-marins nucléaires hors d'usage mais radioactifs, l'a rendu tristement célèbre.

Ville asphyxiée

Située sur la presqu'île de Taïmyr, à 400 km au nord du cercle polaire, Norilsk était une cité fermée à l'époque soviétique. On y vivait comme sur une île et il fallait une autorisation spéciale pour s'y rendre. Aujourd'hui, un habitant sur trois travaille pour l'industrie minière (houille, cuivre et nickel), cause d'une importante pollution au dioxyde de soufre qui colore l'air en orangé et rend la vie particulièrement pénible.

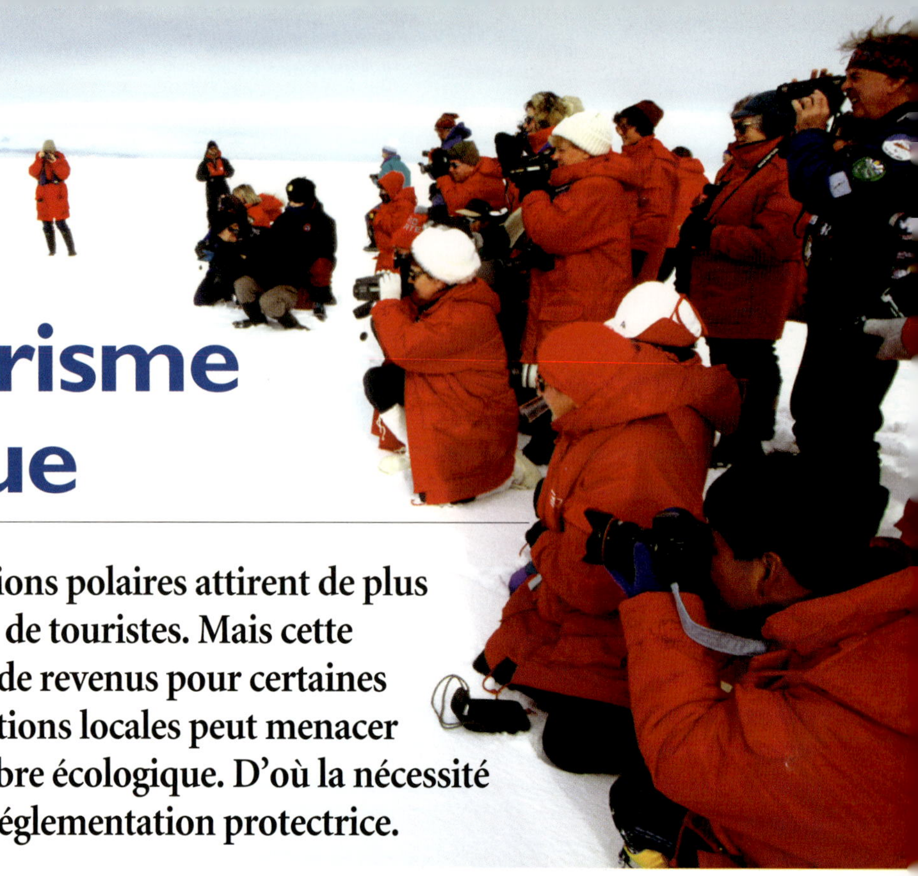

Un tourisme en vogue

Qui du manchot ou de l'homme est le plus étonnant ?

Les régions polaires attirent de plus en plus de touristes. Mais cette source de revenus pour certaines populations locales peut menacer l'équilibre écologique. D'où la nécessité d'une réglementation protectrice.

SAFARI ARCTIQUE

Pour attirer de riches touristes, les autorités du Groenland veulent autoriser la chasse à l'ours polaire jusqu'alors réservée aux populations locales. Celles-ci gagneraient plus d'argent en accompagnant les chasseurs qu'en vendant les peaux. Il y aurait donc moins d'ours tués… Les défenseurs des animaux ne croient pas ce discours. Ils exigent avant tout une étude de la population des ours.

Croisières maritimes et survols aériens

Remontant à 1870, les croisières dans l'Arctique se sont développées à la fin du XXe siècle. Le Spitzberg et l'Alaska sont les destinations les plus fréquentées. Maintenant que la technique le permet, des touristes fortunés peuvent s'offrir le pôle Nord à bord d'un puissant brise-glace atomique russe. Plus récents, les voyages maritimes en Antarctique ont pris de l'ampleur à partir des années 1990 malgré leur coût élevé. À ceux qui n'ont pas le pied marin, il reste la solution de survoler le continent ou d'aller jusqu'au pôle Sud en avion : en 1989, 5 vols ont conduit 32 personnes à cette destination.

Des circuits organisés

La péninsule Antarctique présente de nombreux atouts touristiques : elle est assez rapidement accessible à partir d'Ushuaia, ville argentine à la pointe de l'Amérique du Sud, son climat est relativement doux en été. C'est pourquoi la majeure partie des croisières australes s'y concentre. Les sites les plus recherchés doivent leur popularité à une faune spécifique, à la qualité de leurs paysages, à la présence d'une station scientifique, d'un phénomène géologique ou géothermique, de vestiges d'une base ou d'une station baleinière.

L'île de Cuverville, l'ancienne base britannique de Port Lockroy, ou la baie du Paradis qui offre de spectaculaires paysages d'icebergs et de glaciers, font partie des lieux appréciés des touristes.

Des effets négatifs

Comme partout ailleurs, la concentration du tourisme a des aspects négatifs. La faune supporte mal d'être dérangée, surtout en période de ponte ou de mise bas. La végétation est fragilisée par les passages. Il y a des risques accrus d'introduction d'espèces animales exogènes (étrangères à un lieu) et de contamination par des bactéries dont les visiteurs pourraient être porteurs. Le nombre de touristes en Antarctique étant passé de 6700 en 1992 à plus de 46 000 en 2008, les vingt-huit pays membres du traité de l'Antarctique ont décidé, en avril 2009, de limiter le nombre de passagers par bateau à 500 et à 100 le nombre de touristes sur un site. Cette mesure a été prise pour réduire l'impact de ce tourisme sur la biodiversité et les écosystèmes, plus particulièrement entre septembre et mars, durant la période de reproduction.

Ces touristes profitent d'une source d'eau chaude sur l'île Déception en Antarctique.

Voyage de rêve

Une ligne maritime régulière dessert les ports de la côte occidentale du Groenland. Après le vert du Sud et la calotte glaciaire en arrière-plan, viennent les fjords et leurs icebergs. Tout au long du voyage, de Narsarsuaq, où aborda Érik Le Rouge, à Uummanaq, situé à 600 km au nord du cercle polaire, en passant par Nuuk, la capitale, et Ilullissat, en plein cœur de la baie de Disko, il est possible de faire escale dans les ports aux maisons colorées.

Visite du Nunavut

Le Nunavut se visite de préférence au printemps, quand les températures sont moins basses et l'ensoleillement plus long. Les grandes fêtes communautaires, avec danses et jeux traditionnels, ont lieu à cette époque. On peut y parcourir des parcs nationaux à pied, en ski de fond, en motoneige ou en traîneau à chiens. Pour cela, il est conseillé de faire appel à un pourvoyeur, c'est-à-dire à un guide local. Le kayak est un bon moyen de se déplacer sur les trois rivières du Nunavut, la Soper, la Kazan et la Thelon. La pêche attire aussi des amateurs. Quelle que soit l'activité, il convient d'obtenir les autorisations et de respecter les règles de sécurité en ce qui concerne les dangers naturels (glace, ours...).

Le spectacle des baleines

En Antarctique comme en Arctique, les excursions à la rencontre des baleines ont de plus en plus de succès. En Islande, en cinq ans, le nombre de participants à ces itinéraires a doublé pour atteindre 70 000 en 2003. Le succès de ce tourisme apprécié par un public sensible aux questions écologiques pourrait amener le gouvernement islandais qui a autorisé la reprise de la chasse aux cétacés à revenir sur sa décision.

Photo extraite du film de Claude Massot *Kabloonak*, dans lequel l'acteur Charles Dance interprète le rôle de Robert Flaherty.

Des images pour témoigner

Depuis toujours, les pôles fascinent et excitent l'imagination des artistes. Ils ont inspiré les peintres et les écrivains. Par le pouvoir récent du cinéma, les images des régions polaires et leurs habitants ont soudainement jailli sur nos écrans.

Méliès et le pôle burlesque

Des savants veulent atteindre le pôle Nord par tous les moyens de locomotion possibles, comme l'aérobus du docteur Mabouloff. Tel est le sujet d'*À la conquête du pôle* que le cinéaste Georges Méliès tourne en 1911 dans des décors de carton dessinés. Ce petit chef-d'œuvre du cinéma muet n'a rien de réaliste. Il brille par son côté féerique et burlesque. Il montre néanmoins combien la conquête du pôle Nord par Peary et les expéditions vers le pôle Sud de Scott et d'Amundsen, dont la presse parlait alors, intéressaient le public.

Précurseur du documentaire

C'est comme minéralogiste chargé de prospection minière que Robert Flaherty part pour la terre de Baffin en 1913. Il y rencontre des Inuits dont il rapporte une série d'images filmées. En 1919, grâce à une somme offerte par les marchands de fourrures Révillon frères, il peut y repartir pour y réaliser un vrai film. De nombreuses difficultés techniques doivent être surmontées pendant le tournage. Flaherty choisit volontairement de montrer les Inuits non pas tels qu'ils étaient, mais à travers des scènes de leur passé reconstitué. On lui reprochera ce procédé. Malgré cela, on le considère comme le premier réalisateur de films documentaires.

Photo extraite du film de Robert Flaherty *Nanouk l'Esquimau*.

Kabloonak

Réalisé en 1994, ce film de Claude Massot raconte le tournage de *Nanouk* par Flaherty. Il montre avec sensibilité et humour le rapport d'amitié qui liait le réalisateur à ses acteurs inuit et dévoile les astuces qu'il fallut mettre au point pour tourner certaines scènes comme les igloos agrandis pour que la caméra puisse tenir, ou la fausse prise du phoque dans la glace.

Le destin du vrai Nanouk

Le personnage central de *Nanouk l'Esquimau* s'appelait Allakarialuk. Il continua sa vie de chasseur sur la banquise après le tournage. Alors que le film était diffusé dans le monde entier et qu'il était devenu célèbre, Allakarialuk mourut de faim lors d'une saison de chasse très difficile.

Nanouk l'Esquimau

Filmé en noir et blanc par Flaherty, *Nanouk l'Esquimau* raconte la vie d'une famille inuit de l'Arctique canadien au rythme des saisons et dans sa vie quotidienne : pêche au saumon, chasse au morse ou au phoque, construction d'un igloo, dressage des chiens… Alors que l'on assiste à une terrible lutte quotidienne pour se nourrir, s'abriter, se déplacer, Nanouk, sa femme Nyla et leurs enfants apparaissent joyeux. Ce trait de caractère a contribué au succès du film paru en 1922 et qui reste aujourd'hui l'un des seuls témoignages sur la vie inuit du début du XXᵉ siècle.

C'est l'acteur Adamie Quasiak Inukpuk qui joue le rôle de Nanouk dans le film *Kabloonak*.

La Marche de l'empereur

Rien ne laissait prévoir le succès de *La Marche de l'empereur.* Mais cet incroyable périple, accompli sur la banquise par les manchots pour s'accoupler et se reproduire en plein hiver, fascine. C'est aussi une fantastique histoire, celle d'un oiseau incapable de voler, mais résistant à des froids extrêmes, et survivant en plein hiver grâce à la solidarité du groupe. Plus de 16 millions de spectateurs ont vu le film, qui a reçu un Oscar à Hollywood, en 2006, dans la catégorie « meilleur documentaire ».

La légende de l'homme rapide

Atanarjuat transpose à l'écran un récit inuit transmis oralement depuis des milliers d'années. L'action se déroule dans la communauté d'Igloolik où un chaman étranger vient semer la discorde. Atanarjuat obtient la main de la belle Atuat au détriment du vaniteux Oki, fils du chef. Celui-ci jure de se venger. Il surprend dans son sommeil Atanarjuat, qui lui échappe en s'enfuyant nu sur la banquise… Tourné en inuktituk par Zacharias Kunuk et un groupe d'Inuits dont beaucoup n'avaient pas d'expérience du cinéma, le film a été récompensé par la Caméra d'or à Cannes, en 2001.

La Planète blanche

Ce documentaire franco-québéquois, réalisé par Thierry Piantanida et Thierry Ragobert, a demandé trois ans de prise de vue. S'il met l'ours blanc en vedette, il offre aussi l'occasion de découvrir bien d'autres animaux de l'Arctique. Le commentaire dit par Jean-Louis Etienne rappelle la fragilité du monde polaire et la menace qui pèse sur ses habitants.

Quel avenir pour les pôles ?

Les enfants sont nombreux au Nunavut où 56% de la population a moins de 25 ans.

La présence humaine ainsi que l'exploitation des sous-sols et des richesses naturelles vont-elles s'accentuer aux pôles ? Ou bien l'humanité s'accordera-t-elle pour les préserver ? Plus que jamais l'avenir de ces régions dépend de la volonté des hommes. Par leur coopération internationale, les scientifiques montrent l'exemple.

Un pipe-line de 1200 km

Plus de 30 ans après la découverte d'énormes gisements de gaz dans le delta du Mackenzie jusqu'à présent inexplorés, un projet de pipeline est à l'ordre du jour. Long de 1 200 km, nécessitant plus de 4 ans de travail, ce projet divise même les peuples autochtones : certains y voient le moyen de développer leur région et d'y créer quelque 15 000 emplois ; les autres redoutent les conséquences sur l'environnement et déplorent la mainmise des pays industrialisés sur leur mode de développement.

Une protection plus efficace en Antarctique...

L'Antarctique est protégé jusqu'en 2041 par un traité qui en fait une terre de science et de paix. Le protocole de Madrid, signé en 1991, a renforcé cette protection en faisant du continent blanc une réserve naturelle . Mais ces accords pourraient être remis en cause lorsqu'ils parviendront à leur fin. En effet, tout est désormais possible, avec les progrès techniques, même le forage de pétrole à grandes profondeurs…

... qu'en Arctique

En Arctique, les États souverains appliquent leurs propres lois sur chacun de leurs territoires. Les ressources des sous-sols ou de la mer y sont exploitées depuis longtemps, parfois même illégalement en dehors des zones protégées. Les immenses profits en jeu créent quelquefois des conflits. Quoi qu'il en soit, les autochtones ne sont pas les bénéficiaires directs de ces profits, même pas ceux qui, comme les Inuits du Nunavut, ont obtenu une certaine autonomie mais restent très dépendants du pouvoir central.

Le leader Mucktar Akumalik défend les droits des peuples inuit à la tribune des Nations unies en décembre 2005.

L'Arctique comme pays ?

Lors d'un discours en 1987, Gorbatchev, futur président de l'URSS, a suggéré que les nations arctiques s'unissent afin de créer une zone où serait mis en œuvre un plan commun pour l'exploitation des ressources naturelles et la protection de l'environnement, et où le droit des peuples de l'Arctique serait garanti. En 2011, cette zone n'existe toujours pas, la plus grande partie de l'Arctique restant sous la juridiction des huit pays de cette région : Islande, Norvège, Suède, Finlande, Danemark (Groenland), Russie, États-Unis (Alaska), Canada.

Des mouvements ont pourtant eu lieu ; ils ont abouti par exemple à la fondation de la Conférence circumpolaire inuit qui réunit 130 000 Inuit répartis entre l'Alaska, le Canada, le Groenland, la Russie.

Des peuples en lutte

La Conférence circumpolaire inuit lutte pour la défense des droits inuit, la gestion de la faune et la flore arctiques. D'autres organisations, comme l'Association russe des peuples autochtones, ont vu le jour. Partout, les peuples du froid sont bien décidés à reprendre leur destin en main, en créant un avenir qui, sans renoncer à la modernité, prendrait en compte leur héritage culturel et se développerait en harmonie avec la nature.

Poubelle nucléaire

Que vont devenir les sous-marins et les brise-glace à propulsion atomique hors d'usage qui sont stockés dans la presqu'île de Kola ? Déclarés inaptes à la navigation, ils sont encore pour une partie d'entre eux chargés de combustible nucléaire qui fait courir un grave risque de pollution au-delà des frontières de la Russie à laquelle ils appartiennent. Depuis la chute du régime soviétique ce grave problème n'a toujours pas été réglé.

Pour garder vivant le souvenir des ancêtres, cet Inuit joue du tambour et chante en inuktitut.

Des routes parmi les crevasses

Des routes existent bel et bien en Antarctique. La plus longue, de 1 600 km, relie depuis 2006 la station américaine de McMurdo à celle d'Amundsen-Scott. Taillée dans la neige et la glace, elle permet d'acheminer des centaines de tonnes de matériel et de provisions, mais n'est ouverte qu'en été. Une autre permet de parcourir les 3 km qui séparent la station de McMurdo de la station néo-zélandaise Scott Base. Située par 78° de latitude sud environ, elle est la route permanente la plus australe du monde et possède des panneaux de circulation.

La banquise se réduit

Dû en partie aux rejets dans l'atmosphère de gaz à effet de serre émis par les industries, les automobiles ou le chauffage utilisant des énergies fossiles, le réchauffement planétaire entraîne la fonte des glaces polaires.
Au Groenland, le volume de glace perdu par la calotte glaciaire a augmenté entre 1996 et 2002. La principale conséquence est l'élévation du niveau des océans. Elle reste cependant peu importante pour l'instant, mais serait de 7 mètres si l'inlandsis fondait entièrement. Ce phénomène concerne aussi la banquise qui se forme plus tardivement et couvre une moins grande surface, ce qui perturbe la faune, notamment les ours incapables de survivre sans banquise où ils trouvent les phoques pour se nourrir.

Les générations futures auront-elles la chance de contempler des bébés ours polaires ?

Fonte des glaces

En Antarctique, la hausse moyenne des températures est perceptible à la pointe de la péninsule Antarctique (2,5 °C de plus ces 50 dernières années) et au niveau des plates-formes glaciaires dont certaines parties, parfois de la taille d'un département français, se détachent. Mais aucune réponse définitive ne peut être apportée quant à la fonte de l'inlandsis. À cause de sa masse énorme, celui-ci semble se maintenir en équilibre. Néanmoins, une surveillance est nécessaire dans cette région où un climat plus chaud aurait pour conséquence de modifier totalement le visage de la planète.

Une catastrophe prévisible

Le réchauffement planétaire se manifeste de façon visible en Arctique : à Cherskii, village au nord-est de la Sibérie, un immeuble s'enfonce dans le permafrost ramolli, puis s'écroule, obligeant ses habitants à fuir…
En Alaska, le village de Shishmaref menacé par la montée des eaux, doit être abandonné…
On ne peut y trouver qu'un point positif : en fondant, la glace libère des vestiges du passé que les scientifiques peuvent étudier.

Une année pour la science

Quatre années polaires internationales (API) ont été organisées depuis que l'on a compris l'intérêt essentiel des études scientifiques aux pôles. Chacune a permis de grandes avancées dans l'étude de ces régions qui offrent de véritables clés de compréhension du système planétaire et contribuent à une meilleure connaissance de l'univers. La dernière, organisée en 2007-2008, a réuni les différentes institutions scientifiques du monde entier afin de réaliser des programmes coordonnés au niveau international. Les recherches entreprises devraient se poursuivre au-delà de la date officielle de clôture de cet événement.

L'année polaire internationale 2007-2008

L'API 2007-2008 avait pour but d'accélérer les recherches sur les pôles, le système planétaire, et l'Univers. Toutes les disciplines scientifiques étaient concernées : climatologie, biologie, météorologie… y compris les sciences humaines qui permettent de mieux comprendre les sociétés humaines de l'Arctique et la vie dans des conditions extrêmes. Cette coopération scientifique s'est traduite par des avancées significatives dans de nombreux domaines : évolution des calottes glaciaires, biodiversité, relation entre monde vivant et climat, rôle des océans, chimie de l'atmosphère, etc. La France y a participé par l'intermédiaire, entre autres, de l'Institut Paul Émile Victor. Le Comité français pour l'Année polaire internationale était présidé par le glaciologue Claude Lorius.

« Nous n'héritons pas de la terre de nos ancêtres, nous l'empruntons à nos enfants. »

Navigation à risque

Avec le changement climatique annoncé, le passage du Nord-Ouest pourrait très bien devenir navigable. Le trajet entre l'Europe et l'Asie ou l'ouest de l'Amérique serait alors beaucoup plus court que par les canaux de Suez ou de Panama. Le Canada risque alors d'avoir du mal à contrôler les passages dans ces eaux à la navigation difficile, où les risques de pollution augmenteront considérablement. On peut craindre également l'apparition d'activités illégales comme la contrebande ou les trafics de drogue, la propagation de nouvelles maladies dans ces régions jusque-là préservées.

Ambassadeur de l'Arctique

En 2009, Michel Rocard, ex-Premier ministre français, est devenu ambassadeur de France chargé des négociations internationales relatives aux pôles arctique et antarctique. En 1991, il avait participé à l'adoption du Protocole de Madrid plaçant l'Antarctique au rang de « réserve naturelle consacrée à la paix et à la science ». Auteur de la résolution sur la gouvernance arctique votée en octobre 2008 au Parlement européen, il est favorable à une négociation sur l'Arctique afin d'assurer la sécurité maritime et préserver l'équilibre de cette région.

Glossaire

A – B

Abyssal : à une très grande profondeur dans les océans.
Amanite tue-mouches : champignon toxique au chapeau rouge piqueté de blanc. Il est toxique et responsable d'une sorte d'ivresse provoquant des hallucinations.
Andouiller : branche des bois du renne.
Archipel : ensemble d'îles formant un groupe particulier.
Austral : qui se situe ou a lieu à l'extrême Sud de la Terre.
Bactérie : être vivant microscopique n'ayant qu'une seule cellule, qui se reproduit en se divisant en deux.
Ballast : genre de réservoir d'eau qu'on remplit pour équilibrer un bateau ou pour qu'un sous-marin puisse plonger.
Bois : « cornes » d'un cervidé, comprenant plusieurs branches.
Boréal : qui se situe ou a lieu dans l'extrême Nord de la Terre.

C

Calotte glaciaire : voir inlandsis.
Cétacé : mammifère marin comme la baleine ou le dauphin.
CFC ou chlorofluorocarbures : gaz utilisés dans les bombes aérosol et les réfrigérateurs qui détruisent les molécules d'ozone.
Chenal : genre de canal.
Circumpolaire : qui forme un cercle autour d'un pôle (courant circumpolaire) ou qui se rencontre, habite aux environs du cercle polaire (les peuples circumpolaires).
Condensation : Transformation d'une vapeur en liquide.
Converti : qui a adopté une religion ou en a changé.
Cours inférieur : partie d'un fleuve la plus proche de son embouchure (le cours supérieur étant la partie la plus proche de la source).
Cristallin : qui a l'aspect transparent du cristal.
Crue : brusque montée des eaux due à de fortes pluies ou à une rapide fonte des neiges.

D – E

Débâcle : moment où les glaces qui emprisonnent un fleuve se brisent.
Delta : endroit où un fleuve se jette dans la mer en se divisant et formant une sorte de vaste entonnoir.
Dioxyde de carbone (gaz carbonique) : gaz toxique inodore et incolore.
Drakkar : bateau des Vikings, ayant une tête de dragon à sa proue.
Échouage : moment où un bateau, une baleine, un iceberg… touche le fond de l'eau et reste bloqué.
Écorce terrestre : couche superficielle de la Terre.
Envergure : longueur des ailes déployées d'un oiseau, mesurée d'une pointe à l'autre.
Équateur : ligne imaginaire séparant le globe terrestre en deux demi-sphères ayant les pôles Nord et Sud pour sommets.
Équinoxe : période de l'année durant laquelle le jour et la nuit sont d'une durée sensiblement égale.
Ère glaciaire : époque durant laquelle les glaces se sont étendues sur Terre.
Expansion : mouvement d'un peuple qui s'installe sur le territoire d'un autre peuple et le domine.

F

Fanons : lamelles qui garnissent la bouche de certaines baleines et leur servent à filtrer leur nourriture, le plancton.
Foret : outil servant à faire des trous.
Fuseau horaire : chacune des 24 tranches (qui divisent la surface du globe) où on utilise la même heure.
Fuselé : se dit d'un corps dont la forme renflée s'amincit aux extrémités.
Fusil hypodermique : fusil qui projette une seringue de façon à faire une injection sous la peau.

G

Généalogie : liste des noms de personnes, ayant un lien de parenté.
Géomètre : technicien qui effectue des relevés de terrain.
Gerfaut : grand faucon des régions froides, utilisé pour la chasse.
Geyser : source d'eau chaude d'origine volcanique où une colonne d'eau ou de vapeur jaillit à intervalles réguliers.
Gneiss : roche qui a subi des métamorphoses, composée de couches de quartz, de feldspath et de mica.
Grès : roche, formée au fond des océans, composée de sable durci.
Guerre froide : période de 1945 à 1990 durant laquelle régnait une forte tension entre les états-Unis et l'URSS, et leurs alliés respectifs.

H

Haut fond : endroit où la mer est peu profonde, ce qui rend la navigation dangereuse.
Hémisphère : chacune des moitiés du globe terrestre coupé en deux par la ligne de l'équateur (hémisphère Nord, hémisphère Sud).
Hiérarchie : façon dont un groupe ou un troupeau s'organise.
Hormone : substance produite par une glande et véhiculée dans le sang jusqu'à un organe qui en a besoin pour fonctionner.
Hydrocarbure : produit chimique composé de carbone et d'hydrogène contenu dans le pétrole ou le gaz.

I – K

Indigène : se dit d'une personne qui est née là où elle vit.
Inlandsis ou calotte glaciaire : immense et épaisse couche de glace couvrant les terres, en Arctique et en Antarctique.
Krill : petits crustacés ressemblant à des crevettes, variété de plancton animal dont se nourrissent les baleines.

L

Latitude : pour tout point à la surface du globe, angle formé entre le plan de l'équateur et la verticale de ce point. Elle s' exprime en degré, par un chiffre positif dans l'hémisphère Nord, négatif dans l'hémisphère Sud. L'ensemble des points de même latitude forme un cercle parallèle à l'équateur.
Lichen : végétal associant un champignon et une algue

M

Magma : roche en fusion, plus ou moins pâteuse qui durcit une fois à l'air libre. La lave est un magma.
Magnat : personnage puissant dans les affaires, l'industrie.
Magnétique : se dit de la force qu'exerce un aimant en attirant le fer.
Magnétosphère : champ magnétique qui entoure la Terre et la protège des particules solaires dangereuses pour la vie.
Méridien : ligne imaginaire tracée d'un pôle à l'autre.
Méridional : qui se trouve au sud ou qui vient du sud.
Méthane : gaz produit naturellement par fermentation de matières organiques ou chimiquement.
Mica : minéral feuillete avec des éclats métalliques.

O – P – Q

Offshore : qui a lieu en mer, en parlant du forage pétrolier.
Oscillation : mouvements de va-et-vient.
Ozone : gaz toxique qui se trouve naturellement dans la haute atmosphère terrestre, formant une couche indispensable pour filtrer les rayons ultraviolets du Soleil. Sa présence au sol, due à la pollution de l'air, cause affections respiratoires et irritation des yeux et de la peau.
Pale : bout plat en forme de pelle d'une rame ou d'une pagaie.
Péninsule : partie de terre qui s'étire en mer, reliée à la côte par une bande plus ou moins étroite, formant presque une île.
Pergol : produit utilisé pour faciliter le forage dans la glace.

Permafrost ou pergélisol : sol des régions polaires gelé en permanence.
Photosynthèse : phénomène qui permet aux végétaux verts de se « nourrir » grâce au soleil (ou à l'énergie solaire).
Phytoplancton : ensemble des petits organismes végétaux en suspension dans l'eau de mer.
Plancher terrestre : sol qui se trouve sous la glace.
Plancton : ensemble de petits organismes végétaux et animaux en suspension dans l'eau de mer.
Précipitation : transformation de l'eau contenue dans l'atmosphère en pluie, neige, grêle.
Prédateur : animal qui se nourrit en chassant des animaux.
Prospection : recherche, exploration.
Pyrite : minéral qui a des reflets dorés.
Quaternaire (ère) : dernier des temps géologiques dont le début coïncide avec l'apparition de l'homme sur Terre, évaluée à environ 4 millions d'années.
Quota : quantité donnée (de quelque chose).

R – S

Radar : en absence de visibilité, système permettant de détecter la présence d'un obstacle (bateau, avion…) grâce à des ondes.
Réverbération : reflet d'une lumière sur une surface qui la renvoie.
Rookerie : rassemblement d'oiseaux (manchots, pingouins…).
Siphon : partie d'une galerie souterraine en forme de U, remplie d'eau.
Socle : partie dure et rocheuse du sol, souvent couverte de terre.
Solstice : moment de l'année où le soleil est le plus haut dans le ciel et les jours les plus longs.
Sonar : instrument qui permet de détecter un obstacle au moyen d'ondes sous l'eau.
Soviétique : de l'ex-URSS (aujourd'hui fédération de Russie).
Spéléologie : activité qui consiste à descendre dans des gouffres, à suivre des galeries ou des cours d'eau souterrains et à les étudier.
Stéatite : roche tendre, facile à tailler.
Sulfureux : qui contient du soufre, corps chimique de couleur jaune, à l'odeur caractéristique.

T

TAAF ou Terres australes antarctiques françaises : territoire d'outre-mer ayant un statut spécial, qui regroupe les îles Kerguelen, Amsterdam, Crozet, Saint-Paul, et la terre Adélie, sur le continent antarctique.
Taïga : immense forêt de conifères qui ceinture les régions arctiques, **au sud de la toundra.**
Théodolite : instrument permettant de faire des relevés de terrain.
Toundra : zone des régions polaires au sol gelé en profondeur où ne poussent que des mousses, du lichen et des arbres nains.
Tourbe : sol de couleur charbonneuse, constitué de végétaux plus ou moins décomposés, qui sert de combustible.
Tuberculose : grave maladie infectieuse, qui atteint les poumons et se transmet d'homme à homme.
Turbine : système mécanique dans lequel une roue est actionnée grâce à la pression de la vapeur d'eau ou à la combustion d'un gaz.

V - Z

Velours : genre de peau veloutée, qui couvre les bois des cervidés.
Vents dominants : vents soufflant toujours dans la même direction.
Vibrisses : poils ultrasensibles, situés de part et d'autre du museau d'un phoque, lui permettant, entre autres, de détecter des proies.
Visqueux : se dit d'un fluide qui est épais.
Zooplancton : ensemble des petits organismes animaux en suspension dans l'eau de mer.

Index

Index (suite)